ロールズの政治哲学

差異の神義論＝正義論

田中将人

風行社

〔目　次〕

序論

一　問題の所在——変貌するロールズ像

◉0-1-1　ロールズと政治哲学

没後一〇年余を閲した今、ロールズについて論じ直す土壌が揃いつつあるように思われる。はじめに、ロールズについての基本情報を確認しておきたい。一九二一年に生まれ二〇〇二年にその生涯を閉じたこの人物は、何よりもその主著『正義論』（一九七一年）によって知られている。このインパクトによって、彼は政治哲学の復権の一翼を担った人物として、あるいは現代政治理論や規範理論の始祖として位置づけられるに至った(1)。

彼は『正義論』を公刊した時点ですでに五〇歳であったが、それからの日々においても一貫して理論のさらなる展開を試みていた。一九九三年には、その間に書かれた様々な論文を元に、第二の主著である『政治的リベラリズム』を公刊して再び話題を呼ぶことになる。一九九五年からは病をえて病床に伏すが、死に至るまでの時間に、『政治的リベラリズム』ペーパーバック版（一九九六年）、「公共的理性の観念・再訪」（一九九七年）、『万民の法』（一九九九年）、『論文集成』（一九九九年）、『道徳哲学史講義』（二〇〇〇年）、『公正としての正義　再説』（二〇〇一年）を完成させている。これらの晩年の作品は友人や教え子たちのサポートを受けてのものであったが、ロールズが亡くなったのちにも、彼らの手によって、『政治哲学史講義』（二〇〇七年）、ならびに若き日の卒業論文である『罪と信仰についての簡潔な考察』（二〇〇九年）が公刊されるに至っている。

ロールズの生涯は、若き日々の一時期を除けば、学問に捧げられたものであった。特に『正義論』公刊以降その名声は世界的なものとなったが、パブリック・インテレクチュアルとしての資質に欠けることを自覚していた彼は、公的委員会への関与や時論へのコミットを原則として拒絶した。また、名誉・栄典の類も可能なかぎり辞退していた。その生涯は、篤実な、そして充実した一研究者のそれであった。ロールズは自分がおそろしく幸運（terribly lucky）であるという意識を終生抱きつづけたといわれている（Pogge 2007: p.7）。

しかしながら、彼もまた時代の子であり、特に二〇代前半においてその大きな影響を免れていない。以下では、近年明らかにされた簡潔な伝記的叙述を踏まえ、この例外的な一時期について見ておきたい（Pogge 2007: pp.3-15; Freeman 2007b: pp.1-12）。なぜなら、この時期のエピソードこそがロールズの根本的な問題意識を形作ったと思われるからである。当時のロールズはプリンストン大学で哲学を専攻する学生であった。もともと彼は聖公会系のハイスクール出身であったが、ウィトゲンシュタインの高弟でもあるN・マルコムからの影響もあって、罪と悪という宗教的問題に心身を揺さぶられることになる。この問題意識、そしておそらくは大戦がもたらすプレッシャーの下で書き上げられたのが、先述の『罪と信仰についての簡潔な考察』にほかならない。

この卒論は高い評価を受け、また当時のロールズはゆくゆくは信仰の道を歩もうとしていた。だが、一九四三年に大学を卒業するとただちに入隊し、歩兵として従軍することになる。彼が従事したのは、フィリピンのレイテ島ならびにルソン島での戦闘であった。日本においてもよく知られているように、この戦闘は凄惨なものであった。(2) 実際ロールズは多くの友人を失い、自身も頭皮に銃弾の擦り傷を負っている。生と死はまさに紙一重であった。ロールズの思想の基層には、実存主義的とすらよべるような〈人格の個別性〉の意識と、一見それと背馳する強固な偶然性への感覚が共存するが、これらは、あるいは苛烈な戦争体験が影響しているのかもしれない。

いうなればロールズは文字通りの「戦中派」であった。若き日に一種の宗教体験と戦争体験を経ているのは、現代政治理論の思想家としては異例のことといってよい。(3) ホロコーストの発生ならびに原爆投下からまだ日の浅い広島の惨状を目撃したショックもあり、戦争を経てロールズは信仰の道から離れる。彼は、神の至高性という観念を前提とせずとも、人間には秩序だった社会を形成しうる道徳的性質が備わっていることを論証しようと試みるようになる。『正義論』をはじめとする一連の著作はその結実にほかならない。

この繋がりで、ロールズが彼にしてはめずらしく、ワイマール体制の崩壊という具体的史実に繰り返し言及していることは注目されてよい(PL: p.lx; LP: pp.19-23=二七—三二頁; LHPP: p.6=一一頁; 魚躬 2014)。これこそは、主にドイツから合衆国へと亡命した第一級の思想家たちによっても問われた、二〇世紀の政治哲学最大の問題にほかならない。端的にいえば、果たしてリベラル・デモクラシーは存立可能なのか、という問いである。そしてロールズは、その生涯を通じて、良心の自由を旨とするリベラリズムに内在しつつ、この問いに肯定的に答えようとしたのである。

◉0-1-2 ロールズとリベラリズムの再検討

少なくとも学問世界の内部では、ロールズの知名度は圧倒的なものがある。『正義論』は今現在も読み継がれており、すでに現代の(そして歴史的な)古典としての地位を獲得している。今日において、ロールズについて語ることは、現代リベラリズム一般、ひいては現代政治理論について語ることだといっても過言ではない。

しかしながら、現実においても学問世界においても、リベラリズムは同時に多くの批判に曝されつづけている。かつてロールズの思想がリベラリズムを代表するものとされ、リバタリアニズムやコミュニタリアニズムとの競合において論じられたことは有名である。これは、当時の北米の政治文化や現実の政策上の対立を反映したものだったといえよう。

もちろん、この論点が重要性を失ったわけではないが、今日においては、リベラリズムは宗教との関係においてより広く論じられるようになってきている。とりわけ、公共的討論においてリベラリズムは宗教的信念を不当に狭く扱っているのではないかという疑義は、ロールズに対して広く突きつけられるものとなってきている。また、ロールズ理論を範例とする現代政治理論（規範理論）一般――とりわけリベラリズム――は、過度に理想化・抽象化されたものであって、紛争に満ちた現実の政治情況に対して有効な指針を与ええないとする批判も提起されるようになってきている。

こうした宗教的信念や現実政治の観点からなされる批判は、全く新しいものではなく、リベラリズムをめぐるより基底的な争点が今日の文脈において反復されていると考えるのが妥当であろう。それゆえ、ロールズを論じるにあたっては、これらの根深い批判を意識しておく必要もある。本書は、リベラリズムが時に軽視していると批判される宗教的信念や現実的なものへの配慮を、実際のところロールズは充分に意識していた――ある意味では中核にあったとさえいえる――ことを明らかにすることを試みるものでもある。

宗教や紛争から可能なかぎり距離をとろうとすると時に評されるリベラリズムは、その若き日において深い宗教的経験と苛烈な戦争体験を被ったこの人物によって再建される。それは、リベラリズムの前提は非リベラルなものであるという系統発生的テーゼの、一個人における反復とさえいえるかもしれない。

重要なことは、ロールズ理論をたんなるアメリカの世俗主義的・理想主義的・社会民主主義的理論として安易に位置づけるのではなく、その高みにおいて捉えることである。そのためには、彼自身の根本的な問題関心に注目し、その理論的変遷を肌理細やかに追体験しようとする試みが今一度なされなければならない。ロールズ理論の、ひいてはリベラリズムの再検討はかかる作業を離れては遂行しえない。

二　先行研究の概観

●0-2-1　研究史的観点

本節では先行研究について論じる。ただし、ロールズ研究はしばしば「ロールズ・インダストリー」と揶揄されるほどの莫大な規模を誇るため、ここではロールズの体系的理解の観点からの概観にとどめざるをえない。議論の簡略化のため、以下では大別された三つの時代区分に沿って論じてゆきたい。

①七〇—八〇年代：『正義論』とその賛否。まず、ロールズ研究は『正義論』の圧倒的インパクトをもってはじまった。それは一方で、リベラリズムの形をとったカント的政治哲学・社会契約論の現代的復権として賞賛され、他方では対立する思想陣営からの数多くの批判を喚起した。この時期の代表的研究としてあげられるべきは、N・ダニエルズ編の *Reading Rawls* である。これは当代の一級の思想家たちによる記念碑的な論集である（Daniels 1975）。また、『正義論』を標的としたリバタリアニズムやコミュニタリアニズムの代表的著作が発表されるが、もはやそれらは周知の事実となっており、その具体名を記す必要はないであろう。

②九〇年代：『政治的リベラリズム』の刊行と全体像の評価。続いて、八〇年代半ばの論文から明確になった、いわゆる政治的リベラリズムへのシフトをめぐる研究が登場してくる。そこで主に問われたのは、ロールズ理論の一貫性であった。『正義論』と『政治的リベラリズム』の整合性を問うものといってもよい。代表的研究はCh・クカサスとPh・ペティットの共著である（Kukathas and Pettit 1990）。彼らの研究をはじめとして、その賛否は別として、この時期の研究は「転向説」が優勢であった。また、狭義のロールズ研究ではないが、ロールズを基軸として現代政治理論全体の見取図を示そうとする優れた研究も登場した。平等論に定位したW・キムリッカ

のものや、リベラル＝コミュニタリアン論争に定位したS・ムルホールとA・スウィフトのものが代表的なものである（Kymlicka 2002; Mulhall and Swift 1996）[4]。

③〇〇年代以降：ロールズの死去と新世代による研究。ここまでの研究動向は、すでに現代政治理論上のひとつのエピソードとなっていることもあって、比較的よく知られたものであるかもしれない。だが、二〇〇二年のロールズの死去あたりを境として、ロールズ研究は新たな段階に突入している。先述したように、この時期にロールズの複数の著作が公刊されたが、二次文献においても重要な論集が出版されることとなった。とりわけ、S・フリーマン編の *Cambridge Companion to Rawls* は *Reading Rawls* 以来最大の達成といってよい（Freeman 2003）。さらに、約三〇年におよぶ重要なジャーナル論文を網羅した二つの論集が編まれたことにより、ロールズ研究のための基礎はさらに固められることになった（Richardson and Weithman (eds.) 1999; Kukathas (ed.) 2002）。

これらを踏まえて、ロールズの最後期の教え子の一人であるA・ラディンは、二〇〇三年の段階で今後の来るべき研究の青写真を見据えた中間的総括を下している。彼によれば、それまでの通説とは反対に、ロールズ理論の要点は以下の四点である。

> 「①ロールズのプロジェクトは、一般に考えられているよりも焦点が絞られたものであること。②彼が従事していたのは、哲学的理論化ではなく〈擁護論としての哲学〉（philosophy as defense）であること。③ロールズの論拠が意図しているのは、人間本性や合理性という前提からの演繹ではなく、公共的正当化として役割を果たすことであること。④中心的理念とその最良の到達点は、公共的理性の観念およびそれに付随する政治的熟議のイメージであること。そして、原初状態論の重要性は、それが正義の諸原理を公共的に正当化

するためのひとつの可能なる道筋だということに求められること」（Laden 2003: p.379）[5]。

そして実際、この診断に沿う形で近年のロールズ研究は推移してきた。モノグラフに限定してみると、新たに出版された文献の成果を踏まえ、ロールズ理論を内在的に理解しようと努める良質的なものが多数出版されている（Pogge 2007; Audard 2007; Mandle 2009; Maffettone 2010; Taylor 2011; Moon 2014）。その中でもとりわけ完成度の高い研究として、フリーマンとP・ワイスマンの著作が挙げられるが、両者については後に詳しく触れたい。また、これに呼応するかのように、新たな論集も続々と出版されている（Brooks and Freyenhagen (eds.) 2005; Martin and Reidy 2006; Young (ed.) 2009; Bailey and Gentile (eds.) 2015; Brooks and Nussbaum (eds.) 2015）[6]。特に、J・マンドルとD・ライディによる近年の編著は全三一本の論文からなる浩瀚なものであり、現時点でのロールズ研究の議題をほぼ網羅している（Mandle and Reidy (eds.) 2013）[7]。さらには、同じ両名の編集によるレキシコンも公刊されるに至った（Mandle and Reidy (eds.) 2014）。

最後に、同じくすべてを網羅することはできないが、日本におけるロールズ研究史についても一瞥しておきたい。日本におけるロールズ研究の嚆矢は、政治哲学の藤原保信、法哲学の田中成明、経済学の青木昌彦たちによるそれであり、彼らはすでに『正義論』発表の前後からロールズに注目しており、その研究は以下の礎となっている[8]。

狭義のロールズ研究ではないが、八〇年代の半ばには、経済哲学の塩野谷祐一による『価値理念の構造』（塩野谷 1984）と、法哲学の井上達夫による『共生の作法』（井上 1986）という重要な研究が公刊されている。両著はともに当時の世界的水準にあるといっても過言ではなく、今なお参照されるべき論点を提示している。また、八〇年代半ば、井上と同時期にロールズの下へ留学した経験を踏まえて書かれた、哲学者の岩田靖夫による『倫理の復権』も、宗教的側面への先駆的な着目が記された貴重な成果である（岩田 1994）。

九〇年代に入ると、『政治的リベラリズム』の公刊を踏まえて、英米圏と同じくロールズの全体像を明らかにしようとする本格的なモノグラフが登場する。日本のロールズ研究をリードしてきた川本隆史の著作（川本 1997）や、精力的にロールズ論を上梓してゆく渡辺幹雄の研究（渡辺 1996）はその代表である。そして以後も、これらの成果に引き続いて、さらなる研究が公刊されるに至っている（渡辺 2001; 大日方 2001; 後藤 2002; 伊藤 2002; 盛山 2006; 福間 2007; 堀 2007; 渡辺 2007a; 亀本 2012; 仲正 2013; 福間 2014; 神島 2015; 亀本 2015）[9]。

以上で紹介できたのは単著のみであって、論文レヴェルでも優れた研究が数多く存在するが、それらについては本文での参照をもって示すことにしたい。

◉0-2-2　ロールズ研究の未決アジェンダ

先行研究においては数多くの論点が争われているが、その中でも特に、従来充分な議論が尽くされていない重要なものとして、本書は以下の三点を未決アジェンダとして設定したい。①『正義論』と『政治的リベラリズム』との関係性。②〈正と善の合致〉（道徳心理学）。③宗教的関心。

まず、①『正義論』と『政治的リベラリズム』との関係性について。ロールズ自身が、〈『正義論』における安定性の問題の取り扱いが不充分であったために、その修正を施すなかで『政治的リベラリズム』は書かれるに至った〉と述べていることもあり、この問題は従来の研究のなかで盛んに論じられてきた。また、ロールズは、前期の『正義論』での普遍妥当性を有する正義原理の追求から、伝統的・文脈的なものへ配慮する後期の『政治的リベラリズム』へと立場を変化させたという評価は、ロールズ研究のモノグラフにとどまらない数多くの文献に看取される。一見すると、両者は単純な変化・断絶の関係に立つように思われるかもしれない。

しかし、即断を下すことはできない。なぜならば、視点を変えれば、『正義論』と『政治的リベラリズム』は依然として連続性をもったものとしても捉えることが可能だからである。重要なのは、なぜ、いかにして変化が生じた（生じなかった）のかを、ロールズのテキスト（ならびに問題意識）に則して検討することである。この論点はロールズ思想の一貫性をめぐる問題ともいい換えることができるが、本書はロールズ研究である以上、この問題への考察・評価を避けて通ることはできない。

続いて、②〈正と善の合致〉（道徳心理学）について。前述したように『正義論』に関する研究は無数に存在するが、実はその大部分は原初状態論をはじめとする第一部を対象とするものであった。もちろん、その中には多くの優れた研究も存在するが、ロールズの内在的研究という観点からみた場合、満足なものとはいえない。第三部で展開されている〈正と善の合致〉や道徳心理学というテーマは、ロールズ研究において必須のものであるが、まだそれらを彼の理論全体の中で位置づける研究は充分に行なわれていない。また、これらは狭義のロールズ研究を超えて、政治社会の安定性や道徳をめぐる動機づけといった興味深い論点に連なるものでもある。こうした事情を鑑みると、『正義論』第三部に顕著なこうした事柄の考察もまた避けるわけにはいかない。

最後に、③宗教的関心について。ロールズは一般に宗教的な人物とは思われてはいない。その理由としては、彼が宗教的な発言や行為を行なう人物ではなかったこと、また彼の理論が宗教的なものを重視してはいないように多くの人に思われたことなどが考えられる。しかし、ロールズはその若き日には信仰の道を歩もうとした人物であった。また、戦争体験を経て信仰から離れた後も、ロールズがその佇まいにおいて一種の宗教的エートスを感じさせる人物であったことは、友人や教え子たちによる多くの証言がある。

興味深いことは、その宗教的関心が悪や救済の問題に関わるものであり、しかもそれが『正義論』をはじめとする彼の理論に決定的な影響を及ぼしていることである。ロールズの教え子たちからこの論点の重要性が近年では指摘されはじめている（Pogge 2007; Reidy 2010; Weithman 2011）[10]。とりわけ、カント研究者でもあるS・ネイマンは、悪（evil）の問題に取り組んだ思想家の系譜に師であるロールズを位置づけようと試みている（Neiman 2004）。その意味で、ロールズの理論をたんなる世俗主義的リベラリズムと捉えようとする研究は、すでに過去のものである。豊かな宗教的センスの持ち主が、一体なぜ、一見世俗主義的に思われる理論を提唱したのかに着目する方が、問いとしても有効であろう。ただし、宗教的関心の検討はスケッチの段階にとどまっているため、さらなる研究が必要である[11]。本書はこの課題をも引き受けるものである。これら三点のアジェンダは相互に関連してもいるが、次節で提出される本書の基本テーゼはこのことを踏まえるものとなるだろう。

従来の研究の多くは、概してロールズを〈正について（のみ）考察した思想家〉として捉えようとしている（無論、この観点から研究を行なうこと自体は誤りではないし、意義もある）。これにたいし、本書はむしろ彼を〈正と善の関係について考察した思想家〉として把握しようと試みる。もちろん、ロールズが第一に念頭においていたのは〈正義に適った原理や社会はいかなるものであるのか〉という正に関する問いであることは疑いえない。ただしこの問いは、人びとの善の側面をも考慮に入れて再定式化されなければならない。すなわち、より精確にはこうなる。〈私たちがそれに向かって動機づけられうるような、正義に適った原理や社会はいかなるものであるのか〉。管見では、ロールズが常に念頭に置いていたのはこの問いかけにほかならない。しかし、この論点を適切に踏まえた研究は意外なまでに少ない。

付言しておけば、こうした問いの立て方は、「唯一の正しいロールズ解釈」が存在することの証明を意図するものではない。解釈の妥当性は、論者の問題設定に照らして、幅広い次元で認められるべきである。もちろん、それがどれほど成功しているかは個別に問われて然るべきであるが、この研究もまた私自身の問題設定によって規定されている。本書が目指すのは、ロールズの根本的な問題関心に照準することによって、彼が考察しつづけた問い——差異に基づくリベラル・デモクラシーの存続可能性——の大きさと重要性を、追体験することにほかならない。なぜならば、この問いは今なお、そしてこれからも現実的なものであり続けると私は信じるからである。

◉0-2-3　現時点での到達点——S・フリーマン／P・ワイスマン

以上を踏まえた上で、近年公刊された先行研究のなかで最も注目すべきものとして、フリーマンとワイスマンの著作の名を改めてあげておきたい。本書が両者に特に注意を払う理由は以下の通りである。まず、これらがいずれも質量ともに充実したものであることがあげられる。両者はともにロールズの高弟であるが、その解釈は通常ならば見逃されがちな部分にまで立ち入った細やかなものである。また、これらはともに、あえて入門書的な記述から距離をとっており、さらに、ロールズの理論が一貫していることを示そうとする点で本書と基本的視座を同じくする。というより、私の問題関心自体が彼らの研究からの大きな影響の下に形成されたものであることを、予め断っておきたい。

しかし、ロールズ研究として、これらの研究にもまだ不充分な点がある。フリーマンの研究（*Justice and the Social Contract*）はほぼロールズ理論の全体をカバーするものであるが、二〇〇九年に公刊された宗教的テーマを扱った卒論である『考察』が検討されておらず、さらに既刊の論文集であるため全体としての完成度にやや欠ける嫌いがある（Freeman 2007a）。フリーマンのもう一冊のモノグラフ（*Rawls*）は完成度の問題をクリアしているが、部分的に高度な内容を含むとはいえ基本的には入門書として書かれたものであり、さらに依然として宗教的モチーフは主たる考察の対象とされていない（Freeman 2007b）。また、いずれにおいても『道徳哲学史講義』と『政治哲学史講義』はわずかに参照されるにとどまっている。

これに対して、自身もクリスチャンであるワイスマンの研究（*Why Political Liberalism?*）は、従来ほとんど触れられることがなかったロールズの宗教的側面に着目し、それを安定性問題の要石たる〈正と善の合致〉の論点に則して一貫して論じた大著である（Weithman 2010）[12]。だが、その紙幅の大半は〈正と善の合致〉をゲーム理論的な相互保証問題の観点から論じることに費やされており、ロールズ理論全体を検討するものとしてはバランスを欠くといわざるをえない[13]。また、両者のロールズ解釈は『正義論』に比べて『政治的リベラリズム』を低く位置づける傾向がある。その結果、彼らは理に適った多元主義の事実に感応的な正統性の観念を捉え損なっているように思われる。この点は本書が両者と最も意見を異にする実質的論点となる【5-4-1】。

私たちに必要であるのは、両者の長所を統合するような研究である。すなわち、宗教的側面をも含むロールズ理論全体を初期から晩年に至るまで一貫した視点のもとで考察することである。本書が目指すのはまさしくこうした研究にほかならない[14]。この課題から、本研究の基本的特徴が導かれることになるわけであるが、これについては節をあらためて論じたい。

三　中心テーゼ――〈差異の神義論〉としての正義論

◉0-3-1　〈差異の神義論〉

近年のロールズ研究においては、『正義論』と『政治的リベラリズム』が根本的には連続していることを強調するものが主流となっている。とりわけ、フリーマンの代表的研究は、「理に適った立憲デモクラシーの擁護」

という基本的主張が一貫していることを示した優れたものである。さらに彼は、その背後には、「なぜこの世界には悪が存在するのか、人間には生きる意味があるのか」という若き日々に抱いた宗教的問いが伏在していること、ならびに、この原体験とでもいうべき問いかけが彼の正義論（とりわけカント的解釈とその問題点）に影響を与えていることを示唆している（Freeman 2007b: p.5）。

この宗教的関心についてフリーマンは示唆するにとどまっているが、実は、この論点についてはさらに興味深い指摘がなされている。ロールズは『政治的リベラリズム』ペーパーバック版イントロダクションの結尾において、彼にしてはパセティックな筆致で、立憲デモクラシーの擁護論を述べている。ホロコーストによって絶頂に達するような二〇世紀の負の経験は、政治的関係は権力と強制のみによって統べられるほかはないのかという問題を突きつけた。これを踏まえてロールズはこう問いかける。

「もし、理に適った諸目的のために権力を従属せしめるような、相当程度に正義に適った社会が可能ではなく、人類も――救いがたいまでにシニカルで自己中心的とまではいかないにせよ――総じて没道徳的（amoral）であるとするならば、カントとともに次のように問うことが許されるだろう。〈人類はこの地上に生き続けるに値するのか〉（whether it is worthwhile for human beings to live on the earth）、と。[15] 私たちは相当程度に正義に適った社会は実現可能であるという想定から出発しなければならない（We must start with the assumption that a reasonably just political society is possible）。そして、それが実現可能であるべきとするならば、人間は道徳的本性をもたねばならない」（PL: p. lx）。

さらにロールズは続ける。『正義論』と『政治的リベラリズム』の両主著は、こうした、より理に適った構想はいかなるものであるか、正義に適った政治社会を長期にわたって支持するためには市民たちの道徳心理学はいかなるものであるべきかを考察するものであった。「多くの読者にこれらのテクストの抽象的で浮世離れした性格（abstract and unwordly［unworldly］character）と思われたものは、部分的には、こうした問いへと焦点を合わせたことによるのだと説明がつけられよう。［原文改行］このことを弁明しようとは思わない」（PL: lx）。

この言明はフリーマンの主張にも一致するものであるが、ワイスマンによればこの箇所には未公刊版が存在する。[16] そしてそこで述べられていることこそ、神義論的な問題関心にほかならない。孫引きにならざるをえないが、未公刊版において、カント的な問いかけに引き続いてロールズはこう記している。

「こうした思想は即座に神義論の問いと関連していないわけではない問いへと導く。〈神はお造りになったすべてのものを御覧になった。見よ、それは、はなはだ善かった〉（It is said that after fashioning the world God saw that it was good）〔神は世界をお造りになったあとで御覧になったが、それは、はなはだ善かった、といわれている〕（『創世記』1: 31）。[17] もしそれが善いものであるとすれば、相当程度に正義に適った社会が実現可能でなければならない（If it is good, a reasonably just society must be possible）。そして、それが実現可能であるべきとするならば、人間は道徳的本性をもたねばならない」（Weithman 2010: p.368）。

特に注目すべきは、相当程度に正義に適った社会が、神が創造した世界にも擬えられるような端的な理念として位置づけられていることである。いわばこの理念は理論上の動かされざる基点とされる。しかし、この理念的秩序を想定しつづけるとすれば、先の大戦に象徴される巨悪をいかにして語りうるというのか。[18] ――これは正しく神義論的な問いなのである。[19]

これは、時に世俗主義的リベラリズムの代表ともいわれるロールズが、その晩年においてもなお一種の宗教的関心を抱いていたことを示している。先の文章には、ロールズ的な神義論の特徴がよく示されている。すなわちそれは、まず根本的なレベルでこの世界が善きものである（あらねばならない）との想定から出発する。さらに、善と正義に適った社会が根本的に親和的（さらには相補的）であることが同じく仮定・要請されている。その上で、そうした社会が実現可能であるためには、人びとにはどのような振舞いが要求されるのかが問題とされる。

こうした問題意識をロールズが明言している箇所はほとんどないが、彼の一連の著作にこれを看取することは充分可能である。①正義に適った社会が存在する（実現可能である）。②正と善は合致する（相補的である）。③人びとはしかるべき道徳心理学に依りつつ振舞う。上記の特徴はこのように定式化できようが、これは彼の作品（とりわけ『正義論』第三部）に伏在する主題にほかならない[20]。

さらに、成熟期のロールズが宗教的側面について述べた数少ない文章として、以下のようなものがある。彼は「カント講義」のある箇所でこう主張している。

「ある見解に宗教的側面を与えるのは、私の考えでは、つぎのようなことである。すなわち、その見解によって世界全体がある点において神聖なものと構想されているか、または献身と敬虔に値するものとされている、ということである。世俗生活の日常的価値は、二次的な位置に甘んじなければならない。もしこのことが正しいとすれば、カントの見解に宗教的な相貌を与えているのは、世界自体を理解する上においてカントは道徳法則に主導的な位置を与える、ということである。私たちが創造の究極目的として認められるのは、私たちに当てはまるかぎりでの道徳法則にしたがうこと、わたしたちの内面に堅固な善意志を育て上げるよう努力すること、実世界をそれにしたがって形づくることにおいてのみである。これがなければ、この世界の内での生活も、世界自体も、その意味と要点とを失ってしまうのである」（LHMP: pp.160-161＝二四二頁）。

もちろん、これはあくまでカント理論の基本的性格についての解釈として述べられたものにすぎない。だが注意すべきは、この文章は、カント理論から宗教的なものを読み取っているというよりは、むしろロールズの側が宗教的なものをカント理論へと投影して解釈を行なっているということである。その意味で、ここに色濃く表れているのは、ロールズ自身の宗教的側面にほかならない。ロールズの『講義』の特徴として、対象となる古典的思想家について論評する際、彼はときに自分自身の見解を重ね合わせて披瀝することがある。管見では、この文章もそうしたひとつであると考えられる。

さて、先述の引用に続けてロールズは同じく興味深いことを述べている。「カントの道徳哲学のこうした宗教的な、ピエティスト的であるとさえいえる側面は明白であるように見受けられる。そうした側面を見逃している議論はいかなるものであれ、本質的なことを多く見失っているのである」（LHMP: p.161＝二四三頁）。この文章もまた、いささかの深読みをすれば、カントのみならずロールズ自身のことを述べていると解釈できる。ここに、ロールズからの一種のメッセージを読みとることは不当ではあるまい。すなわち、ロールズ理論の（彼自身が考えていた形での）本質に迫ろうとするならば、その宗教的側面にも配慮を払った読解が必要とされるということである。

従来ほとんど注目されてこなかったこの論点を踏まえ、本書では、ロールズ思想全体を捉える新たな仮説として、「〈差異の神義論〉（a theodicy of difference）としての正義論（a theory of justice）」という視座を提示したい。これは、一見したところ社会に不和をもたらすように思われるような様々な分裂（差異）こそが、ひとたび理論的に把握され然るべく位置づけられるならば、実は私たちにとって望みうる最善の社会を構成する前提にほかならないことを弁証しようとするものである。

これは、一方では当然ながら〈差異〉を世のならいだとしてたんに放置することを咎めるが、他方では〈差異〉を何らかの仕方で消去しようとする試み——良心的な意図をもって考えられたものを含む——にも異を唱える。この〈差異の神義論〉の視点に照らすことによって、私たちは格差原理や公共的理性の議論をはじめとして、ロールズ理論の整合性ならびに特質をより満足のいく仕方で解釈することができる。以下では、〈差異の神義論〉がいかなるものであるかについて補足しておきたい。

◉0-3-2　差異に関する補足

まずは、「差異」について補足しておきたい。現代政治理論において difference はすでに重要観念のひとつとなっており、新しい社会運動やポストモダニズムの影響下で、文化の相対性やアイデンティティの偶然性についての微細な把握に拠る〈差異の政治学〉が登場したことはすでに旧聞に属する。ただし、difference はロールズにとってはまた別の意味でのキー・タームでもある。周知のように、格差原理（difference principle）で問題とされる社会的・経済的不平等のことである。本書では、煩瑣を避けるために〈差異の神義論〉という表記で統一するが、その場合の〈差異〉は格差と〈狭義の〉差異との双方を含むものである。

ロールズの理論形成史においては〈格差としての difference〉の方がまずは理論上のテーマとされる。これは、『正義論』あるいはそれ以前から通底する関心であり、ここで問題とされる格差とは各人の性格や特性の偶然性・不均衡性を意味する。こうした自然本性的不平等に対しては、格差原理が理論的に対置される。対して、〈差異としての difference〉は『政治的リベラリズム』において前面に現れてくる関心である。ここで問題とされる差異とは共約不可能な善の諸構想を指す。この理に適った多元主義の事実に対しては、公共的理性が理論的に対置されることになる。

なお、ロールズ理論に差異という言葉によって名指される関心を読み取ることは妥当か、という批判が提起されるかもしれない。たしかに、ロールズは格差ほどには差異について一見明確に語っているわけではない。また、いわゆる〈差異の政治学〉の論者が最も激しく非難を浴びせた論者がロールズだったとすらいえるかもしれない。[21]

しかしながら、ロールズの理論のなかに差異の問題意識を読み取ることは充分に可能であると、私は考える。理に適った多元主義の事実はたんなる社会的・経済的格差には還元されえない。また、晩年の論考では次のような関心がはっきりと示されている。

「幾世代にも渡る社会的変化は、異なった政治的問題をともなった新たなグループをも生じさせる。エスニシティ、ジェンダー、人種に関連した新たな問いを提起する見解はその明白な例である。そして、こうした見解から帰結する政治的諸構想が現行の政治的諸構想に討論を挑むであろう。公共的理性の内実は、それが何か単一の理に適った政治的構想によって定義されないことと同様に、固定化されたものではない」（PL: p.li）。

ここで言われる「エスニシティ、ジェンダー、人種に関連した新たな問い」は、差異の問題に関わるものだと考えるのが自然なことだろう。実際、C・オダールは政治的リベラリズムのシフトへの要因を、コミュニタリアニズムというよりもこうした新たな問いに対する応答に見出している（Audard 2007: p.182）。付言しておけば、後に詳しく見るように、ロールズは立憲デモクラシーという政体に強くコミットしている。

それゆえ、仮に立憲デモクラシーと根本的に相容れないまでにラディカルな仕方で差異が解釈されるとすれば、それに対しては断固として異を唱えると思われる。逆にいえば、立憲デモクラシーを根本的に脅かすものでないかぎり、差異を配慮した幅広い生の在り方が肯定される。

◉0-3-3　神義論に関する補足

次に、神義論について補足しておきたい。最初に断っておけば、ここでいわれる神義論とは、厳密な神学上の概念としてではなく、ロールズの理論に通底する根本的な問題関心と思考様式を名指すために用いられる。その意味で、これは彼の政治思想の原型に照準するものといったほうが正確であるかもしれない。また、そうだとすれば、この言葉の使用に対して疑義が呈されるかもしれない。

しかし、以下の理由からなお「神義論」という名称を用いることには意味があると私は考える。まず、①ロールズ自身が宗教的背景をもった人物であり、先述の（未公開の）引用において神義論という言葉を用いていたこと。次いで、②理念的な世界像と現存する不正義をともに踏まえたうえでその一見したところの不整合性を解消しようとする、神義論の基本的視角がロールズに認められること。最後に、③ロールズが高く評価し大きな影響を受けてもいるルソーの政治思想を神義論の観点から捉える古典的解釈が存在し、その視座をロールズにも当てはめることができると想定されること。ここでは、後者の二点について論じておきたい。

神義論という用語を考案したのはライプニッツであったとされるが、無論それは、長きにわたって存続してきたキリスト教史ないし西欧思想史における「悪の問題」と無関係なものではない（太田・谷澤 2007: 九―二〇頁）。神を知性と能力と善意のすべての点で完全であると想定するキリスト教は、その全能の神が創造したはずの世界においてなぜ悪が存在するのかについての挙証責任を負うことになる。そして、この問いに啓示の領域にとどまることなく応じようとする場合、神義論は、神の全能性を棄却することなしに、人間の理性によって神の特性に接近しようとする試みとなる。「それは、悪の問題を扱いはするものの、悪の問題だけを主題にしているというより、神とその創った世界の全体を人間理性によって理解しようとする試みであり、自然神学の別名であるといえる」（太田・谷澤 2007: 一四頁）。この意味で、神義論は悪を考察の主題としつつも、逆説的に、理想的秩序の探求へと導かれてゆく。

神義論（とりわけ自然神学的なそれ）は政治思想と無関係なものではない。それは、この世界のあるべき秩序構想についての説明を与えるものだからである。[22] そのなかでも最も一般的なもののひとつは〈苦難の神義論〉であるといえよう。〈苦難の神義論〉は往々にして受動的な不正義を、より高次の神意を持ち出すことによって正当化する。[23] これは、圧倒的な格差や不正を背景とするような世界においては、統治術ならびに生を意味づける世界観として、普遍的に認められる教義といえるかもしれない。そのため、〈苦難の神義論〉は以下のような特徴をもつことになる。①無力で罪深い人びと。②彼岸的な救済。③至高の存在としての神。④受動的な不正義の黙認（運命論）。[24]

しかしながら、〈差異の神義論〉としての正義論という仮説的視角は、これらのいずれに対しても対抗的な見解を打ち出すものとなる。①′道徳的本性を有する人びと。②′此岸的な救済（和解）。③′統制的理念としての秩序だった社会。④′積極的な正義への漸進（不運の不正義への問い直し）。そして、〈差異の神義論〉が成功裡に説明を果たしうるものだとしたら、そのとき、この世界に認められる一見分裂に思われたものは、積極的な是認の対象として弁証されることになる。ロールズの秩序だった社会の観念は、こうした〈差異〉に基づいた理想的秩序の謂いにほかならない。

このように神義論は理想的秩序の考察を媒介として正義論の形をとる場合がありうる。ただし、この「神義論の正義論への転換」という発想は、ロールズにのみ認められるものではない。ここで名前を出しておくべきは、E・カッシーラーによる古典的なルソー解釈である（『ジャン＝ジャック・ルソー問題』）。彼は、ルソーの著作に潜む重大な着想を、ほかならぬ「神義論」の観点から卓抜に解釈してみせる。カッシーラーによれば、ルソーは悪の原因を神にも人間の自然本性にも求めない。そうではなく、ルソーは歴史上はじめてその所在を人間の社会に見出すことによって、このディレンマに新たな解決策を示しえたのである[25]。すなわち、本来善きものであるはずの人間本性が堕落するのはひとえに社会秩序自体が堕落しているためであり、それゆえ、社会をありうべきものとできるならばこの問題は解決されうる。

「社会は従来の形態において人類にきわめて深い傷を負わせてきた。けれども、その傷を癒すことができ、また癒すべきであるのは、やはり社会のみなのである。以降、社会にはその重い責任がかかってくるわけである。

これが、ルソーが神義論の問題に与えた解答である――これによってかれは事実この問題を全く新しい基盤の上に据えたのである。かれはそれを形而上学の圏外に連れ出し、倫理学と政治学の中心に移してしまった。かくしてかれは、今日もなお衰えることなく働きつづけている刺激をそれに与えたのである。現代のあらゆる社会的闘争はいぜんとしてこの根源的な刺激によって動かされ、駆り立てられている。それらは、ルソーがはじめて抱き、後代のすべてに植えつけたところの、社会の責任という意識に根ざすものなのである」（カッシーラー 1974: 四五―四六頁）。

人間本来の善性を肯定しつつ、ありうべき社会秩序を構想すること――これはまさしくロールズ自身の課題でもある。実際、ロールズのルソー講義からは、彼がこの神義論としての正義論のプロジェクトを引き継いでいるのを読み取ることができる【1－3－2】。まさしくルソーに倣いつつ、現実主義的ユートピアの観念は、人間をあるがままの姿で（men as they are）、そして社会の法をありうべきものとして（laws as they might be）捉えることに結びつけられている（LP: p.7＝八頁）。

このため、ロールズの〈差異の神義論〉としての正義論は、一方では理念的なものをあくまで追求しつつも、他方ではその試みが此岸の世界において実現可能（少なくとも、接近可能）であることを要請する。救済可能性（正義に適った秩序だった社会の実現可能性）はこの世界において担保されねばならない[26]。ゆえに、ロールズの正義論は〈正義の情況〉における理想理論として構成されることになる。ロールズ理論は、規範理論としては中途半端なものだと時に批判されるが、その特殊性・限界性とされるものはおそらく右の事情から生じたのだと思われる[27]。

四　本書の基本的視座と概略

◉0－4－1　秩序だった社会の発展史

以上のことを念頭におきつつ、本書では以下のようなアプローチを採用する。まず、対象とするロールズのテキストは原則としてすべての期間に渡るものとする[28]。とりわけ、従来ほとんど触れられてこなかった若年期の宗教的論考を取り上げることは、本書の大きな特色となるはずである（一章）。また、ロールズの論考を出来るだけ書かれた年代順に取り上げることを試みる。とりわけ、『正義論』から『政治的リベラリズム』への移行を考察するにあたっては、両主著にとどまらず、その間における大学での講義録がベースとなっている『再説』、『道徳哲学史講義』、『政治哲学史講義』を然るべく配列し直して解釈するということが、新たな知見をもたらすものだと考えられる（第二章、第三章、第四章、第五章）。

さらに、こうして編年的に解釈を施していくにあたっては、様々なテーマを場当たり的に食い散らかしていくのではなく、可能なかぎり統一的な視点のもとでそれを遂行することを試みる。そのための主導観念として本書が定位するものこそ「秩序だった社会」の観念にほかならない。

「本書冒頭において、秩序だった社会を〈その成員たちの善を促進するように設計され、公共的な正義の構想によって実効的に統制されている社会〉として特徴づけておいた。したがって、秩序だった社会とは、〔1〕他の人びとも同一の正義の諸原理を承認しており、そして〔2〕基礎的な社会の諸制度がその諸原理を充たしかつ充たしていることが周知されている、以上の二点を全員が承服・承知している社会である」（TJ: pp.453-454/rev.397＝五九五頁）。

様々な善の考察を有する人びとが、公共的な仕方で正義のルールを承認することによって、多様性と秩序を両立させる互恵的かつ公正な関係に立っていること。秩序だった社会に体現されるこの観念こそは、ロールズが自身の理論の基底に据えつづけているものであり、また同時に、大まかには一貫性を保ちつつも、〈社会連合の社会連合〉、〈諸目的の国〉、〈財産所有制デモクラシー〉、〈自由のリベラリズム〉、〈現実主義的ユートピア〉という様々な構想を通じて姿を現すものにほかならない。

若きロールズの宗教的信念がいかなるものであったかを確認し、それがどのように変わっていったか、そして変わらずにとどまっていった部分は何かを考察すること。ロールズの社会像を鍵概念とし、不完全ではあるが形成史的アプローチを心がけること。まとめるならば、本書はロールズ理論全体を、〈差異の神義論〉という視座に則しつつ、秩序だった社会の発展史として描こうとするものである。

◉0-4-2 概略

それでは、本書の具体的内容について手短かに述べておきたい。以下の各章はそれぞれ相対的な自律性を有しつつも、全体としては、〈差異の神義論〉というモチーフを意識しつつ、ロールズが描く社会像を発展史的に叙述するべく構成されている[29]。

第一章「宗教的コミュニティと〈諸目的の国〉」では、まずその前半部において、世俗主義的かつ個人主義的な強い傾向を有するというロールズ理論に対する通説を批判し、彼の理論をその社会像に則して捉え返していくことの重要性をまず確認する。その出発点となるのは若き日の著作である『考察』である。『考察』はきわめて宗教的性格の強い著作であり、そこにはすでに〈功績の観念の拒絶〉という発想に基づくコミュニティとよばれる独自の社会論の原型が示されている。しかし、『正義論』以降のロールズはこの発想を受け継ぎつつも、他方ではかつて前提としていた原罪の思想からは距離をとる。ここから導かれるのが、『正義論』第三部に顕著な、人間本性の善性の肯定と〈正と善の合致〉というロールズ理論の基底をなすテーマにほかならない。本章の後半部では、ロールズがこれらのテーマをまさしくカントを意識しつつ構成してゆく様子を追跡してゆく。特に注目すべきこととして、このカント的構成には一種の宗教的問題関心に近いものが認められる。そして、〈諸目的の国〉の観念の受容を通じて、宗教的コミュニティが――水平的・互恵的関係を旨とする――道徳的コミュニティへ変形されてゆくことが確認される。

第二章「政治的リベラリズムへの移行期におけるカント的・ホッブズ的契機の結合」では、『正義論』から『政治的リベラリズム』への移行期を考察の対象とする。従来は両者の断絶性を強調する研究が主流であったが、これに対して本章はむしろ両者の連続性を強調する。そのことを証明するために、まず、『政治的リベラリズム』において重要な役割を果たすreasonableという評価言明が、それに先立つ時期においてすでに用いられていることを明らかにする。それと並行して、〈すべての人びとに共有可能な正当化が要求されるもの＝政治的構想〉と〈各人特有の信念に基づく推論が許容されるもの＝包括的教説〉との区分という政治的リベラリズムの基本的発想の成立にホッブズからの影響が認められることを示す。そして、これらの考えが結びつきながら〈重なり合うコンセンサス〉の観念が『正義論』から一定の連続性を保ちつつ内在的に発展してきたこと、またそうした発展に伴いロールズの第一義的な関心が道徳原理から政治体制へと移行することについて明らかにする。

第三章「政治的リベラリズムにおける善の観念——共通善と基本財」では、『正義論』から『政治的リベラリズム』への展開にあたって善の観念がどう位置づけ直されるかを、基本財の観念に着目しつつ考察していく。まず、基本財の観念が合理的選択ではなく〈市民としてのニーズ〉に根ざすものとして修正されていくのを確認する。続いて、修正された基本財の観念がモジュール性をもつこと、そしてこれが契約論に親和的な共通善の構想として解釈できることを示す。その上で、こうした論点が「ルソー講義」において平等や公共的理性の観念と結びつけられているのを確認する。そして最後に、この〈基本財という共通善〉の構想が価値多元主義と整合的なものであり、〈正と善の合致〉をより望ましい形で実現させるのではないか、との示唆をあたえたい。以上の考察によって、〈政治的リベラリズムにおいて、基本財の観念は共通善のひとつの構想として重要な働きをしている〉ということを論証することが、本章の目的である。

第四章「〈財産所有制デモクラシー〉と〈自由のリベラリズム〉」では、後期ロールズが提示している社会像を、彼自身が用いている様々な分析枠組を手がかりに再構成していく。八〇年代後半のロールズは、政治的リベラリズムへと結実する論考を発表しつつも、それと同時に、『正義論』フランス語版序文や『再説』から明らかなように、〈財産所有制デモクラシー〉という具体性を有した社会制度を構想していた。また、ロールズ研究においても、この構想と〈自由のリベラリズム〉というより抽象的・理念的な社会像とが平行性をもっているという指摘がすでになされている。本章では、これらの先行研究を踏まえた上で、〈財産所有制デモクラシー〉やその理念型たる〈自由のリベラリズム〉という社会像が、できるかぎり同質性を回避した社会統合を志向していることを明らかにする。またそれと並んで、そうした基本的諸自由の相互承認に基づく結合関係のみが可能とする市民間の関係の性質についても論じられる。

第五章「公共的理性と宗教」では、公共的理性論において顕著に現れる、人びとが市民として従うべき作法〈シヴィリティの義務〉と、時に私人として有する強い信念〈典型的には宗教的信念〉との緊張と相剋について論じられる。彼我のコンフリクトを所与とした上でなお同意を受容可能とするのが規範理論的な正統性の観念であるが、本章ではまずこの観念が『正義論』の市民的不服従の議論において先取りされていることを確認する。そして、その議論が重なり合うコンセンサスや公共的理性の観念へといかに受け継がれ発展していったのかを示す。そこから明らかとなるのは、ロールズの公共的理性論が不当に政治から宗教を排除しようとするのではなく、むしろ互いの領域をしかるべく位置づけようと試みるものだということである。

終章「現実主義的ユートピア」においては、以上の考察を踏まえた上で、再び〈差異〉の弁証という基本的視座に立ち返ることによって、ロールズ理論の暫定的総括を試みる。まず、『万民の法』において結実する現実主義的ユートピアの観念を確認する。その上で、一方でこの社会像の現実主義的側面——格差原理と公共的理性をつづけたのである。

い。人間本性には秩序だった社会を構成する能力が備わっているというヴィジョンをロールズは一貫して擁護し

仰――を明らかにする。これらはまさしく〈差異〉に基づいた立憲デモクラシーの弁証を導くものにほかならな

通じた〈差異〉との和解――を、他方でそのユートピア（理想主義）的側面――政治的擁護論ならびに理性的信

注

（1）政治的行為や思考に関する理論的反省という営為を名指す言葉として、「政治哲学」は伝統的な大陸哲学や政治思想史との繋がりを、「現代政治理論」や「規範理論」は英米圏の分析哲学や実証的研究との繋がりをそれぞれニュアンスとして含む傾向にある。ただし本書では、そうした文脈を汲みつつも、これらを厳密には区別せず互換的に用いる。なおロールズ自身は「政治哲学」という表現を主に使用している。

（2）山下奉文率いる日本軍は終戦から数日遅れて降伏するが、指揮系統の混乱により一部の兵士は依然として戦いを継続していた。この危険な状況のなかで、ロールズはジャングルから山下を連行する任務に自発的に従事した（Freeman 2007b: p.3）。

（3）このことは、従来指摘されていないが重要であると思われる。特に、現代政治理論における他の代表的思想家たち（A・マッキンタイア、Ch・テイラー、M・ウォルツァー、R・ノージック）が戦後派に属し、概して青年期にニュー・レフト活動（ならびにその限界の認識？）から出発しているのとは対照をなしている。

（4）キムリッカの本は一九九一年、ムルホールとスウィフトの共著は一九九二年に初版が出ている。ここで参照している第二版において政治的リベラリズムが新たに位置付けられることになるが、彼らもまた転向説をとっている。

（5）この論文は、Richardson and Weithman (eds.) 1999 についてのレビュー・エッセイとして書かれたものである。

（6）九〇年代の研究とは対照的に、これらの研究はロールズ理論の一貫性・整合性を強調する傾向が強い。その立論には説得力があり、啓発的な主張も多くなされている。しかし、これらは意識的に入門書的な性格を持つものとしても書かれているため、後述する最も参考にすべき先行研究としては位置づけないことにする。

（7）この間において特筆すべきことは、やはり、学部の卒業論文である『罪と信仰についての簡潔な考察』が二〇〇九年に出版

されたことである。ロールズの学士論文が宗教についてのものであることは以前から一部では知られていたが、公刊を期としてさらなる議論が蓄積されつつある。

（8）川本隆史氏からの教示による。

（9）このうち本書と問題関心（ロールズの体系的理解）が近いものは渡辺と堀の研究である。ただし、渡辺は〈正と善の合致〉の放棄をはじめとして『正義論』と『政治的リベラリズム』の断絶性を強調するが、本書ではこの解釈はとらない。堀はロールズ理論の一貫性を〈法律論にみられる理性・理由のアプローチ〉に見出している。この解釈は間違いではないが、道徳哲学の側面に偏ったものであり、ロールズ理論全体のまとめとしてはいささか一面的であると思われる。本書はこれに対して、宗教的側面や政治哲学的側面をも踏まえた上で、一貫性を示そうと試みるものである。

（10）ロールズと宗教の関係について論じた先行研究として、Dombrowski 2001。しかし、同書はロールズの卒論刊行前のものであって、踏み込んだ議論はなされていない。また、このテーマに関する最新の論集においても、本書が提起したような問いは同じく論じられていない（Bailey and Gentile (eds.) 2015）。

（11）ネイマンの研究は先駆的なものであるが、この比較的大部の著作において、ロールズに割かれているのはわずか数ページにすぎない（Neiman 2004: pp.310-312）。

（12）彼が正しく指摘するように、この安定性は、ホッブズ的主権者によって強制的に担保される押しつけられた（imposed）ものではなく、正義に適った社会自体がみずからに対する支持を再生産してゆくという内因的な（inherent）ものでなければならない。各人が正義感覚に則って自発的に行為することをみずからにとって善とみなす場合にのみ、適切な安定性が成立する。ただしそうであるためには、社会の各員が、他の人びとも同様に正義に適った行為をするだろう、という予期をもつことが必須となる。ワイスマンはこれを相互保証問題（mutual assurance problem）とよび、『正義論』におけるその解決策に不備があったゆえに重なり合うコンセンサスの観念は導かれたのだとしている（Weithman 2010: pp.42-67）。

（13）もっともこれは、外在的な不公平な物いいかもしれない。ただし、ワイスマン自身が課題として設定している〈政治的リベラリズムへの展開〉を扱うにあたっては、彼は論じてはいないが、ホッブズからのポジティブな影響等を考察することが必須である【2-3-3】。なお、ワイスマンの近著はその大部分が既存論文の再収録から成っており、本書の論旨に変更を迫るような新たな知見はないように思われる（Weithman 2016）。

（14）なお、狭義のロールズ研究ではないが、特筆すべき近年の成果として、S・シェフラーによる研究（*Equality and*

Tradition）と、J・クォンによる研究（*Liberalism without Perfection*）がある（Scheffler 2010; Quong 2011）。

シェフラーは従来から優れた研究を著してきた理論家であるが、とりわけこの著作においては、ロールズの平等論の要諦が個別の分配パターンではなく市民としての地位に関わるものであること、ならびに、社会の基本構造を主題とする理由が価値多元主義への応答にあることを明確に主張することによって、この論点にまつわる水準を引き上げることに成功している。彼は分析的政治理論を代表する論者の一人でありつつも、概念分析に偏重することなく道徳心理学的な問題にも目配りを効かせており、その点でも教えられることが大きかった。

また、おそらくまだ若い世代に属する研究者であるクォンは、主に後期ロールズに拠りつつ、現代政治理論上の多様な論点を踏まえた上で、卓越主義的リベラリズムに対する政治的リベラリズムの優位性を説得的に論証している。この研究は包括的なロールズ解釈を目的としたものではないので、それゆえ（正当にも）宗教的背景等の考察はなされていない。だが、その行論中で示される重なり合うコンセンサスや公共的理性についての理解は、ロールズ解釈としてもかなりの水準にある。本書とは細かなところで見解を異にするところもあるが、政治的リベラリズムについての画期的研究として位置づけられるべきである。

（15）この問いかけは『万民の法』の末尾にもほぼ同じかたちで登場する。いわば彼のラスト・ワードである（LP: p.128＝一八九頁）。

（16）これはロールズがワイスマンに助言を求めた下書きである。ワイスマンはニーバーの議論を引きつつロールズに疑問を呈したとされる（Reidy 2010: p.340）。

（17）通例は、「見よ、それは極めて良かった」と訳出されるが、重要な用語上の整合性のため「善」の字をあてた。ただし、本文中で参照したロールズ自身が記した英文は、一般的な英訳聖書のベースとなっている欽定訳聖書のもの（God saw everything that he had made, and behold, it was very good）とは異なる。ワイスマンは、ロールズがおそらく記憶からこの文章を想い出し自分の言語感覚に沿うかたちで韻文化したのだろうと推測している（Weithman 2010: p.367 n.39）。

（18）リンカーンの第二次大統領就任演説は、南北戦争がもたらした悪をより正義に適った社会のための契機として位置づけようとする神義論的内容によって名高い。リンカーンはカントに並ぶロールズにとってのヒーローでもあったから、ここで彼がリンカーンの演説を念頭においている可能性は大いにあると思われる（PL: p.254）。だが、南北戦争を奴隷制への罰としてなおも神の摂理の観点から語りえたリンカーンと異なり、第二次世界大戦の巨悪はロールズにそのような選択を不可能にさせた。

（19）文献上の裏づけはないため推測になるが、『創世記』を引きつつこの文章を綴ったロールズの念頭には、まさしく聖書の同じ箇所を意識して書かれたアウグスティヌス『告白』の有名な一節があったようにも思われる。「それですべてのものが存在するのは、一つひとつが善いものであるとともに、すべてをあわせたものが「はなはだ善い」ものであるためである」（アウグスティヌス 1978: 二四〇頁）。

（20）このことは『正義論』の性格――特に〈正と善の合致〉の議論――に対する評価にも関連してくる。たとえば、日本の代表的ロールズ研究者である渡辺によれば、「どちらかと言えば、陰鬱な気を重くさせるリアリストの著作」である『政治的リベラリズム』とは対照的に、『正義論』はアメリカの陽気な政治風土と親和的な「常夏の理想主義の書物」だとされる（渡辺 2007: 二六七頁）。だが私見では、『正義論』はたしかに理想主義的側面を有するが、それと同時に、あえていえばピューリタン的な純潔性をさえ思わせるような被縛性の感覚が看取される。

（21）本書では〈差異の政治学〉自体については詳しく論じることはできないが、ロールズ的な議論とアイデンティティの政治との架橋を試みた研究として（Laden 2001）。また今日における〈差異の政治学〉については（川崎（編）2014）第二部所収の諸論考を参照のこと。

（22）ワイスマンは、ロールズ理論の特質を「自然本性に即した神義論」の観点から以下のように述べている。「ロールズが当初の〔正と善の〕合致の取扱いに満足しなくなったひとつの理由は、彼が〈真にリベラルな見解は自己の「本質的な統一性」がいかにして達成されるべきかについて立場を示し得ない〉ことを把握したということにあるのを、私たちは見ることになるだろう。そして彼は、秩序だった社会における市民は正義の諸原理を何らかの意味で統制的とみなすであろうと考えている一方で、正義の諸原理が様々な善の構想へといかにして結合ないし基礎づけられるのかについては、各人が試みるよう委ねられなければならないと認識するようにもなっていった。ロールズのいう諸原理を私たちの政治的生活にとって統制的なものとして受けとめる理由のひとつは、私の信ずるところでは、〈公正としての正義〉が私たちにかくあるべしと要求する種類の市民であることが大きな魅力を有しているからである。私たちがこの種の市民であることが可能なことを了解するならば、それは翻って、……ロールズの「自然本性に則した神義論」（naturalistic theodicy）を完成させる。なぜならば、これは、より正義に適い「善」と適切によばれうる世界の実現可能性に対する私たちの希望を弁証するものだからである」（Weithman 2010: pp.13-14）。

（23）ロールズは、〈苦難の神義論〉という言葉を用いてはいないが、ウェーバー、トレルチ、シェーラーの研究に拠りつつ、そうした考えを批判している（TJ: p.547/rev.479= 七一七—七一八頁）。
（24）Ｊ・シュクラーによれば、デモクラシーではない政体や理論において、個人的な不正義の感覚が役割を担うことはない（Shklar 1990: p.84）。
（25）ルソーにおける神学的言説の政治的言説への変換について、土橋 2002: 三九—四八頁。一七五五年のリスボン大震災ならびにその意味づけをめぐる論争によって、ルソーやカントが神義論への関心を深めていくことについては、Shklar 1990: pp.51-55。
（26）近年、ルソーを神義論的観点から新たに読み解こうとしているＦ・ノイハウザーは、『エミール』と『社会契約論』に見出されるルソーの積極的なヴィジョンを次のようにまとめているが、これはロールズに対しても当てはまるように思われる。「ただし、神を免除すること（あるいは、人間の無知を嘆くこと）が、悪の起源を詳述する際のルソーの主要目的なのではない。罪深き意思と悪への生得的性向とのいずれをも引き合いに出すことのない自然主義的な退廃の説明を提供することによって、ルソーは少なくとも、人間の堕落に対する此岸的な救済（this-worldly remedy）の可能性を認めている。これは、悪の打倒を思い描くために、超自然的な能力（神の恩寵）や彼岸的な裁きの場（現世を超えた生）を措定することを避けるものである。救済は、仮にありうるとしたら、全体としてこの世界の事柄（earthly affair）でありうる（あらねばならない）」（Neuhouser 2008: p.5）。なお、ノイハウザーとロールズは、互いの著作において相互参照が認められるように、影響関係にあったと考えられる。
（27）代表的批判として、Ｇ・Ａ・コーエンとＡ・センによるものがあげられる（Cohen 2008; Sen 2009）。コーエンは〈正義の情況〉のなかに潜む自然本性に対する譲歩を、センは理想理論という構成の仕方を、それぞれ厳しく批判している。この論点は、ロールズ理論にとどまらず規範理論一般の性格についても踏み込むものとなるが、終章で論じられる予定である【６－６－２】。
（28）ただし、一九五〇年に提出された博士論文「倫理的知識の根拠についての研究」については、公刊されていないこともあって取扱いの対象とはしない。この論文についての先駆的研究として、川本 1997: 四八—五五頁；堀 2007: 一三—一三〇頁。そこで示されている議論には興味深いものもあるが、本書の論旨に変更を迫るようなものはないと思われる。
（29）本書のうち、第一章と第二章は田中 2010a と田中 2010b を加筆修正したものである。その他の部分は主として二〇一四年度に書き下ろしたものから成っている。

第一章　宗教的コミュニティと〈諸目的の国〉

一　問題の所在

その契約論的側面、あるいは分配的正義にかんする議論と比較するならば、ロールズの政治社会論はあまり注目を集めてきたとはいえない。また、その社会を構成する個人の性格に注目が集まっても、当の政治社会の性質自体は同じく論じられることが少なかった。その理由としては、ロールズの描く政治社会像が上記のテーマほどには論争的な性格を持っていないこと、また、その記述が抽象的なものにとどまっていたことがあげられよう。

しかし、近年公刊された一次文献はこうした事情を変えつつある。たとえば、『罪と信仰の意味についての考察』（二〇〇九年）は、ロールズの社会観を考えるうえで示唆に富むばかりではなく、従来とは異なったロールズ像を浮かびあがらせる著作になっている。また、『道徳哲学史講義』（二〇〇〇年）では、カントの『人倫の形而上学の基礎づけ』が大きく取り上げられているが、そこでは、カント的構成主義とよばれる道徳理論の説明にくわえて、〈諸目的の国〉（Reich der Zwecke; realm of ends）をめぐる考察が現実主義的ユートピアという構想に影響をあたえている。それゆえ、このテーマを取り上げることは、従来あまり知られてこなかったようなより内在的なロールズ理解を深めるにとどまらず、カントについての新たな解釈や、そうした社会像から導かれるテーマについても示唆をあたえることになると思われる。

現実主義的ユートピア（realistic utopia）は、ロールズが理想とする国際社会の構想であり、晩年の著作『万民の法』を中心に議論が展開されている。それは、彼のいう〈万民の法〉が受け入れられ、正義に適った諸制度をもつリベラルな社会と品位ある社会が成立している状態をさす。この構想は「カントの後期著作の伝統のなかにある」(LP: p.126＝一八六頁)といわれるが、『永遠平和のために』のカントに倣って、ロールズは立憲デモクラシーの国々からなる国際社会の成立可能性を望むのである。

本章はこの現実主義的ユートピアという考えを導きの糸としてロールズの社会観を考察するものであるが、その際、むしろ『万民の法』に先立つ著作に積極的に目を向ける。なぜならば、正義に適った社会が成立可能でなければならないというこの理念は、ロールズの議論に一貫して潜んでいたと思われるからである。また、このテーマはロールズ自身の宗教的背景と深く結びついており、そうした内在的な思想の発展に即して捉えられる必要があるとも考えられる。多くのリベラルな思想家とは違い、ロールズ自身の出自は必ずしも世俗主義的な文化ではない。ロールズ的なリベラリズムの背景に潜む非世俗主義的なものの一端を明らかにするという意味でも、こうした試みには意義があると思われる。

本章は、ロールズの初期から一九八〇年前後までの論考を主に参照することによって、現実主義的ユートピアという社会像の中核部分が生成していく様相を、その宗教的背景からの転換という側面に焦点を合わせつつ明らかにする。その意味で、本書全体からみた場合、本章はいわば綱領的な位置を占めるものとなる。

以下では、まず『考察』に焦点を合わせ、若きロールズがもっていた宗教的背景に触れる(第二節)。次に、『考察』から距離をとってゆく過程を、連続面(功績の観念の拒絶)と断続面(原罪の否認)のそれぞれに注目しながら辿る(第三節)。続いて、おそらくカントの善意志を背景とする正義感覚に焦点を合わせつつ、『正義論』における〈正と善の合致〉について論じる(第四節)。そのうえで、カントからの具体的な影響として、ロールズがいかに〈諸目的の国〉という観念を受容したのかを、定言命法についての解釈を中心にすえながら取り上げる(第五節)。

二　若きロールズ——その宗教的背景

◉1‐2‐1　ロールズの宗教的関心

現代リベラリズムの代表的理論家であるロールズは一般に世俗主義的な思想家だと目されているし、その評価はたしかに間違いではない。しかしながら、若きロールズの学問的・倫理的情熱の対象は宗教であった。当時の彼は悪について強い関心を抱いていた。一九四二年にプリンストン大学に提出された卒業論文『罪と信仰の意味についての考察』には、二〇歳を越えたばかりの青年が書いたものであることを考慮すると、早熟な学問的才能と深い宗教的関心がともに認められる。

学説史的にいえば、『考察』は新正統主義から影響を受けている。[1]これは、当時の自由主義的なプロテスタント神学を受容しつつも、さらにそれを批判的に刷新しようとする教義であり、K・バルトやE・ブルンナーによって代表される。彼らは第一次世界大戦後に西洋を襲った精神的危機を共有しており、聖書に今一度立ち返ることによって、これに対処しようとした。『考察』もまた、「キリスト教徒が神とおよび、イエス・キリストのうちにみずからを開示する存在者が存在する」という根本的前提から出発する宗教的著作である（BI: p.111）。以下では『考察』の概要と独特のコミュニティ観に議論を限定したい。

◉1‐2‐2　『考察』の中心論題——原罪と救済

大別すれば、『考察』は二つの部分からなる。前半部では、世界把握の仕方として、「私‐物」（I-things）と

「私－汝」（I-thou）という二つの理念形が示されるが、ロールズは前者を自然主義（naturalism）とよんで批判し、後者を対置させる。ここでいわれる自然主義は、世界を物的対象に還元可能なものだとして捉え、そうした対象物にたいする人間（私）の欲求をいかにして充足させるかを第一義的な問題とするものである。これにたいして、後者は、自分以外の人間を個別の人格を備えたものとして認めることが世界認識の根本にあるべきだという主張にほかならない。これは世界における人びとの複数性を肯定する立場といえるだろう。それゆえ、三位一体論は支持されるが、神に人びとが無媒介に包摂される神秘主義（mysticism）は否定される（BI: p.126）。

ロールズは個別の人格が統合された理想的な共同性のありかたをコミュニティとよぶ。しかし、人格の個別性は社会から個人が独立していることを意味しない。当時のロールズは社会契約論を厳しく批判する。「政治理論についていえば、私たちの見解は社会に関するあらゆる契約論が誤りだと示唆するものだ。それゆえ、ホッブズやロックの整理にしたがう理論は拒絶されねばならない」。「一般意志の存在はフィクションである」（BI: pp.126, 127）。こうした主張は、のちにコミュニタリアンによって提起されたリベラリズム批判を髣髴させるものといっても過言ではない。

では、そうした調和を脅かすものは何か。それこそが罪にほかならない。そして罪とそれを修復しようとする試みである信仰についての考察が後半部のテーマとなる。罪はエゴティズム（egotism）に集約される。「エゴティズムは高い地位を求める強情な欲望であり、自己崇拝を求める邪悪な熱望である」。「エゴティズムは本質的にコミュニティの破壊である。人間の関係を破壊するのは、この明白で拒絶不可能な邪悪さなのだ。エゴティズムはつねに存在し、それを免れている場所はない」（BI: pp.193, 194）。

エゴティズムは功績（merit）への執着とも結びつけられる。神による選択の際、みずからの善行を取引の材料として持ち出そうとするような態度ははげしい非難の対象となる。「救済について「功績」を考慮するあらゆる計画には、明白なる信仰の欠如がある」。「それゆえ、キリスト教徒は功績によって神の選択を拘束すべきではない。なぜか。のちにみるように、コミュニティを設立するにあたっては、功績は要点をそれたものだからである」（BI: pp.229-230）。功績の観念を退けるこうした主張は、後にみるように、『正義論』をはじめとする後の著作にも引き継がれることになる。

こうした罪は根深いものであって、人間は独力でこれを克服することができない。「あらゆる救済はコミュニティを必要としているが、罪が犯されたのちではコミュニティは神によって再建されうるのみであるので、人間はみずからを救うことができない。私たちが示そうとしてきたように、罪びと自身は無力である。それゆえ、救済は神にかかっている」（BI: p.231）。こうして救済は神の恩寵によってなされるのだが、そこでは回心（conversion）の体験が決定的な役割を果たす。

回心は自惚れを取り除き、人びとに自分がもっているあらゆるものが神によって与えられたなんらかの贈り物（gift）であると認識させ、所与性の認知（the perception of givenness）を生じさせる（BI: p.238）。「すべての善性・優しさ・正しさは神によって与えられている。神が最初に行為したからこそ私たちは行為できる。同様に、神が与えるからこそ私たちは与えることができ、神がケアするからこそ私たちはケアすることができる。まさしくそれゆえに、私たちの元へ到来する「他者」によって、その与えにおいて、コミュニティが創設されねばならない。その時にのみ、私たちが閉鎖性から開放性へと導かれることが可能となる」（BI: pp.240-241）。かくして、神のみことば（the Word）を聞くことでコミュニティへの感覚を取り戻し、コミュニティへの再統合をつうじて人びとは罪を克服する。原罪は神の恩寵によって贖われるのである。

◉1-2-3 『考察』とその後

編者のTh・ネーゲルとJ・コーエンが序論で述べているように、『考察』には後のロールズ思想の萌芽がたしかに刻印されている[2]。そこに独自の示唆的な発想が現れていること、また、そこで理想とされた社会像からの批判的発展こそが後の主著を形作っていくという意味では、ロールズ研究において、『考察』はいわばヘーゲルやマルクスの青年期の著作に類する位置を占めるものだと考えられる。

本章がテーマとするロールズの社会観との関係からすれば、次のことが特に重要である。ひとつは、ここで示されたコミュニティの観念がいかに変化しながら受け継がれていくのかということであり、もうひとつは、以上の議論の前提であった原罪とその救済というモチーフを（宗教的な形をとったものとしては）否定することから、以後の議論が出発していることにほかならない。『考察』に内在していたいくらかの宗教的信念こそが、世俗主義的だとときにいわれるロールズのリベラリズムの中核を積極的にも消極的にも形成していくのである。

原罪の否定について補足しておきたい。『考察』を提出して間もない一九四三年一月、ロールズは卒業と同時に陸軍に志願し戦争に従事する。しかし、彼の戦争体験は最前線での日本軍との戦闘を含む苛烈なものであった。また、原爆投下からまだ日の浅い広島を訪れることも経験している。さらに、こうしたことにもまして、彼を最も沈鬱にさせたのはホロコーストの発生であった。自身の宗教的来歴を綴った「私の宗教について」（一九九七年）にて、ロールズはこの時期のことを回想している。「それゆえ、まもなく私は、神の意志の至高性という観念を忌まわしく邪悪なものでもあるとして拒絶するようになった」（BI: p.263）[3]。戦後の彼の歩みは、こうした宗教的心境からの転向として位置づけられる。

厳密にいえば、ロールズが距離をとることになったのは、キリスト教信仰であって宗教的関心そのものではない。それは本人が意識的にその採択を決定できる類のものではない。おそらく彼は一種の宗教的関心をその生涯にわたって抱き続けざるをえなかった。以下で見てゆくように、パースペクティヴの複数性と様々な差異を依然として根本的事実として想定するロールズにとって、原罪の教義の否定は、こうした分裂を此岸の世界において受容可能にする認識枠組への思索を課すことになるはずである。それは、「悪はなぜ存在するのか。人間に生きる価値はあるのか」という彼自身が抱いた根本問題に対する応答の、形を変えた継続とさえいえるかもしれない。

三　『考察』からの連続と変化——功績の観念の拒絶と人間本性の善性

◉1-3-1　功績の観念の拒絶

学究生活へと復帰したのち、ロールズは倫理学方法論についての博士論文を仕上げ、論文「公正としての正義」（一九五八年）以降は社会にかんする規範理論の研究に専念する。そうした成果が結実したのが『正義論』にほかならない。この時期以降、ロールズ理論に最も影響をあたえる思想家はカントである。『考察』では社会契約論は厳しく批判されていたが、『正義論』の冒頭で強調されているように、功利主義的伝統に対抗できる可能性を秘めたものであるとして、ルソーやカントに代表される契約論にはきわめて高い評価があたえられることになる。人格の個別性を重視するという論点が契約論に親和的なものとして再構成されたのである。

コミュニティをめぐる議論で強調された功績という観念の拒絶は、ロールズの理論に一貫して影響をとどめることになる。たとえば、「憲法上の自由と自由の概念」（一九六三年）においては、不遇な人びとの状態を改善するという条件でのみ才能のような偶然的な幸運から利益をえることが認められるとする、格差原理に体現されていく了解が、「コミュニティの感覚」（sense of community）を育むものとして位置づけられている（CP 1963a: p.84= 九八頁）。これは所与の状態がもつ偶然性に着目したものであって、功績の観念を自明なものとして受け取ることへの批判だといえるだろう。

もちろん、この論文でいわれるコミュニティは『考察』のそれとは同じものではない。ただし注目すべきことに、それに加えてロールズは次のような主張を行なっている（川本 1997: 九七頁）。「正義の概念は人格の複数性（plurality of persons）を根本的なものだとするが、社会的効用の概念はそうはしない。その点で両者は区別される」（CP 1963a: p.95= 一一五頁）。この主張は、〈功利主義は人格の個別性を認めない〉という批判につながっていくのだが、『考察』の自然主義批判を彷彿させるものである。これらの主張はロールズ理論の中心をなすものとなっていくが、いうならばそれは、かつての宗教的信念を世俗的言明に翻案したものとさえ考えられるかもしれない。

こうした来歴を考慮に入れるならば、私たちは『正義論』をはじめとして述べられる功績の観念の否定についての理解をより深めることができる。「所得と富、そして人生一般において善いとされる事物は、道徳上の功績（moral desert）にしたがって分配されねばならない。常識はこのように仮定する傾向性を有している。……だが〈公正としての正義〉はこの構想を拒絶する」（TJ: p.310/rev.273= 四一三頁）。功績の観念を拒絶する考え方は論争を招くことになったが、ロールズはこれを私たちの道徳判断の不動点とよび、反省的均衡のプロセスにおいて確固とした地位を占めるものとして取り扱っている。

付言しておけば、もちろんロールズは功績という観念をすべて拒絶しているわけではない。重要なことは、社会の基本構造を統べる構成的ルールを定める場合、そうしたものを第一義的なものとしては使用できないということである（宮本 2015）。社会の基本構造が構成されてはじめて、すなわち適切な後ろ盾となる制度編成が確保されてはじめて、個人の取り分についての正統な主張は認められるのである【1－5－3】。

ここには、公正な協働システムとしての社会から出発するというロールズの基本的な考え方がよく現れている。生産によって得られた成果は特定個人に排他的に属するものとはされない。なぜならば、一見そのように思われる場合でも、個人のそうした功績というものは様々な有形無形の援助を前提としているからである。分配を考える際、ベースラインはあくまでも協働の生産というプロセスにおかれる。これは、格差原理に体現される互恵性（reciprocity）の原理とも関連している【3－4－3】。つまり、より恵まれた境遇にある人びとが利益をあげるのが認められるのは、それが不遇な人びとの利益にも繋がる場合のみだとされる(4)。

人格の複数性、ならびに社会・経済的な不均衡、すなわち〈差異〉（difference）を適切に位置づける視座を見定めようとする試みは、このように、ロールズの生涯にわたって通底する問題意識といっても過言ではない。

◉1－3－2　原罪の否認――人間本性の善性

しかしながら、その一方で、人間はその本性からして堕落するものであり、神の恩寵によってのみそれを贖われるという原罪のテーゼはいまや退けられる。秩序やルールは外的権威ではなく人間に内属する理性や感情によって導かれるとする見解は一七―一八世紀におけるモラル・サイエンスの中心的な問いのひとつであり、ロールズはそれをヒュームとカントに見いだしているが、この見解は彼の思想の前提をもなすことになる（LHMP: p.11＝三七頁）。人間本性に道徳の基盤が内属するという主張は、善に対する正の優先性という義務論的テーゼを前提としつつも、正義に適った生と一般的な善とが合致するという『正義論』第三部の中核をなす議論にも反映されてゆく。たとえば、そこで理想的な社会像として提示される社会連合（social union）においては、人間の社会性・社交性（sociability of human beings）が重要な役割を果たしている（TJ: p.522/rev.458= 六八四頁）。

そうした理由もあって、ロールズは社会制度がもつべき規範的性質を第一義的な問いとして提起する。人間を望ましくない状態に追い込むのは社会的不平等であって、自然本性に由来するものではない。「それゆえ、基本構造が正義に適っていることが何よりも重要になる。……なぜなら、不平等と結びついた社会的・生来的・歴史的な偶然性こそ、そのままに放置されたならば、秩序だった社会に相応しい自由や平等と鋭く対立する諸傾向を生み出していくものであるからである」（CP 1975a: p.258= 一一〇頁）。

この人間本性の善性というテーマは『政治哲学史講義』のルソー講義においても取り上げられている[5]。この論点は、本章での解釈上重要なものなので、詳しく触れておきたい。周知のように、『人間不平等起源論』においては、人びとが自分たち自身にたいしてもつ原初的な自己愛（amour de soi）と、社会が一定の発達をとげたのちに他人との関係においてもつようになる利己心（amour-propre）とは区別される。だが後者は、虚栄心の増幅とそれによる社会の崩壊を導いてしまうという意味で、ルソー自身によっても、またルソー解釈史においても、ときにきわめてネガティヴな位置づけがなされてきた。「私たちの理性は、私たちの欲望を際限なく広げ増やします。だから、人間がますます他人の意見のなかに生きるようになると、生まれつきの格差 = 差異（natural differences）が虚栄と羞恥の直接の原因になります。この場合、根本的に悪いのはどうして人間本性ではないのでしょうか」（LHPP: p.204= 三六五頁）。

しかし、ロールズの解釈においては、利己心はさらに分節化され、肯定的にも捉え返されることになる。「私が強調したいのは、利己心には、邪悪で不自然な目的をもつ不自然な形式のものと並んで、それ本来の目的を持つ自然な形式のものがあるということです。それ本来の自然な形式（人間本性に相応しい形式）の利己心とは、私たちが他人と対等な立場を自分に確保する欲求です。またそれは、私たちのニーズや目標が、他のすべての人びとの必要や目標と同じ基準で考慮されなければならないと認められるような構成員間の地位を確保するように私たちを導く欲求のことです[6]」(LHPP: p.198＝三五五頁)

利己心が発達しすぎたゆえに社会は崩壊せざるをえないとされる『人間不平等起源論』での議論は、ロールズによれば、不適切な社会制度によって影響を被った悪しき意味での利己心に基づく。逆にいえば、適切な社会制度のもとにおいて育まれるであろう本来の利己心は、「相互承認と互恵性の原理に矛盾することなく、他人に対して安定した社会的立場を確保することへの深い関心」(LHPP: p.205＝三六七頁)にほかならない。それゆえ、人びとは悪しき社会制度のために高慢や虚栄といった悪しき利己心に囚われるのであって、人間本性自体は善だとされる[7]。この社会制度の妥当性を問題にする視点こそ、『社会契約論』を導くことになる。

「ルソーの答えは、こうです。社会契約によって表現された協働の諸条項にしたがって政治的・社会的制度を整備しなければならない、ということです。この協働の諸条項が有効に実現されるとき、それにしたがって諸制度が整備され、道徳的自由と政治的・社会的平等、さらに独立の保障を確保します。それらの諸制度は政治的自由(civic freedom)をも可能にし、それがなかったら私たちの間に蔓延するであろうような諸々の敵意と悪徳とを妨げます」(LHPP: p.208＝三七一―三七二頁)。

この解答は、ルソーをカントと重ねて読むものでもあるが[8]、いうまでもなくロールズ自身の主張でもある。ここでさらに注目しておくべきことは、ルソーによる人間本性の善性論は、アウグスティヌスとホッブズ的な考えに対抗するものだという議論である(LHPP: pp.204-206＝三六五―三六八頁)。

彼によれば、アウグスティヌス的教義が示しているのは原罪の観念である。これによれば、人間本性には罪を犯す傾向性が深く刻まれているのであって、神の恩寵によって贖われるほかはない[9]。しかし、ルソー的な観点からすると、奴隷制や（著しい格差を認容する）私有財産制はたしかに悪しきものであるが、それは特定の歴史的・社会的慣行の累積によるのであって、人間本性そのものから帰結するものではない。その発展は他の道を辿ることも可能だったのである。

これに対して、ホッブズの教説は、人間が高慢と虚栄をはじめとする悪徳に本性的に捉われていることを意味する。しかし、これもルソー的な観点から反駁可能である。すなわち、そうした悪徳は特定の歴史的経緯において発動する悪しき利己心の産物であって、そうではない本来の利己心は人びとをして暴力的闘争に向かわせるわけではない[10]。

これらがルソー解釈（あるいは、アウグスティヌス解釈／ホッブズ解釈[11]）としてどれほど妥当なものかについては立ち入らない。重要なのは、この議論がおそらくはロールズ自身の問題意識を深く反映したものだということである。原罪の教説を退けること。自然本性の善性を肯定すること。秩序だった社会の成立可能性を弁証すること。これらはロールズの生涯に渡る課題にほかならない。「結論しましょう。人間が生まれつき善良であるという意味は、正義に適う安定した政治的・社会的制度編成が少なくとも可能であるということです。私たちの抱える難題に対処する方法（remedy）は、私たちの真の本性と利己心の自然な状態に適合するように適切に編成された実世界のなかにあるのです」（LHPP: p.207＝三六九頁）。

アウグスティヌス的・ホッブズ的立場に抗して、ルソー（そしてカント）とともに対峙すること。彼による契約論の伝統の再生は、功利主義に抗するものとして通常は位置づけられるが、ある意味では、人間本性の善性と対になった秩序だった社会の弁証こそがより基底的なものとさえいえる【6-6-3】。

その意味で、ロールズの正義論は、かつてルソーが行なった神義論の脱神学化（＝正義論の提示）を、かつてない巨悪を伴った世界大戦後という文脈において反復するものにほかならなかった。「このような考えは幻想である、とりわけ、アウシュヴィッツ以降はそう言わざるを得ない――おそらく、そう考える人たちもいることだろう。だが、なぜそんなことがいえるのか」（LP: p.19＝二七頁）。これはまさしく、一身を賭して伸るか反るかの問題にほかならない。ホロコーストとヒロシマは敬虔の生を歩もうとしていた一人の青年に深甚な衝撃を与えた。だが邪悪に直面してなお彼は理念への希望を語る途を選択したのである。――信仰ではなく学知の観点に立つことによって。未曾有の惨事への鎮魂と来るべき再生への希求として。

◉1-3-3　善意志と正義感覚

ロールズの宗教的関心が認められるもうひとつの重要な論点として、ここでは正義感覚について論じておきたい。これから見てゆくように、正義感覚は、以上で確認した功績の観念の拒絶と人間本性の善性という論点をより積極的な形で提示したものとしても解釈可能である。

正義感覚はロールズの重要概念のひとつであり、のちには道理性という基礎的な道徳的能力ともされてゆく。それは、正義に適ったルールに基づき、他者を配慮して行為することへの感覚または能力である。道徳心理学の要である正義感覚は『正義論』第八章の主題をなしており、当時の社会的学習理論や発達心理学上の知見を動員しつつ詳しく論じられている。正義感覚は宗教的背景を有するものとして解釈されることはないし、『正義論』においてもそれを明示的に示唆する箇所はない。しかし、ここで指摘しておかねばならないのは、『正義論』に先立つ「正義感覚」論文において、正義感覚がカント的な善意志になぞらえて述べられていることである。「最後に、善意志あるいはこの場合には正義感覚が幸福であることに値するための必要条件であると考えることで、カントに従うこともできよう」(CP 1963b: p.115＝二四九頁)。

善意志とは道徳原理を認識しそれにしたがって行為しようとする意志の謂いである(LHMP: p.178＝二六五―二六六頁)。この要請に従うならば、端的に幸福を追求することは認められない。そうではなく、人びとは自由の法則としての道徳法則に先立って同意することが必要とされる。この主張は、義務論の基本テーゼであるいわゆる〈善に対する正の優先性〉を、道徳的な行為規範の観点から述べたものともいえるであろう。実際ロールズは、『実践理性批判』における「方法の逆説」と呼ばれる次の一節を、自律の理念を提示するものとして引用している(LHMP: p.227＝三三一頁)。「善と悪の概念が道徳法則に先立つのではなく(一見したところで、その概念が、法則の基礎におかれなければならないかのようにであるにしても)、むしろ逆に(ここで実際になされもするように)道徳法則のあとで、道徳法則を通じて、規定されなければならない、という逆説」。

善意志をもつ人びとは常に道徳原理を意識して行為せねばならない。それは一種の宗教的エートスを要求するような要請ですらある[12]。実にこの善意志＝正義感覚の優先性という論点はロールズに一貫して認められるテーマにほかならない。『正義論』に関しては次節で詳しく検討するので、ここではそれ以降の著作に則して概観しておきたい。

たとえば、カント的な包括的教説から一定の距離をとった『政治的リベラリズム』においてさえも、宗教的側面を思わせる仕方で道徳的能力や行為は時に位置付けられている。「(適切な事例における)道徳的能力の役割と行使は、善の条件である。すなわち、情況の要求に応じて、市民たちは正義と理性に適った仕方で行為せねばならない。とりわけ、カントならばそう述べたであろうが、彼らの正義に適い尊重に値する(そして完全に自律的な)行動こそが彼らを幸福に値する(worthy of happiness)ものとする。このことこそが、彼らの達成を全体的に尊敬に値するものに、そして彼らの喜びを完全に善きものとするのである」(PL: p.334)。理に適った政治的構想に従おうとする欲求は優先的な地位を占めるものでなければならない（PL: p.83 n.31）。

また、『政治哲学史講義』マルクス講義の結尾部における次の議論も注目に値する。ここでロールズは、『ゴータ綱領批判』で謳われる理想的な共産主義社会のヴィジョン――〈能力に応じて働き、必要に応じて受け取る〉――を批判的に取り上げている。ただし彼は、この理念が前提する無制限な豊饒さがあまりに夢想的で実現不可能だという批判を行なうわけではない。批判の主眼は、共産主義社会が正義を超越している（beyond justice）ように思われること、すなわちその成員たちがもはや正義の原理や徳に揺り動かされない点に向けられる（LHPP: p.371＝六七二頁）[13]。

「私にとっては、正義の消滅はそれ自体としても、また現実問題としても望ましくないことです。正義に適った諸制度というものは、私の考えでは、おのずと現われてくるのではなくて、まさにそうした制度自体からなる文脈のなかで学習される正義感覚を、市民たちがもっていることにかなりの程度――もちろんこれだけにではありませんが――依存します。正義への関心の不在がそれ自体として望ましくないのは、正義感覚をもつこと、そしてそのことに含まれるいろいろなことすべてが、人間の生活の一部であり、他の人びとのことを理解し、彼らのさまざまな請求資格（claims）を承認することの一部だからです。他人の請求資格について心配することも、それらを意識することもなしに、いつも心のおもむくままに行為することは、まともな人間社会にとって欠かせない諸条件についての意識を欠いたまま生きる生活となってしまうでしょう」（LHPP: pp.371-372＝六七三頁）。

この共産主義社会は定義からして一種の幸福に充ちた社会であるがゆえに、それを批判することを通じて、正義感覚に対するロールズの強い拘りがここでは露わになっているとも考えられる。

あらためて『正義論』に立ち戻るならば、この善意志＝正義感覚はその第三部（あるいはその全体）の主題、〈正と善の合致〉においても重要な役割を演じている。「正義感覚は、正義の原理を適用し、正義の原理に基づいて行為したい、したがって正義の観点から行為したいという実効的な欲求にほかならない。そこで、立証されるべきことがらは、秩序だった社会に住まう人びとにとって、みずからの人生計画を統制するものとしてみずからの正義感覚を確証・肯定することは合理的だ（この場合の合理性は、善の希薄理論が定義するものに相当する）、という点に絞られる」（TJ: p.567/rev.497＝七四五頁）。次節ではこの論点を詳しく考察する。

四　『正義論』における〈正と善の合致〉

●1-4-1　安定性の問題

ロールズが『正義論』において最も精力を払ったのが安定性の問題であった。ここでいわれる安定性は、まずもって道徳心理学上の安定性、すなわち正義に適った社会制度において人びとの正義感覚が再帰的に涵養されていく事態を意味する。秩序だった社会の成立（存続）可能性は正義感覚にかかっているのである。

この論証のために『正義論』がとった戦略は、第一部で善の希薄理論を用いて適切な正義の原理を先立って導き、しかるのちに、第三部でその正義の原理と完全な善の構想とが合致するのを示すという二段構えのものであった。「原初状態を介した善の希薄理論から完全理論への展開は、最も肝要な手順なのである」（TJ: p.435/

rev.381＝五七一頁)。〈正と善の合致〉こそが『正義論』の要諦を成す。「そしてもし正義感覚を有することは実際に善をもたらすということが希薄理論の枠内で明らかにされるならば、秩序だった社会は望みうる最高度の安定性を達成する。この社会はみずからを支援する道徳的態度を生み出すだけでなく、こうした態度を有している合理的な人がみずからの状況を〔正義が課す諸制約から独立して〕評価するとき、彼らの観点から見てもその態度は望ましいものとなる。正義と善さとのこの適合（match）こそ、〔正と善との〕合致として私が名指すものにほかならない。正義の善を取り上げる箇所で〔第八六節〕、この関係を検討しよう」(TJ: pp.398-399/rev.350＝五二二頁)。『正義論』第三部は三つの章からなるが、概略は次のようなものである。まず、第七章において、アリストテレス的原理をはじめとする分析概念の整理が行なわれる。[14] 続いて、第八章において、秩序だった社会では人びとが正義感覚を獲得することが示される。そして最後に、第九章において、正と善が時に対立するとしても人びとは正の優先性を遵守することの論証が試みられる。『正義論』第三部における〈正と善の一致〉は、狭義にはこの第九章、そのなかでも特に第八六節「正義感覚の善」で展開されている。[15] 以下では、この節の議論に集中したい。

それではいかにして、人びとは正義の原理に従うことを善いことでもあると考えるようになるのか。ここで想定されているのは、無知のヴェールを被った当事者ではなく、現実社会に実際に住んでいるような人びとのことである。「正義の観点を採用したいとの統制的な欲求（regulative desire）が、情報に関するいっさいの制約を外した〔善の〕希薄理論に照らして見直されるとき、当人の善に属するのかどうか――この点が問題となる」(TJ: p.567/rev.497＝七四六頁)。身近な例でいえば、いかにして私たちは、たとえば税金を払うことは正しいのみならず善いことでもあると考えるようになるのか。ここで想定されているのは、まさしくあまりにも人間的な主体像なのである。

さて、正義感覚の善を支持するものとしてロールズはいくつかの論拠をあげているが（TJ: pp.570-572/rev.499-501＝七四九―七五二頁）、ワイスマンの議論を参考として四つに整理しておきたい（Weithman 2010: pp.130-140）。

①心理学上のコストを避けたいという欲求。自分以外の人びとが一般に正義に適って行動する社会において、可能な機会があればフリーライドを試みるとする（仮定上、この人物はフリーライドすること自体に良心の呵責を感じることはない）。ただし、フリーライドを上手くやりおおせるためには、普段から予防線をはったり偽りのポーズを維持したりという余分な心理学上のコストがかかってしまう。

②友情の絆への欲求。私たちは通常、愛着や友情を抱く具体的他者を有している。可能性としては、彼らの前でのみ正義に適った行動をし、そうでない人びとを相手にする場合は自分の善のみを考慮して行動することが考えられる。しかし、秩序だった社会においては、人びとは非人称的な連帯に関わる社会制度自体にも絆を感じるようになる。また、みずからの不正な行動の影響を特定の人びとにのみ及ぼさないことは、意図しても常に可能ではない。結局、不正に行為することは、愛着や友情を抱く他者を傷つけてしまう。

③様々な能力を現実化する生活様式に参加する欲求。私たちは個人では発揮しえない様々な潜在能力を有しており、かかる能力を実現し享受するのは善いことだと考えられる。しかし、私たちが潜在的に有する諸力を集合的に実現するためには、それらを然るべく方向づける正義の原理を相互承認する必要がある。これはアリストテレス的原理とその随伴原理（the companion principle）に基づく論拠だとされる(16)。

④カント的解釈に基づく自由かつ平等な理性的存在者として行為することへの欲求。この解釈によれば、人びとはたんに生きるだけではなく、自由な道徳的人格としての自然本性を表現したいという欲求をもっている。さらに、この欲求は正しく行為したいという欲求と同一のものである。「ある人が真なる諸信念と正義の理論についての精確な理解を有しているとき、右の二つの欲求は当人を同じ仕方で動かす。二つの欲求はともに、まさし

く同一の原理、すなわち原初状態で選択されると考えられる原理に基づいて行為しようとする性向・構えにほかならない」(TJ: p.572/rev.501= 七五二頁)。

こうして、以上の論拠に照らすならば、正義に適った原理に基づいて行為することは善でもある。「原初状態における当事者たちの達成目標は、各人がおのれの統一性を創出すること (to fashion his own unity) を可能とするような、正義にかなう好ましい諸条件を確立するところにある」(TJ: p.563/rev.493= 七四〇頁)。各人が正義感覚＝善意志を充全に発揮する場合、個人的にも集団的にも望みうるかぎりの善が実現されるのである。正義に適った生はまた善き生でもある。

「秩序だった社会にあっては、善い人であること (そしてとりわけ、実効的な正義感覚を有していること) は実際その当人にとって善 (単一の財) となる、ということができるのが第一点。そしてさらに、この社会形態は善い社会である、ということができるのが二点目。第一の主張は〈正と善との〉一致から帰結する。そして以下の関連する二つの観点から見て、社会として欲するのが合理的である特性を秩序だった社会は備えているがゆえに、第二の主張が妥当性を有する。すなわち、原初状態の視座から見て、秩序だった社会は集団にとって合理的だと判定される正義の原理を充たしている。そして個人の見地から見るならば、正義の公共的構想を自分の人生計画を統制するものとして確証・肯定したいという欲求は、合理的選択の原理と合致する。以上の結論でもって共同体の価値が裏づけられ、そうした結論に達することによって〈公正としての正義〉に関する私の説明は完了する」(TJ: p.577/rev.505= 七五九―七六〇頁)。

かくして、〈正と善の合致〉によって正義に適った社会の安定性は論証され、『正義論』はその結論を迎える。

『正義論』においては、第三部の議論が最終的には第一部の議論を包摂する。すなわち、ひとたび全体的な論証が行なわれたならば、善の希薄理論に則って暫定的に導出された〈公正としての正義〉は、その暫定性・仮定性を止揚され、充全なものだとされる。誰もが〈公正としての正義〉を包括的教説として受け入れることが正当化され、多元性は縮減されるものの、そのために統合性は一層強固なものとなる。

◉1-4-2 正義原理の至高性

これら四つの主張のうち、ロールズならびにその研究者が最も強力な論拠だと考えるのは④である（Freeman 2007a: p.183; 渡辺 2002: 二五一頁）[17]。これはまさしく、先ほど見た正義感覚（善意志）の優先性を反映する論点にほかならない。この正義に適って行為しようとする欲求は、他の三つの欲求に対して文字通り統制的な位置を占める。「しかし、自由で平等な理性的存在である自分の自然本性を表現しようとする欲求は、絶対的な優先権を有する、正と正義の理論原理に基づいて行為することによってのみ充たされうる。これは最終性条件の帰結である。この原理は統制的であるので、それらに基づいて行為したいという欲求（＝正義感覚）は、その欲求が残りの欲求に対して同様に統制的に作用する限りにおいて充たされる。偶発性や思いがけない出来事から私たちが自由であることは、この優先順位から行為することによって表現される」（TJ: p.574/rev.503= 七五五―七五六頁）。

そもそも理性的存在者としての適切な行為への欲求がその他の欲求と比較考量されうるとしたら、その場合、私たちは正義感覚の表出に失敗してしまう。その意味でこの欲求はメタ・レヴェルに位置する。いや、位置しなければならない。そうすることによってのみ私たちは自然本性を表現することができるからである。「この最高度に統制的な欲求の対象を成功裡に実現する唯一の方法は、正義の要求を不断に遵守することである」（Freeman 2007a: p.183 n.19）。

〈正と善の合致〉――正義に適った生はまた善き生でもある――というテーゼの論証としてみた場合、このカント的解釈に基づく④は論点先取だと言わざるをえない。他の三つの欲求とは異なって、善の希薄理論に則すと謳われているものの、この正義感覚にまつわる欲求においては正と善は最初から（正が優先する仕方で）端的に結びついているからである。[18] さらにこの欲求は統制的な位置を占めるものでもあった。それゆえ、このテーゼは実際のところ次のように読まれなければならない。――善き生は正義に適った生としてしかありえない。この意味で、〈正と善の合致〉は紛れもないカント的テーゼである。

カント的解釈に基づく原初状態論は、全体として見た場合、しばしば批判されるのとは反対に、むしろ負荷の強すぎる人格像を前提としている。かかる道徳的人格をベースにした自己は、様々な善の構想を気ままに主意主義的な仕方で選択するというよりは、正義感覚に則り道徳原理にしたがって行為することを至上の価値観とみなす、抑圧的・敬虔主義的な自己であるとすらいえる。おそらくそれは、カント自身がそうであったように、ロールズにおいても自律的に行為することの背景には、形を変えた宗教的関心の継続――尊重と幸福に値するように行為すること――が存在していたからだと思われる。

これは字義通りの包括的教説である。後年の彼が『正義論』のカント的解釈には問題があったと繰り返し述べているのは、逆説的に、正義原理の至高性という論点に秘められた問題意識の深さを示すものだといえるかもしれない。ともあれ周知のように、この難点に向き合うことから政治的リベラリズムへの展開は果たされることになる。[19] ただし、その帰趨を追跡するのは次章以降に委ね、以下ではひとまずカント解釈に集中する。

◉1―4―3　〈公正としての正義〉のカント的解釈プログラム

見てきたようにロールズは紛れもないカンティアンであるが、特に七〇年代半ばから八〇年代初頭にかけては、カント的な道徳的教説への依拠がピークに達する。特に、『正義論』改訂版と同時期に執筆された、二本の論文「カント的な平等の構想」（CP 1975a）と「道徳理論の独立性」（CP 1975b）は、この時期のロールズの念頭にあった〈カント的解釈プログラム〉とでもよぶべきものを示す、いわば綱領論文の位置を占めている。

すでに『正義論』において、カントをあまりに二世界論的・形式主義的に考える解釈には疑義が呈されていた。そうではなく、カントの議論はその実質的な側面をも含めて、多様な観点から、より多面的な仕方でアプローチされなければならない。それはまた、ルソー的着想に接合するものでもなければならない。ゆえにロールズは、経験論の枠組みにおいてカントの自律の構想と定言命法の手続き的解釈を与えるものとしても、原初状態を構想したのである（TJ: p.256/rev.225=三四五—三四六頁）。

こうした着想は、ハーバードでの講義を通じて錬成されていくことになるが、先述の二つの論文は、一九七五年の段階での達成とこれからの目標を披瀝したものとして考えられる。「カント的平等の構想」は短い分量ながらも、カントの道徳理論の解釈に拠りつつ『正義論』の中心的主張が簡潔にまとめられており、さらには、基本財の観念が適切な人格の構想をふまえたニーズの観点から考察されるべきだという主張が萌芽的な形で示されてもいる【3-2-2】。

アメリカ哲学会東部支部の会長就任演説を基とする「道徳理論の独立性」は、その来歴からしてプログラム的性格がより顕著である。ロールズによれば、道徳哲学は形而上学や認識論といった他の哲学領域から独立性を有しており、またそのようなものとして考察されねばならない（CP 1975b: p.286）。近代的パラダイムにおいては、とりわけ形而上学や認識論が第一哲学の基礎づけを担う中核部分とされる。だが、こうした論点から独立した仕方で、私たちはある道徳的構想が適切であるかを考察することが可能である。哲学一般の中で道徳哲学はいわば相対的に独立した領域を形成しており、それに応じた固有の道徳的価値の領域が存在する。そしてこの価値の観点から道徳的構想の考察を進めてゆくことが肝要だとされる[20]。

それゆえ、ロールズはシジウィックの『倫理学の方法』を高く評価する。それは、重要な実質的道徳的構想の比較研究というアプローチをとるものであって、英語で書かれたものとしては最初の真に学術的な道徳哲学の著作にほかならない（LHPP: pp.378-379= 六八四―六八六頁）。しかしながら、『倫理学の方法』は最終的に主要な道徳理論を、合理的利己主義・功利主義・直観主義の三つに区別するため、直観主義から卓越主義ならびにカント的教説を分節化できていない（LHPP: p.384= 六九五頁[21]）。

功利主義を最も説得力をもった道徳理論上の対抗馬と考えるロールズからすれば、契約論的発想に立つこのカント的教説を実質的なものとして抽出・彫琢し、その優位性を論証することこそが必要なのである。かくして、〈カント的解釈プログラム〉はカント研究（講義）としてその姿を現す。そして、この試みの中心に据えられる理念こそ〈諸目的の国〉にほかならない。

五　〈諸目的の国〉と秩序だった社会――カント講義

◉1-5-1　カント的構成主義

本節では『正義論』以降の〈カント的解釈プログラム〉を、ロールズによる定言命法解釈に注目しつつ確かめてみたい。具体的にいえば、ロールズによる〈諸目的の国〉受容を論じることが以下の目的であるが、それは『道徳哲学史講義』にて詳しく展開されている[22]。『正義論』を発表した後、講義においてロールズはカントにより集中的に取り組むようになったといわれており、その集大成となるのが論文「道徳理論におけるカント的構成主義」（一九八〇年）である。[23] 講義の主要目的は、カント的構成主義（Kantian constructivism）とよばれるこの構想を、功利主義をはじめとする他の道徳的構想と比較し、その特質ならびに利点を際立たせることにあった。以下で見てゆくように、この構想は自律的立法による社会像を強調するという点で、『考察』の宗教的コミュニティと極めて対称的な性格をもっている。構成主義という道徳的方法論は彼のカント解釈とも連関しているため、ここで簡単に説明しておきたい。

構成主義の基本的な特徴は何か。それは、妥当な道徳的判断を求めようとする際、前提とされる必須条件を組み込んだ手続き主義的なプロセスによって、そうした判断を定式化することにある。「要は、ある判断が正しい手続きを正しく遂行することから帰結し、しかも真なる前提だけに基づくのであれば、その判断は妥当であり論理的に正しいということである」（LHMP: pp.238-239＝三四七―三四八頁）。道徳的言明が一定の妥当性をもつとすることで、構成主義は懐疑主義を批判する。また、手続き主義的な性格をもつため、構成主義は人びとが働きかけるプロセスから独立して客観性は成立しているとするような実在論をも同時に退ける。すなわち、構成主義はロールズのいう理性的直観主義（rational intuitionism）にも対立する。[24] なぜなら、強い道徳的実在論である後者においては、探求すべき道徳的原理はすでに確定された所与ものだとされるからである。構成主義は私たちが何らかの目標にコミットし、それを共同で形成していくプロセスを重視するものであるのにたいして、理性的直観主義はむしろあらかじめ存在する目標を発見（把握）するのだと考える。

それゆえ、こうした手続き的なプロセスにおいても、すべてが構成されるわけではない。「あらゆる構成には、そこから始められる、基礎というかいわば何らかの材料がある。……すなわちそれは、道理的かつ合理的なものとしての自由で平等な人格の構想である」。「こうした人格はすべてが〈諸目的の国〉の立法に携わる成員でありうるわけだが、この人格の構想はそうした人格からなる社会という構想とともに、カントの構成主義の基礎を構成する」(LHMP: p.240＝三四九頁)。カント的構成主義とは、規範的な性質をもったカント的な人格と社会の構想を基礎とする構成主義にほかならない(25)。

なおロールズも理性的直観主義を全面的に批判しているわけではなく、強調しているのは構成主義の方がより自律の理念に根ざした客観的基準を提示可能であるという点である(26)。「シジウィックの表現を用いていうなら、〈宇宙の視点〉(the point of view of the universe)によってあたえられるのではない客観性の観念に、私たちは到達したのだ」(CP 1980: p.356)。くりかえすならば、そうした客観性の基盤とされるのがカント的な社会と人格の構想、すなわち〈諸目的の国〉とその成員という構想なのである。「構成主義においては、客観的な視点がつねに適切に特定化された何らかの道理的かつ合理的な人格の視点であるということに注意してほしい。カントの教説では、それは〈諸目的の国〉の成員であるような人格の視点である」(PL: p.115)。

構成主義はどこでもないところ(nowhere)から世界を眺めるものではない。もちろん客観性を求める試みは時として現実からの抽象化を必要とする。しかしそれは、決して抽象のための抽象化ではない。構成主義が提示しようとする共有可能な客観的視点は、人びとが可能である理想的側面を前提としながらそれを自律的な仕方で展開していくことをつうじて産出されるのである(27)。

以下では、カント講義に即しながら、ロールズがいかなる社会像を導き出しているのかを確認していく。そこでは、〈諸目的の国〉に導かれた社会像が、かつての宗教的コミュニティにたいする自己批判として、しかし同時にその理念をある点では引き継ぐものとして、展開されている様子が明らかにされるはずである。

◉1-5-2　定言命法手続き（CI手続き）

カント倫理学には、自律と他律、定言命法と仮言命法の峻別等に代表される、厳密な抽象的普遍性を求める性質があるが、みずからの理論がその精神においてカント的であることを自認しつつも、ロールズは必要であればカントからあえて逸脱することも厭っていなかった（TJ: p.256/rev.225＝三四五―三四六頁）。カントによれば、理性的存在者が定言命法に則って自律的に立法する場合、〈諸目的の国〉が生じる（『道徳形而上学の基礎づけ』A433）[28]。〈諸目的の国〉をめぐっては様々な議論があるが、ロールズは叡智的存在者ではなく経験的存在者としての私たちが共同の立法に携わると想定するため、そしておそらくは彼独自の神義論的関心のゆえに、〈諸目的の国〉は理念的な側面をもちつつも完全に彼岸にあるわけではない社会として位置づけられる。

「主要な考えを示唆するならば、それは、秩序だった社会の観念を、正義の情況（circumstances of justice）のもとにある人間社会として考えられた〈諸目的の国〉の観念を意味するものとして考えてみることである。……いまやそのような社会にふさわしい正義の概念は、自由で平等な道徳的人格として、すなわちそのような社会の成員として考えられた個人間の公正なる仮説的状態において同意されうるものである。同意が達成される環境の公正さが、同意される原理の公正さとなる」（CP 1975b: p.264＝一一二頁）。

ロールズは〈諸目的の国〉という観念を秩序だった社会を導く範例として考えている。もちろんそこでの人格像はカント的なものであるが、それはこうした可能なる目的の国という社会像と一対をなすものとして捉えられている。そのため、人格像が社会像を規定する側面だけではなく、社会像がいかに人格像を規定するかという側面にも注意をはらう必要があると考えられる。

カント講義においては定言命法をめぐる解釈が大きな役割を果たすのだが、以下ではそれを、カントとの異同に注目しつつ見てゆきたい。定言命法には、自然法則の方式（A421）、目的自体の方式（A429）、自律の方式（A432）とよばれる三つの定式化がある。これらは順に考察されたのちに〈諸目的の国〉についての議論に収斂してゆくが、それらはロールズ理論の基本的観念とも深く関連している。カント講義の目的のひとつは、こうした定言命法についての解釈をつうじて、可能なる〈諸目的の国〉という観念をより明確化することにある。

まず、ロールズは自然法則の方式――〈自分の行為の格率が自分の意志によって普遍的自然法則になるべきであるかのように、行為しなさい〉――に独自の解釈を加え、定言命法（categorical imperative, kategorische Imperativ）手続き（以下、ＣＩ手続き）という方法を考案している。構成主義的発想に立つＣＩ手続きはしばしば指摘される定言命法の形式性を補うものであって、叡知的主体ではなく経験的主体としての人びとに適用されうるルールの内容を定めるものだとされる。「私たちの状況にたいして定言命法が適用されるべきならば、それは、自然本性の秩序のもとにおける私たちの情況に適合させられなければならない」（LHMP: p.167＝二五一頁）。

こうしてＣＩ手続きは、世界についての常識的な信念や知識を使用しながら、欲求や傾向性にも時に影響される人びとにとって妥当な道徳的判断を調査するものとなる。具体的には、妥当な道徳的格率を求めるにあたって、ＣＩ手続きは以下の仮想的な一般化のステップを踏む（LHMP: pp.168-169＝二五二―二五三頁）。

①Ｚでないかぎり、情況Ｃの下ではＹを実現するために私はＸを行なう（個別的格率）。
②Ｚでないかぎり、Ｃの下ではＹを実現するために誰もがＸを行なう（①の一般化）。
③Ｃの下ではＹを実現するために誰もが常にＸを行なう（②の擬制的な自然法則化）。

④そうした擬制的な自然法則が充分な時間を経て現実のものとなった社会を考えぬくこと（③の法則が妥当する社会の考察）。

妥当性をもつ格率は、ステップ④での社会を存立可能にさせ、より望ましくさせるものとなる。それゆえ、たとえば約束を守らないという格率は棄却される。かかる格率が一般化、ひいては法則化したような社会においては多大な混乱がもたらされるだろうからである。この約束をめぐる議論はカントの主張を踏襲するものといってよい。

ロールズによる解釈の独自性が鮮明になるのは、ステップ④においては特別なニーズが考慮されるべきだという主張である。この真の人間的ニーズ（true human needs）は、たんに飲食物や休息にとどまるものではなく、思考力や感受性を涵養する教育や文化にもかかわるものだとされる（LHMP: p.174＝二六一頁）。また、これとならんで、基礎的ニーズ（basic needs）として数えあげられているのは、社会における安全と秩序へのニーズと、幸福になるためにみずからの合理性への能力を発達させるために必要とされる条件へのニーズである。「この二つのニーズは、いかなるものであれ無関心の格率を排除し、受け入れ可能な相互扶助の格率を確保するうえで充分なものであろうと思う」（LHMP: p.234＝三四一頁）。経験的主体が市民として持つべきニーズに引きつけられながら、定言命法は解釈されることになる。

ステップ④に戻ると、ここではさらに二つの制約が求められる。「第一の制約は、自分も含めた人びとのより具体的な特徴、またその最終目的や欲求の特定の内容を無視せよ、ということである」。「第二の制約は、自分の格率に沿って調整された実社会を望めるかどうかと自問するさいに、私たちは自分がその世界においてどんな場所を占めるのか知らないものとして考えなければならないということである」（LHMP: pp.175-176＝二六二―二六三頁)[29]。

こうした議論は、明らかに無知のヴェールについての発想を裏づけるものだといえる。ロールズのカント解釈の特徴はここに出揃っているといっても過言ではない。つまりそれは、一方で、『基礎づけ』に沿いつつ具体的な個々人がもつ特性や地位を考慮から外すことで一般性を有した道徳原理を追求するのだが、他方で、そうしたプロセスにおいて共約可能なニーズをむしろ重視するという点では『基礎づけ』から逸脱する。ここには、功績の観念を第一義的なものとしては拒絶すること、ならびに人間の自然本性はそれ自体として否定されるべきものではないという彼の基本的視座を認めることができると思われる。

さて、妥当性をもつ道徳法則を考察するにあたって、欲求や傾向性を必ずしも除外しないということはカントと異なる点であるが、この論点は、目的自体の方式――〈自分の人格のうちにも他の誰もの人格のうちにもある人間性を、自分がいつでも同時に目的として必要とし、決してただ手段としてだけ必要としないように、行為しなさい〉――をめぐる解釈でも強調される。構成主義は〈諸目的の国〉という構想のみならず、道理的かつ合理的なものとしての自由で平等な人格の構想をも前提としていた。ロールズによれば、こうした人格の構想にみられる理念は、欲求や傾向性を免れた理性的存在者になると考えるのではなく、むしろ現に存在する他者との対称性をもとめることによって達成される。

では、そうした対称性はどのようにして追求されるのだろうか。ここで注目されるのが、目的自体の方式にでてくる「人間性」(Menschheit)という観念である。「さて、カントが人間性というときに意味するのは、私たちが自然界に属する道理的かつ合理的な人格であると特徴づけてくれる私たちの能力のことである」(LHMP: p.188=二八一頁)。ロールズはこうした能力を自律へとつながる道徳的能力と重なるものとして捉えているが、人びとは様々な人格のうちにあるこの意味での人間性を形成する能力を、たんに手段としてではなく目的として扱うべきだとされる。彼の用語でいうならば、みずからの善の構想を考慮する合理性、ならびにともに重責を担おうとする道理性（正義感覚）という道徳的能力を高めていくことが求められる。

その意味で、ここには幾ばくかの卓越主義的な性質がみとめられるともいえるが、それはあくまでも各々が独自の生活様式を自律的に営んでいくために必要だと想定されるものに限定される。可能なる〈諸目的の国〉の成員に求められるのは、こうした道徳的能力をもつことにほかならない。そうした能力の涵養に資するものであるため、誰もが有しているとされる内なる人間性を目的として扱うことは「自他が共有する人間理性にとって公共的に正当化可能であるような仕方でふるまうこと」につながるものであり、そうしたことが現実になるにつれて、「私たちは他人が公共的に賛同できるような仕方で彼らとかかわることに、純粋な実践的関心をいだく」ようになる（LHMP: p.192=二八七頁[30]）。

そして、自然法則の方式と目的自体の方式は、自律の方式――〈各々の理性的存在者の意志は普遍的に法則を立法する意志である〉――に統合されることによって、〈諸目的の国〉を導く。三つの定式化が組み重なりつつ、普遍的な立法を行なう際に自分自身を可能なる〈諸目的の国〉の一員とみなすべし、という格率が明示化される。

以上みてきた解釈からすれば、自然法則の定式は立法される道徳法則が一般的に承認されていることを、目的自体の定式は法則が人間性すなわち自分の卓越性＝完成可能性（perfection）と他人の幸福を増進させることを求める。そして「自律の方式からすれば、〈諸目的の国〉においては誰もが正義の義務と徳の責務を尊重していると認めあうだけではなく、あたかも自分たちの道徳的共和国へとむけて立法しているのだとも認めあっているのだと、カントは想定しているに違いない」（LHMP: p.209=三〇九頁）。

こうした対称性が満たされ、その意味で互いを自由で平等な人格として承認した状態こそが、可能なる〈諸目的の国〉にほかならない。自律的な仕方で道徳的秩序を追求していくというこの側面に構成主義的な考え方は最もよく体現されている。ロールズが描く理想的な社会像が、今やこうして明らかなものとされる。それは最高度に理念化された秩序だった社会の観念にほかならない。

「三つの定式化が併記されることによって、〈諸目的の国〉という構想を精巧に仕上げるために必要とされる概念と原理を提供する。……こうした構想を理解することによって、〈諸目的の国〉の成員であるような人格でありたいという構想依存的欲求が可能になる。なぜならば、その場合、自律的なものとしての私たち自身という構想のみならず、他者に対してもつ関係についての構想、さらには、すべての人びとが純粋実践理性と道徳的感受性に根ざした平等な地位を有しているという構想をもつにいたるからだ。この状態は、全員による貴族制（aristocracy of all）という理念で表現される。この自己理解を、こうした構想依存的欲求のために求められる基盤としてさらに推し進めていくことこそ、道徳哲学の目標のひとつである」（LHMP: p.213＝三一五頁）。

◉1-5-3　可能なる〈諸目的の国〉としての秩序だった社会

それでは、〈諸目的の国〉の理念によって導かれた最高度の秩序だった社会、すなわち全員による貴族制の特徴はどのようなものだろうか。そこでは、自律の方式で強調されていたように、契約をむすぶ当事者が締結される原理をたがいに納得しあったうえで受諾する公知性（publicity）が満たされている【4-3-2】。「定言命法に関するカントの学説の中には、公知性の条件が明らかに伏在している。理性的な存在者が〈諸目的の国〉の法として進んで制定する用意があるような原理と一致して行為せよと私たちに要求するものこそ、定言命法なのだからである。〈諸目的の国〉は、そうした道徳原理を公共的憲章として掲げる（いわば）倫理上の共和国にほかならない」（TJ: p.133/rev.115＝一七九頁）。全員による貴族制という構想は、いわば契約論的な発想を純化したような社会像である。

そうした秩序だった社会において目指されていることのひとつは、人びとがたがいに共有できる理由によって議論を重ねていくことにほかならない。「（充分に）実現された〈諸目的の国〉においては、自由な公共的理由（free public reasons）――人びとがたがいに誠意をもって自由に提示する理由――は実在的な理由（real reasons）とみなされ、またそのようなものとして受け入れられるのである」（LHMP: p.302＝四三五頁）。

ロールズの試みは、メタ倫理学をはじめとする道徳理論における議論の蓄積とあわせて、共有可能な理由に基づいた道徳的・政治的空間を追求する試みの源となっている。[31] またそれは他方で、ニーズや社会的偶然性への対処といった論点にも注目することによって、実質的な側面をも合わせもった示唆的な社会像を提示していると考えられる。この社会は、人びとがもつ顕在的・潜在的な理念や期待を共有可能な理由として明示化しようと試みる、そうした言説が反復されることによって妥当するようになる政治的空間を目指すものである。

それでは、『考察』との比較をしてみるとどうだろうか。可能なる理想的人格像から出発し、自律的立法によって構成される社会像は、『考察』におけるコミュニティと決定的に異なっている。後者は、道徳的秩序を神によってあたえられる所与のものとしているが、これはあきらかに理性的直観主義の一種にほかならない。しかし、功績の拒絶という論点は連続している。「私が思うに、カントの考えは次のようなものである。世界のなかで占める特別な地位という点から見て、道徳的秩序にしたがって素質（predispositions）を配列する場合に限って、私たちは自分たちに適合する唯一の原理に基づいて行為することになる。[32] カントのいう基礎的な道徳的構想は、各人を自由で平等な人格として含む貴族制といったものである。それは、生まれや社会的階級による貴族制ではないし、知性や美、並外れた達成による貴族制でもない。また、不注意にもそう考えてしまいかねないが、それは道徳的性格や道徳的価値（moral worth）による貴族制でもない」（LHMP: p.306＝四四〇頁）。秩序だった社会におけるシティズンシップの地位は、第一義的には、功績の観念に基づくものではない。それは人びとの水平的・互恵的な関係をこそ旨とするものなのである。

こうした関係性の追求こそは、ロールズの社会像、ひいては彼の思想に通底する嚮導観念にほかならない。これは『考察』にもすでに認められる。もちろんそこでは神の存在が大前提とされるのだが、神が絶対的な存在であるがゆえに、その前においては人びとの関係は対等なものとなる。単純な合一化＝神秘主義を退ける若きロールズの視座からすれば、神はいわば人びとにとって絶対的な権威を有する媒介的な第三者の視点を構成することになる。そして、ここに認められる構造は、これまで見てきたカント的解釈にもある意味で受け継がれていると解釈することができる。

若き日々に抱かれた宗教的コミュニティというヴィジョンの中核が、変化を蒙りつつもカント的構想へと受け継がれてゆくこうした様子を、ハーバーマスは卓抜な仕方で表現している。

「ジョン・ロールズの著作の辿った経緯が提示しているのは、最初にカントによって着手された試みに匹敵する、宗教的観念の哲学的再形成である。宗教的なコミュニティ倫理の主たる特徴が世俗的義務論へと昇華可能なものとなっている。なぜなら、一神教的コミュニティに見出される三幅対の関係は〈諸目的の国〉においてそのままに残っているからである。すなわちそれは、実践理性の観点に照らして、自己立法された道徳法則・に従う道徳的人格たち・からなる普遍的コミュニティ（the universal community of moral persons who submit to self-legislated moral laws in the light of practical reason）である。このケースにおいて、成員たちは互いに直接的な関係に立つわけではない。そうではなくて、すべての間人格的関係は、不偏的な〈第三者〉の権威――道徳法則の権威――に対する各人の関係によって媒介されている。卓越し統合する単一の〈神〉に対する各人の関係は、いまや道徳的な視点――すべての自律的な行為者は、この視点から、争いが生じた場合にいかに自分たちが振舞うかを対等に熟議する――によって置き換えられるのである」（Habermas 2010: pp.448-449）。

このハーバーマスの表現を借りていえば、対等な人びとの間に成立しうる客観的視点を、神という理念に直接依拠することなしにあくまでも自律的な仕方で構成しようと試みることが、ロールズの課題であった。それはおそらくかつてカントが辿ろうとした途でもある。そして、カント講義においてロールズはまさしく彼に倣いつつ、可能なる〈諸目的の国〉としての秩序だった社会の理念を示したのであった。

こうしてロールズは、外的権威によることなしに、個別的人格を有する人びとが功績の観念に第一義的に依拠せずして結びつくヴィジョンを提示したのである。かかる社会を統制するもの、あるいはそこにおいて対称的な関係にたつ人びとによる立法に適うと想定されるものこそ、ロールズによれば、〈公正としての正義〉という構想であった。それを実現するために導入されたのが、原初状態という発見方法的な仮説的代表装置にほかならない。『考察』での宗教的教説に基づいたコミュニティ像は、『正義論』やカント講義を経ることによって、カント的な道徳的構想に基づいた社会像へと変化を遂げる。現実主義的ユートピアという社会像の中核部分はこうして形成されたのである。

ロールズの社会観（コミュニティ観）にはこの三幅対モデルを一貫して認めることができる。大まかにいえば、その中心をなす正統な権威の位置を占めるのは、まず神であり、次いで道徳法則であり、最後に公共的理性である。[33] これらはいずれも、個別の人格が、各々の〈差異〉を破棄することなしに、関わり合うことを可能とする媒体なのである。もっとも、各モデルの〈差異〉を包摂する仕方は異なっており、その到達点というべき公共的理性の観念については、第五章にて詳しく考察したい。

最後に一点付け加えておけば、こうした秩序だった社会の理念あるいはそれを統べる〈公正としての正義〉の主題を、ロールズは社会の基本構造として設定していた。カントとは異なり、彼の正義論は社会制度の正しさを第一義的な対象とする（CP 1980: p.339）。ここから導かれることとして、原初状態の記述に反映される人格と社会の理念は、社会の基本構造においていわば制度上の表現（institutional expression）を要求する（Freeman 2013: p.98）。すなわち、正義の原理を充たす特定の制度上の枠組内で行為することによってのみ、私たちは自由な道徳的人格としての本性を表現することができるのである。逆にいえば、社会の基本構造が互恵性を完全に充たすものでない場合、それに応じて私たちは不正に振舞っていることになってしまう【6-4-3】。秩序だった社会は、それゆえ、最高度の互恵性を充たす理念として設定されねばならない。正義の二原理はこうした考えから導かれているのである。

六　小括

しかしながら、こうしてカントの強い影響のもとで形成された社会像は再び変化していき、これ以降、ロールズはカントから一定の距離を保つようになる。なぜならば、これまでの理論が包括的なものであったことを自己批判し、一部の領域のみにコンセンサスの対象を限定する政治的展開が生じたからにほかならない。いまやロールズはかつての包括的リベラリズムから区別された政治的リベラリズムを提示するのだが、両者のあいだには深刻な裂け目があるとされる。それは社会観にも及ぶ。「私が念頭においている深刻な問題とは、『正義論』でいわれていたような、非現実主義的な（unrealistic）秩序だった社会の観念に関連している」（PL: p.xviii）。

政治的リベラリズムにおいては、カント的な社会像は理に適ったものではあるが包括的教説とされるため、もしそれをすべての人びとに推奨するならば、場合によっては抑圧を招くものとなってしまう。おそらくロールズは依然として〈諸目的の国〉に導かれた社会像を最も好ましいものとして考えているのだが、その他にも様々な、異なってはいるが理に適った社会の在りかたを認めるにいたる。そのため、これまでみてきたような理想的社会像は、準統制的理念という地位から外され、様々な選択肢のうちのひとつとして位置づけ直される。

このような政治的リベラリズムへの展開に関連する詳しい議論は次章に譲ることにし、最後に、本章の議論をまとめておく。ロールズの社会観は、強い宗教的影響のもとに書かれた『考察』において提示されたコミュニティ観にまで遡る。そこにはすでに功績の観念の否定やパーソナリティの別個性といった考えが認められる。しかし、信仰から離れカントに接近するなかで、こうした主張は保持されつつも、原罪の教説とつながる宗教的背景は切断される。さらに、カント的な善意志が〈正と善の合致〉の中心にある正義感覚として受け継がれる。〈諸目的の国〉の受容は、功績の観念の拒絶と人間本性の善性を両立可能にさせるものであり、それは全員による貴族制という理想像として結実した。現実主義的ユートピアとよばれる社会像の中心部はこのようにして生成されたのである。

それは、共有可能な理由によって自律的に立法される道徳原理が妥当することを目指す社会であり、また、それを可能にするような社会的平等に配慮するような社会にほかならなかった。以上の行論によって、ロールズの社会像が宗教的コミュニティにその基盤をもっており、主として〈諸目的の国〉というカント的社会像の受容をつうじて、現実主義的ユートピアという構想に展開されていったという本章の中心的主張は明らかにされたはずである。

注

（1）宗教や神学にかんする議論は、『考察』に収録されているAdams 2009に負う。

（2）彼らは『考察』と『正義論』との繋がりを以下のようにまとめている。①道徳を、最高善の追求ではなく間人格的な関係によって定義することの是認。②人格の個別性がもつ重要性への支持。それゆえ、道徳的コミュニティあるいは信仰のコミュニティというものは様々な異なった人格からなる関係とされる。③社会を、たんなる契約あるいは合理的個人の取引として考えることの拒絶。④排除とヒエラルキーにもとづいた不平等への非難。⑤功績の観念の拒絶（BI: p.7）。

（3）自分と宗教とのかかわりあいの来歴を綴ったこの小文は、『考察』に収録され、この度はじめて明らかにされた。本文にも記したように、書かれたのは一九九七年だとされる。

（4）逆にいえば、そうした条件が満たされていない場合、そこでは互恵性が損なわれており、道徳的功績が不当に用いられていることになる。そのため、何が適切な取り分であるのかということを述べる際に、ロールズは正統な期待（legitimate expectations）という観念を用いる。それは、社会的協働から出発するものであり、自己所有権テーゼ的な功績概念を退けるものとなっている（TJ: p.311/rev.273= 四一三頁）。

（5）ルソー講義は全三講義からなるが、ここで取りあげる人間本性の善性がテーマとされるのは第一講義である（一般意志について論じた第二・第三講義は、本書第三章にて取扱う）。なお、ルソー講義が行なわれた年代は明記されていないが、第一講義の補遺は一九八一年のものである。

（6）こうした利己心に対する肯定的な解釈は『万民の法』にも引き継がれている（LP: p.34= 四六頁）。

（7）興味深いことに、若きロールズは悪を社会制度に帰責する議論をはっきりと退けている（BI: p.190）。そこではまさしくルソーが論敵とされ、アウグスティヌスが肯定的に引かれているが、これは成熟期の思想と明白なコントラストを成している。

（8）序論でも指摘したように、このルソー解釈は、E・カッシーラーによる古典的解釈とも足並みを揃えるものである。実際に、ロールズはカッシーラーを参照している（LHPP: p.200 n.11＝三五八頁、注11）。

（9）自然状態に対比されるのは、いうまでもなく正統な政治的権力が妥当する市民状態であるが、神学的文脈においては神の慈悲が妥当する恩寵の状態であることにも注意されたい。またこの繋がりで、ルソーの自然状態論とキリスト教の原初の無垢状態に類似性が認められるとのカッシーラーの指摘は興味深いものである（カッシーラー 1974: 四七頁）。

（10）こうした議論を背景とすると、原初状態における当事者が嫉妬心をもたないという論争的な主張にもひとつの解釈を与えることができるかもしれない。この仮定はたしかに説得力をもった仕方で正義の原理を導くにあたっては有意でないようにも思われる。「本来の問題は、嫉妬が一般的事実として認められたときでさえ、はたして正義の二原理、なかんずく格差原理が、依然演繹できるのか否かである。そして、それが演繹できないかぎり、正義の二原理を満たす社会も存在しえないのだ」（渡辺 2000: 二〇五頁）。

しかし、ここでおそらくロールズが意図していたのは、ルソーが『人間不平等起源論』でなしたような仮説的推論、すなわち、人間本性は本来的には善であって、しかも適切な制度上の裏づけがあるならばそうした性向は安定したものでありうることの論証であるように思われる。仮に嫉妬や嫉みを意識的に切断して練成された正義の構想が実際の感情・情念を加味した上で充分な支持をえられると想定されるとしたら、それは、ルサンチマンを本質的要素とはしない平等主義的理念を弁証することになるだろう。

（11）ワイスマンは、両者と並んで「西洋思想における暗い精神」（LHPP: p.302＝五四二頁）と表現されているドストエフスキーを含めた上で、こうまとめている。「行論の目的にとって重要なのは、三人すべてが、〈人間本性はあまりにも罪深く、弱く、自己利益的であるので、自由かつ正義に適った政治制度のもとで生きていくことはできない〉と考えていたように思われることである」（Weithman 2010: p.230）。ロールズの目的はこうした諦念に対するオルタナティブの提示にほかならない。「私たちがそうであることが可能なもの（what we can be）を示すことによって、ロールズは、人間本性ならびに正義に適ったリベラル・デモクラシーの社会の現実的な実現可能性への理性的信仰（reasonable faith）を根拠づけることを願ったのである」（Weithman 2010: p.231）【6‐6‐1】。

（12）J・シュナイウィンドはまさにこの「方法の逆説」を参照しつつ、善意志が多分に宗教的側面を含むこと、より具体的にはそれがカントの神義論的問題関心に対する解答であったことを示している。「したがって、善であるとは道徳法則によって決定された意志によって意志されることとである。われわれの意志はそういう意志であり、神の意志も同じである。カントはかつて解決しようとした神と神による選択結果の善性との関係に人間の実践理性を置き換える。カントの驚くべき主張によると、われわれ誰もがみずから従うべき法を等しく制定してはじめて、神とわれわれは単一の道徳的共同体の成員資格を共有できる（God and we can share membership in a single moral community only if we all equally legislate the law we are to obey）。成熟期のカントは人間という行為者と神との明示的な比較をためらわない。われわれはあらゆる目的の調和ある全体性、すなわち道徳法則が可能にし、かつ決定する全体性の実現に努めるとき、みずからを「神に類似したもの」と見てよいだろう」（Schneewind 1998: p.512＝七四八―七四九頁）。

これは彼の大著『自律の創生』の結論部であるが、この議論はロールズ解釈にとっても非常に示唆に富むものである。おそらくロールズはたんなる道徳理論のレベルにとどまらず、その基底をなす宗教的関心のレヴェルにおいてもまぎれもないカンティアンであった。政治的リベラリズムへの展開に伴いその包括的性格が意識されるようになっても、カントならびにカント的な自律の理念に依然として尊重が払われているのはその現れであろう。次の一文はロールズ（特に『正義論』の）に対しても妥当する。「けれどもカントにとっては、われわれを道徳的共同体において神と同じ位置に据えるものは、独立した永遠の道徳的真理の認識ではなく、道徳法則を制定しそれによって生きるわれわれの能力である。神と共有する世界における人間の地位に関して、カントが唯一道徳的に満足すべき理論と考えるものを与えるのが、自律の創成（invention of autonomy）にほかならない」（Schneewind 1998: p.513＝七四九頁）。

（13）ロールズからすれば、仮に〈正義の情況〉の客観的側面（財の稀少性）の条件がクリアされたとしても、その主観的側面の条件（善の構想の多元性）は依然として正義という当為を導く条件としてとどまりつづけなければならない（CP 1980: p.326）。

（14）アリストテレス的原理とは、〈人間は何らかの行為に習熟するにつれて、そうした行為ならびにそれがもたらす成果をより精妙な仕方で享受することが可能となる〉という心理学上の法則ならびに傾向性のことを指す（『正義論』第六五節）。

（15）『正義論』第三部全体の概説として、以下のものが優れている。飯島 1992: 二五二―二七五頁; Freeman 2007b: pp.243-283。なお、この「正義感覚の善」は『正義論』の最後から二番目の節であるが、第八七節「正当化に関する結語」は注釈的な性質が強いので、実質的な最終節であるといってよい。

（16）「それゆえ、アリストテレス的原理の随伴原理は、〈人びとは、正義に適った制度を支持するという協働の活動において明示されるような、そうした属性を互いに高く評価しかつ享受する〉ということを含意する。したがって、正義に適った集団的な活動こそが人間の繁栄・隆盛の傑出した形態である、との結論が得られる」（TJ: pp.528-528/rev.463= 六九三頁）。

（17）本書では論じないが②と③も様々な興味深い論点を含むものである。コミュニタリアニズム的批判の少なからぬ部分は『正義論』第三部で先立って肯定的に論じられているともいえよう。これらについては、Weithman 2010: pp.148-182. を参照のこと。だが、こうした論拠は複雑化した社会では全面的に依拠することが難しくなってゆくのもまた確かである（Weithman 2010: p.181）。

（18）これは、いわゆる「プリチャードのディレンマ」の一方の角、すなわち道徳にトートロジカルな説明を与えてしまうことに対応する。もちろん、ロールズはこの問題に意識的ではある。「〔正と善の〕一致をめぐる実際の問題は、次のような場合に持ち上がる。すなわちそれは、善の希薄理論によって特定される複数の理由と正義感覚とを結びつける別の記述を充たす限りでのみ、みずからの正義感覚を重視するという人を私たちが想像する場合である。私たちは純粋に良心的な行為を説く学説を当てにするべきではない」（TJ: p.569/rev.499= 七四八頁）。だが、この試みが成功しているとは思えない。トラシュマコスでなくとも、少なくともカント的教説に何らかの違和感を覚える人びとは、ロールズの論証に説得されることはないであろう。この論点に関して、ロールズにより好意的な解釈を行なうものとしては、Weithman 2011: pp.193-194.

（19）これは見方を変えれば、『正義論』第一部の主題である〈理に適った正義の原理の解明〉と第二部の主題である〈それを満足する制度の決定〉には原理的な問題がないということでもある。実際、以後もロールズはこれらの点については根本的変更を加えていない（Freeman 2007a: pp.183-184）。

（20）フリーマンは、この〈道徳理論の独立性〉の問題意識が〈政治理論の独立性〉として拡張されてゆくところに、政治的リベラリズムへの展開の一側面を読み取っている（Freeman 2007b: pp.234-235）。

（21）シジウィックについては、ロールズとの関連も含め次を参照のこと。塩野谷 1984: 第二章。

（22）カント講義を論じたものとしては、渡辺 2001: 二七四―三〇一頁。構成主義については福間 2007 に詳しい。

（23）編者B・ハーマンの緒言による（LHMP: p.xi= 一四―一五頁）。本書が注目するカント講義のもとになった授業は一九七七年から始まったとされる。『道徳哲学史講義』自体は二〇〇〇年に出版されたものであるが、これから見てゆくカント講義の内容は、「カント的構成主義」論文が発表された一九八〇年前後のロールズの思想を体現するものだと思われる。

（24）『道徳哲学史講義』においては、ヒュームが懐疑主義を、ライプニッツが理性的直観主義をそれぞれ担う代表的思想家として位置づけられている。月並みな整理をすれば、これは経験論と合理論との綜合を道徳理論において試みるものだといえるだろう。

（25）さらにこの構想は、理念的なものと現実的なものを架橋するように意図されたものでもある。それは「民主社会の公共的政治文化」において潜在的に是認されている（されうる）人格の構想に照準する（CP 1980: p.308）。このことは、先述したように〈諸目的の国〉の観念を実現可能な理念として設定するからであるが、おそらくその背景には、本書の基本的テーゼたる〈差異の神義論〉に認められる此岸性の要請が存在する。

（26）より精確に述べるならば、〈カント的解釈プログラム〉の絶頂期においては構成主義の自律性と理性的直観主義の他律性との対照性が強調されるが、政治的リベラリズムへの展開に伴って両者の隔たりが絶対的なものではないことも主張されるようになる。これは、理に適った理性的直観主義の教説（たとえばカトリックの教義）が重なり合うコンセンサスに参加しうることのコロラリーとして導かれる。またそれに伴って、カント的構成主義は政治的構成主義として再定式化され、その自律性には一定の制約が課せられてゆく。

（27）こうした特徴を有する構成主義は、動機づけを伴う行為理由を探求するものだとされる（福間 2007: 一六三頁）。

（28）『基礎づけ』への参照にはアカデミー版のページ数を用いる。

（29）これらの制約の典拠とされるのは以下の『基礎づけ』での主張である。「ところで私は、国ということで、さまざまな理性的存在者が共同の法則を通じて体系的に結合していることを理解している。さて、法則は諸目的をそれらの普遍的妥当性に応じて決定するのであるから、もし理性的存在者たちの人格上の相違を度外視するなら、同じく彼らの個人的目的の中身をすべて度外視するなら、すべての目的（目的自体としての理性的存在者たちも、それぞれの理性的存在者が自分自身に設定するであろう独自の諸目的も）が体系的に結びついた一全体を、すなわち、前述の諸原理にしたがって可能な、ひとつの〈諸目的の国〉を考えることができよう」（A433）。

（30）『正義論』においては無知のヴェールや基本財をめぐる議論は当事者がもつ合理性と強く結びつけられているが、ここにみられるように、カントからの影響が強まってくるこの時期以降においては、そうした議論は自由で平等な人格としての市民という規範的な構想とより直截に関係づけられるようになる【３－２－２】。

（31）その代表者として、Ch・コースガードの名があげられる。おなじく構成主義を支持するコースガードは、ロールズの議論にみられるこの側面を強調する。「ロールズのいう原初状態というはじまりの場面は、一集団をなす人びとがともに決断をくださなければならない場面である。彼らの任務は自分たちが共有できる理由を発見することにほかならない」（Korsgaard 1996:

p.275)。

(32) これは、カントのいう根源悪（の回避）を念頭においた議論である。

(33) これを一種の脱包括化＝政治化のプロセス（神学、形而上学、科学）として捉えることも可能だろう。

第二章　政治的リベラリズムへの移行期における
カント的・ホッブズ的契機の結合

一　問題の所在——政治的リベラリズムへの転回／展開をめぐって

ロールズが一貫して示そうとしてきたのは、秩序だった社会の成立可能性だったと考えられる。その際、そうした社会像を導く理念のひとつとして想定されているのはカントの〈諸目的の国〉であり、『正義論』から八〇年代初頭の論考においてはカントからの影響は明白であった。彼が自他ともに認めるカンティアンであったことは言を俟たない。しかし、いわゆる後期ロールズへの変化、つまり政治的リベラリズムへの変化をめぐる段となると評価は錯綜する。その主要な理由は、彼自身が『正義論』と『政治的リベラリズム』の距離を強調し、かつての自分の理論はリベラルであるが包括的な教説に基づくものであり、それゆえもはや是認しえないものだと明言していることに求められる。

比較的影響力をもつ通説は、『正義論』と『政治的リベラリズム』との断絶性を強調する以下のような図式的二分法にもとづくストーリーであると思われる。すなわち、『正義論』が普遍的妥当性をもった正義の原理を導出し正当化しようとするカント的な企てであったのにたいして、『政治的リベラリズム』はむしろ歴史的文脈を重視し、みずからの特殊性・相対性を自覚しつつも、様々な異なった見解によって支持されうる政治の基盤を解釈学的に紡いでいこうとするヘーゲル的な営みである、と。

従来の解釈においては、政治的リベラリズムを賞賛するのであれ批判するのであれ、後期思想への変化は、アメリカ社会の統合原理の弱体化という現実問題への対処という観点から評価が下されてきたように思われる。こうした解釈においては政治的リベラリズムへの変化は理論外在的な転回として捉えられることになる。

たしかに、『正義論』と『政治的リベラリズム』の相違を述べたロールズ自身の主張に加えて、両テキストには転回というストーリーを支持する箇所が散見される。しかし、即断を下すことには慎重であらねばならない。なぜならば、他方で彼は『正義論』と『政治的リベラリズム』の連続性をも強調しているからである。とりわけ、人格や社会についての構想は包括的教説ではなく政治的構想として再定式化されるものの、〈公正としての正義〉という構想の構造や実質はほとんど変化していないと想定されている（PL: p.177 n.3）。

また、『政治的リベラリズム』において、重なり合うコンセンサスや公共的理性といった中心的テーマが論じられるのは第二部であるが、これに先立ち同著の基盤をなす第一部は、もちろんしかるべき修正が加えられているものの、基本的には移行期の論考がベースとなっている。さらに、普遍的原理の基礎づけを目指すのではなく、むしろ論争的にならざるをえない包括的教説を回避することで、われわれが同意可能な領域を明瞭化していくという政治的リベラリズムの特徴は、目立たないながらも『正義論』のなかにもすでに看取される。(1)こうした事情を鑑みると、政治的リベラリズムへの変化をそれ以前と全く断絶した転回だと捉える解釈は支持しがたい。

以上のことからすると、政治的リベラリズムという見解をより深く理解・批判するためにも、この変化を理論内在的な展開として読み解く視座が必要だと思われる。ここでまず必要なのは、ロールズの移行期のテキストに立ち戻ることだろう。彼が「政治的リベラリズム」という表現を明確に用いることになるのは、論文「重なり合うコンセンサスの観念」（一九八七年）の結尾部においてである。

「政治的リベラリズムとよんできたものにたいして簡潔なコメントを述べることによって、論文の結びとしたい。確認してきたように、この見解は、リベラリズムにおけるホッブズ的要素——よくデザインされた憲法上の制度編成によって調整されバランスのとられた、自己利益・集団利益の収斂によって保護される暫定協定（modus vivendi）としてのリベラリズム――と、カントやミルの教説のような包括的な道徳的教説にもとづくリベラリズムとのあいだに進路をとるものである」（CP 1987: p.446）。

それぞれ独立に考えてみるならば、前者は永続する社会統合を確保できず、後者は充分な同意をえることができない。政治的リベラリズムは、ひとたび問題となっている政治的構想をリベラルなものとして捉えた場合に可能となる第三の選択肢であり、重なり合うコンセンサスによって可能になるとされる（CP 1987: p.447）。それは、たとえ究極的な目的や価値観を異にする様々な世界観のあいだにおいても、政治を営むうえで求められる基本的な利害関心や理念は共有されており、それゆえこの焦点部にたいしては、理由づけが異なるにしても安定的なコンセンサスが成立可能であるという考えにほかならない。重なり合うコンセンサスが暫定協定から区別されるのは、前者が、理に適った（reasonable）ものであるということ、ならびに政治的構想と包括的教説の区分に基づいていることに求められる。この理に適ったという評価言明の多用と、政治的構想と包括的教説の区分とは、政治的リベラリズムの特徴として広く認められている。裏からいえば、政治的リベラリズムへの変化を理論内在的な展開として解釈しようとする本書の立場からすれば、移行期のテキストに伏在しているはずのこうした特徴を摘出することが課題として設定されることになるだろう。

そこで本章では〈カント・ミル的な包括的教説とホッブズ的な暫定協定とのあいだを歩もうとする〉というロールズの主張を導きの糸としつつ、いかにして重なり合うコンセンサスという観念、そして政治的リベラリズムという見解が練り上げられていくのかを、おもに移行期である八〇年代の論考を考察することによって明らかにする。その際、従来あまり注目されてこなかった論点にも着目することになるが、〈政治的リベラリズムへの変化は理論内在的な展開である〉と考える本書が提出する中心的仮説は次のようなものである。すなわち、〈この展開は、カント的構成主義を論じるなかで分節化される二つの reasonable の観念と、ホッブズ解釈のなかで示される政治的構想と包括的教説の区別（ならびに両者の関係についてのロールズ独自の洞察）が結合することによって果たされたのではないか〉、という仮説である。また、重なり合うコンセンサスの理論的生成を示すこととあわせて、政治的リベラリズムがどのような前提のもとに成立しており、そのことがどのような帰結を導くことになるのかをも明らかにしたい。それは彼の社会観にも影響をあたえていると考えられる。

二　カント的構成主義における二つの reasonable

◉2-2-1　〈合理的／道理的〉

カント・ミル的な包括的教説にもとづくリベラリズムとは、いうまでもなく『正義論』を指していると考えられる。ただし、『正義論』をふくむ前期ロールズの思想、とりわけそこにみられるカントの道徳的教説からの影響の側面については、前章ですでに確認した。以下では、そこでの考察の主たる到着点であった八〇年代初頭、すなわち移行期のはじまりの論考を出発点とし、展開の内実を再構成したい。

ロールズの理論形成史において『正義論』と『政治的リベラリズム』の中間に位置し、ひとつの到達点であるとともに、先述した論争的な移行期への転換点としても位置づけられるのが、論文「道徳理論におけるカント的構成主義」（一九八〇年）である。この論文の目的は、その題目から窺われるように、カントの道徳理論のもつポテンシャルを構成主義という方法論に定式化することによって汲み尽くそうとするものであった。一般にカントからの影響が最も強まった時期だとされている。この論文は、一方で『正義論』からの連続的な発展が認められるとともに、他方では『政治的リベラリズム』に繋がっていく新たな論点を含む複合的なテキストである。以下では後者の側面に注目してゆきたい。

構成主義は、有意とされる前提から出発し、それを手続き主義的に展開することによって妥当性をもつ原理を導出しようと試みる道徳理論のことであった【1－5－1】。そのため構成主義は、導出される原理が妥当性をもつ点で懐疑主義と異なり、手続き主義的な性格をもつ点で素朴実在論とも異なる。妥当性をもつ原理を私たち自身が共同して構成するという側面が強調されているのである。

それでは、政治的リベラリズムへの移行という問題関心からみたとき、重要な要素は何か。ここでの問題関心からすれば、カント的構成主義において興味深いのは、政治的リベラリズムのキー・タームである reasonable という用語が理論の前面に押し出されてくることである。さらに重要なのは、ロールズが reasonable を二つに分節化していることにほかならない。すなわちロールズは、一方で rational に対比させて reasonable を、他方で true に対比させて reasonable という言葉を用いており、しかも両者を混同してはならないとしているからである（CP 1980: pp.340-341）。ここでは、前者の対に〈合理的／道理的〉、後者の対に〈真／理に適った〉という訳語を宛てる。両者はどのような特性をもっているのだろうか。

まずは、〈合理的／道理的〉の対について。この意味での reasonable は必ずしも充分に分節化されていなかったとはいえ、『正義論』から一貫してロールズの念頭にあったものである（PL: p.25 n.28）。たとえばそれは、何らかの行為にたいする評価言明として用いられる。すなわち、合理的行為が所与の他の選択肢と比較してより高い利得を獲得する行為であるのにたいして、道徳的行為とは他の行為者に配慮し負担をともに担おうとする行為のことを指す。カント的構成主義においては、それぞれに「合理性」（the Rational）と「道理性」（the Reasonable）

という名詞形がはじめて用いられることによって、人びとがもつべき基礎的な道徳的能力を明確に示すように再定式化が試みられている（CP 1980: pp.316-319）。

この区別がより明晰になることによって、構成プロセスの一環としての原初状態の議論が精緻化されることになる。すなわち、正義感覚を表す道理性は市民がもつべき道徳的能力であるが、それは、合理性の能力しかもたない当事者に非有意な情報を遮断する無知のヴェールを被せ、さらに彼らを対称的に配置することによって、原初状態の背景的条件として設定される。こうして、理論理性にたいする実践理性の優位性というカント的テーゼを下敷きとしつつ、道理性をモデル化した公正な背景的条件のもとにおける当事者の合理的推論によって、求められるべき原理が構成されるのである（塩野谷 1984: 二六一―二六七頁）。これは『正義論』に連続する議論にほかならない。

ここで使用されている合理性と道理性とは、構成のプロセスにおいて前提とされる理念的な人格像がもつべき道徳的能力を抽象化したものであるが、その参照点とされているのがまさしくカントの道徳的教説なのである。この面に着目するならば、カント的構成主義とはカント的な人格（および社会）の理念に基づく構成主義だといえるだろう。この立場からすれば、カント的ではない様々な人格等の理念に基づく構成主義がプルーラルに成立可能ということになる。

ただし、カントからの影響は、そうした基盤としての理念の側面にとどまらず、構成主義という方法論的側面にも及んでいるように思われる。なぜならば、これは「カント的構成主義」論文以降のものからの引用になるが（「〈公正としての正義〉――政治的であって形而上学的ではない」論文）、ロールズは次のようにも述べているからである。

「それだから私たちは、可能な場合にはつねに、哲学的諸論争を脇によけ、永続する哲学上の諸問題を避ける方途を探し求めようと試みるのである。よって、〈カント的構成主義〉とよんできたものにおいて、私たちは、真理の問題と道徳的・政治的価値の地位をめぐる実在論（realism）と主観主義（subjectivism）との論争を避けようと試みる。この形態の構成主義はこうした様々な教説を肯定するのでも否定するのでもない。そうではなく、構成主義は、実用可能な客観性の構想と適切な反省による判断への公共的同意にもとづく正当化をえるために、社会契約の伝統から諸観念を練り直すのである。ここでの目的は、自由な同意、公共的理性をつうじた和解（reconciliation through public reason）にほかならない」（CP 1985: p.395）。

ここにみられるのは、カント的な意味での理性批判、すなわち独断論と懐疑論とに抗して理性に可能であることと不可能であることを批判的吟味によって確定し、それによって理性にたいする信頼の擁護を図る試みを、道徳理論のレベルにおいて遂行しようとするものだと思われる（谷澤 1995: 二七八―二八九頁[2]）。

さらに、実は先の引用文の原型は道徳理論の正当化について述べられた『正義論』の結尾部に見出すことができる（TJ: pp.578-579/rev.506-507＝七六〇―七六一頁）。そこではデカルト主義と主観主義が批判されているが、文意からするとそれぞれ（次に確認する）理性的直観主義と功利主義をさすことが明らかであり、それにくわえて、道徳理論においてすすむべき方途はクワイン的なものだという注記がなされている。こうしてみると、カント的構成主義には、カント的な理性批判の試みを、クワイン以後の道徳理論の正当化と重ね合わせようと試みている点で、方法論的側面においてもカントからの影響を看取できる。そして、もうひとつの対である〈真／理に適った〉が登場してくるのは、まさしくこうした正当化において問題となる道徳判断の評価をめぐってなのである。

◉2-2-2 〈真/理に適った〉

それでは、〈真/理に適った〉の対について。政治的リベラリズムに繋がっていくのはこの意味での reasonable である。さて、合理性と道理性が構成主義の材料として入口におかれるものであるとすれば、これらは、構成のプロセスの出口において導出された原理にたいして用いられる評価言明であり、命題の是非を問うものにほかならない。伝統的には、そうした判断は〈真/偽〉という述語によって行なわれてきた。だが、構成主義においては〈理に適った/理に適っていない〉という基準を用いることが望ましいと述べられている。

その理由は、ここで仮想敵として考えられている立場、すなわち道徳原理を〈真/偽〉によって捉えようとする理性的直観主義(rational intuitionism)との違いを理解することによって明らかとなる。理性的直観主義は、道徳にかんする第一原理を非道徳的なものに(例外はあるが)還元不可能なものとし、また、そうした原理はそれ自体において成立している自明なものだと考える。それゆえ、妥当性をもつ道徳原理は事物の本性(nature of things)のうちに存する。すなわち、理性的直観主義は、妥当な道徳原理が私たちによる構成のプロセスから独立に、それに先だって存在することを強調しているのである。それは一種の道徳的プラトニズムにほかならない。ここでは、妥当性をもつ道徳原理とは、それについて私たちが推論したり構成したりするものではなく、一種の卓越的な能力とされる理性的直観によって端的に把握さるべき対象なのである。ロールズは、理性的直観主義者として、プラトン、ライプニッツをはじめとして、クラーク、プライス、シジウィック、ムーア、ロスの名前をあげている(CP 1980: pp.343-344)。

理性的直観主義によるなら、道徳原理にたいする評価言明は「真」でしかありえない。なぜならば、この場合の評価基準は、問題となっているある道徳原理が所与の真理と一致しているか否かという一点に集約されるからである。それにたいして、構成主義が要求するのは、私たちがもつ様々なレベルの道徳判断が反省的均衡において導出された原理と整合することにほかならない。正当化をめぐる分類を用いるならば、理性的直観主義は基礎づけ主義、構成主義はホーリズムにそれぞれ対応するといえるだろう。「カント的構成主義と理性的直観主義との様々な対比を念頭におくならば、構成主義においては、第一原理群が真（偽）であるとするのではなく、理に適っている（理に適っていない）とすると述べた方が望ましいと思われる」（CP 1980: p.355）。このように、〈理に適った／真〉という対比の背後には構成主義と理性的直観主義との対比がある。そして、理に適ったという評価言明を用いようとするのは、私たちによる構成のプロセスがもつ社会的なコミュニケーションの次元を強調するためなのである。

もっとも、道徳理論としてのカント的構成主義には様々な批判がよせられてきた。たとえば、構成主義においてカント的な人格の理念のもつウェイトは過度に強調されているように思われるかもしれない。また、理に適ったという評価言明を使用することは道徳理論の客観性を低減させることに繋がるのではないか、という疑問もあるだろう(3)。こうした主張には一理あるようにも思われるかもしれない。

◉2-2-3　妥当範域と対象指示

この後のロールズは、人格の理念へのコミットは維持しつつも、問題設定をさらに限定する途を選択する。そもそも「政治哲学におけるカント的構成主義」と題すべきだったと後に述べ直していることからも窺えるように、カント的構成主義は、純粋な道徳理論に収まりきらない側面を当初から有していた（CP 1985: p.389 n.2）。道徳理論と政治哲学を連続しつつも別個のものとして捉えようとするこの立場は、カント倫理学に個人的格率ではなく社会的ルールを見出そうとすることにも反映されている【1-5-2】。ロールズによる定言命法の解釈は、人びとによる間主観的側面こそを重視するものだからである。

カント的構成主義は、いうならば、時系列的に『正義論』と『政治的リベラリズム』の中間に位置するのみならず、内容的にもロールズの道徳理論と政治哲学を媒介するものにほかならない。それを裏づけるように、この論文においてはじめて、政治哲学という言葉、ならびに考察の出発点として用いられる人格や社会の理念が公共的政治文化に潜在していることが明確に述べられるようになる（CP 1980: p.305）。政治的リベラリズムの特徴として論じられることが多い歴史的文脈の依拠はすでにこの時期において出現している。

こうして、道徳理論から政治哲学へ、あるいはカント的な包括的教説から政治的リベラリズムへの問題意識の移行にともなって、「理に適った」がもつコミュニケーションに依拠した柔軟性をもつ正当化の側面はさらに強調されていくことになる。政治的リベラリズムへの展開を論じるためには次節での考察を俟たねばならないが、ここでは必要な限りで議論を先回りして、後期ロールズにおいてこの意味での「理に適った」がもつ重要性を確認しておきたい。政治的リベラリズムにおいては、カント的構成主義は政治的構成主義として再定式化されるが、そこではますますこの「理に適った」の役割は強調されるようになる。「〈理に適ったもの〉のうちにとどまる利点は、真なる包括的教説がひとつしか存在しえないのにたいし、確認してきたように、理に適った包括的教説は多数が存在しうるということにある。……立憲体制を名宛とする公共的正当化の基盤の一部としては、道徳的真実という観念よりも理に適ったという観念のほうがより適合的である」（PL: p.129）。

ただし、ここで興味深いのは、妥当する教説の数という観点から見たとき、両者が反転するということである。つまり、様々な理に適った包括的教説とそれらによって各々異なった仕方によって是認されうる（単一の）政治的構想からなる重なり合うコンセンサスが成立している状況下においては、「理に適った」という言明は妥当範域においては柔軟な余地を残しつつも単一の政治的構想を指示するのにたいして、「真」という言明は妥当範域においては厳格な基準を要求しつつも様々な包括的教説の数に比して複数化する。「理に適った」がもつこの〈妥当範域において多・対象指示において一〉という特徴は、後にみるように、重なり合うコンセンサスにおいて重要な役割を果たしていると考えられる。

三　政治的構想と包括的教説の分離――ホッブズ講義（一九八三年）

◉2-3-1　ホッブズ講義の位置づけ

前節で確認した「真」にたいする「理に適った」という評価言明が、政治的リベラリズムにおいて重要な役割を果たしていることは間違いないと思われる。カントからの影響が最も顕著でありそれゆえ後期ロールズとの距離が強調されてきた「カント的構成主義」論文において、政治的リベラリズムを導く重要な契機が伏在していたことは強調に値するだろう。しかし、政治的リベラリズムへの変化を論じきるにはまだ不充分である。従来のロールズ解釈を悩ませてきた問題、すなわち政治的構想と包括的教説の分節化が「公正としての正義」論文（一九八五年）において一見唐突に登場するという問題は依然として残されている（CP 1985: p.388）。

この問題をどう考えるべきだろうか。八〇年代前半に政治的リベラリズムへの展開を画す発展があったことは疑いえない。ただし、一九八二年の論文「社会統合と基本財」の中心的テーマは、基本財が規範的な市民の構想に基づくというカント的構成主義の主張を引継いだものとなっている（CP 1982: pp.365-368）【3-3-2】。それゆえ、移行期のロールズの論考の変遷を辿った代表的な先行研究において、Ch・クカサスとPh・ペティットは八二年以降を政治的リベラリズムへの分岐点とみなしている。彼らは「カント的構成主義」論文のなかにすでに文脈主義的要素がみられることを正当にも認めており、[4]『正義論』と『政治的リベラリズム』の断絶性を過度に強調する主張からは距離をとっているものの、最終的には転回があったという立場にたっている。「こうしてロールズは、カントを――あるいは少なくとも自分の企てに対するカント的解釈を――捨てる結果になるのである」(Kukathas and Pettit 1990: p.139=二一一頁)。転回ではなく展開が起こったとする本書の立場には、この時期のロールズの思想を解釈する作業が課せられる。では、この失われた輪を考察する手がかりはどこにあるのだろうか。

ここで興味深いテキストとして登場するのが、一九八三年という政治的リベラリズムへの移行期のまさしく只中における講義がベースとなっている『政治哲学史講義』、とりわけホッブズ講義である。[5]なぜならば、後の論考に先立って、この講義において政治的構想と包括的教説の分節化が萌芽的な形態で提示されているからにほかならない。管見では、テクニカル・タームとしての「政治的構想」という着想がはじめて明白に示されたのはホッブズ講義においてである。政治的リベラリズムにはホッブズ的側面がみられることが指摘されていたが(Hampton 1989: pp.800-802)、いまやその痕跡をより詳しく辿ることが可能となった。これから見てゆくように、ホッブズ解釈にあたって彼が示す、政治的構想と包括的教説の分節化、ならびに両者の関係についての独自の捉え方は、政治的リベラリズムにおいてきわめて重要な役割を果たすことになる。

以下では、ロールズのホッブズ解釈の是非ではなく、あくまでも政治的リベラリズムへの変化を探るという観点から、ホッブズ講義を読み込んでゆきたい。彼がホッブズのなかに看取していた暫定協定的リベラリズムの原型を探ることに焦点があわせられる。

◉2-3-2　ホッブズの世俗的モラリズム

ホッブズ講義は全四回からなる講義であるが、ここで注目したいのはその前半部である。考察の対象とされるのは『リヴァイアサン』にほぼ限定されている。第一講義「ホッブズの世俗的モラリズムとその社会契約の役割」の冒頭において、ロールズは、ホッブズ、そしてホッブズにたいする反発とともに近代の政治哲学・道徳哲学が始まったとみなすことが有意義だと考えているが、興味深いのは、その代表的な反発をキリスト教正統派と功利主義という対照的な両陣営によるものだとしていることである（LHPP: pp.24-26＝四二―四四頁）。ここで、正統派サイドに親和的な道徳哲学者としてカドワース、クラーク、バトラーの名前が挙げられていることからも窺えるように、ロールズはホッブズを理性的直観主義と功利主義とに対峙した思想家として位置づけている。前節で確認した内容からすれば、これはロールズ自身の立場にほかならない。おそらく彼はホッブズのなかに偉大な先駆者の姿をみているのである。かかる位置づけからも窺えるように、ロールズの解釈は『リヴァイアサン』というテキストに則しつつ行なわれるが、ホッブズ思想の忠実な再構成を試みるものではなく、かなりの程度、彼自身の問題関心から読み込まれるものとなっている。

まずロールズは、ホッブズ的な「社会契約」や「自然状態」の構想を当時のイギリスの社会的・宗教的文脈から独立させて用いることにも意義があることを強調するために、「ホッブズの世俗的道徳体系」（Hobbes's Secular Moral System）の独立性という議論を提出している。これは、ホッブズが展開している世俗的部分にかんする論拠、すなわち政治的・道徳的体系についての議論は、宗教的・神学的背景、あるいは唯物論・機械論から独立させても了解可能だという主張である（LHPP: p.26＝四六―四七頁）。特にロールズが強調するのは、宗教的・神学的背景の方との独立性の側面である。

しかも、これはたんに政治的構想と宗教的背景が分離可能だと主張するにとどまらない。ロールズが注目するのは、生命の破壊を禁じる戒律、すなわちホッブズのいう自然法の性質についての解釈である。ホッブズは自然法について考察を行なった部門の結尾で次のように述べていた。「これらの理性の指示（dictates of reason）を、人びとは法という名でよぶのがつねであるが、適切ではない。なぜなら、それは、何がかれら自身の保存と防衛に役だつかについての、諸結論または諸定理であり、それに対して法とは、適切にいえば、権利によって他の人びとを支配するものの、ことばなのだからである。しかし、それでも、もしわれわれが、おなじ諸定理を、権利によってすべてのものを支配する神のことばのなかにのべられたものとして考察するならば、そのばあいには、それは法とよばれるのが適切である」（Hobbes 1991: p.111＝二五六―二五七頁）【5－4－1】。ロールズはこの文章を次のように解釈する。

「しかし、決定的に重要な点は次のことにあります。これらの理性の命令を神の法（Laws of God）として考えることは、けっして、その内容――つまり私たちになすよう命じること――を変えるものではなく、それらは依然として、私たちがなすべきことについて、以前に言ったことと正確に同じことをいう、ということです。それは、徳の内容も変えません。また、それらを神の法と考えることは、私たちがそれらに従うよう義務づけるその仕方も変えません」（LHPP: pp.27-28＝四八―四九頁）。

ロールズの強調点は、理性の命令の内容を、生命の破壊を禁じる世俗的主張である自然法として考えたとしても、宗教的な神の法だと考えたとしても変化が認められないというところにある。「神学的仮定は、理性の指示にたいして神による制裁をつけ加えることによってこの世俗的な体系を強化するかもしれませんし、理性の命令が「法」と呼ばれるように、それをいくぶん異なった仕方で描くことを可能にするかもしれませんが、そうした仮定は、概念の基本的構造やその諸原理の内容、あるいはそれらが要求する内容を変えることはありません」(LHPP: p.29=五〇頁)。宗教的背景は政治的構想に接合可能でもあって、適切なものであればむしろ後者の説得力を増加させる。こうして示された世俗的な政治的・道徳体系の自律性は唯物主義と機械論にたいしても主張され、かかる哲学的議論が他の著作を含むホッブズの思想の体系のなかで果たしている役割の重要性を認めつつも、ロールズはホッブズの世俗的道徳体系が本質的に自足的(essentially self-contained)であると結論を下している(LHPP: p.30=五二頁)。

世俗的道徳体系の、宗教的・神学的背景と機械論的哲学、双方からの独立性と自立性を主張するこのホッブズ解釈は、かなり独自であり論争的なものかもしれない[6]。だが、本章の関心はロールズの解釈の是非ではなく、かかる解釈がいかに政治的リベラリズムへの展開を導いたかに向けられている。実際、ここで示されていた世俗的な政治的・道徳的体系と宗教的・神学的背景との〈分離・接合可能性テーゼ〉は、ホッブズ講義にとどまらず、これ以降のロールズの理論において大きな役割を果たしていると考えられる[7]。

以上の議論を前置きとして、第二講義「人間本性と自然状態」では『リヴァイアサン』の最も有名なテーマが論じられる。ここで考察されるのは、ホッブズが考えるような自然状態は戦争状態に帰着せざるをえないというテーゼである。このテーゼを導くのは人間本性についてのホッブズ的な構想であるが、ロールズによれば、ホッブズはその際、人びとをあるがままにとりあげた場合(taking people as they are)、自然状態はどのようなものになるのかを考察しているのだとされる(LHPP: p.42=七五頁)。

では、ホッブズが考えたとされるあるがままの人間本性とはどのようなものか。彼が想定していたのは、個人差はあるにしても隔絶した能力差をもたず、稀少な資源をもとめて争わざるをえず、そして大部分は自己中心的な人びとにほかならない。ただし、最後の点には注意が必要である。なぜならば、ホッブズは一方で人びとが自己利益を超えた慈愛や愛着の能力をもつことを否定しておらず、他方で自己利益を度外視した情念に囚われ生命よりも名誉の死を選ぶ可能性をも認めていたとされるからである（LHPP: p.47＝八四頁, p.51＝九二頁）。

◉2-3-3　政治的構想の自立性

それではなぜ、ホッブズは人びとが自己保存以外の目的をもちうること、また制度や慣習による規律や陶冶の可能性を認めつつも、その人間本性論において、自己保存を最も強固な欲求であるとみなすことに固執しつづけたのか。ロールズによれば、それは、ホッブズが社会統合の基盤となりうる根本的利害関心という問題を考えていたからである。「彼の要点は、政治社会の説明において、また社会統合の基盤において、慈愛のような人間の能力に依拠すべきではないということです」（LHPP: p.46＝八二頁）。「ホッブズがその政治理論において私たちの自己保存に割り振った重みは、特定の諸権利はなぜ、彼の考える意味で譲渡不可能なのかを説明するために用いられます」（LHPP: p.47＝八三頁）。

つまり、最低限度の社会秩序が成立するために求められる、私たちすべてが共有している利害関心こそが問題となっているとされるのである。そして、この問題を説明する文脈において、ロールズは政治的構想という用語をおそらく意識的に用いている。

「しかしながら、その政治的構想においては、彼はまさしく根本的な事柄を強調することを望みます。人びとが多くのさまざまに異なる利害関心に——宗教的利害関心に、政治的利害関心に、結局のところ誇りと虚栄心と支配することの楽しみにもとづくと彼の考える利害関心に——訴える時代にみずからが生きていることに彼は気づいていますが、すべての人に共通するある種の利害関心を導入しようとしているのです。つまり、私たちは宗教的・政治的見地において非常に異なっているかもしれませんが、また、きわめて重要な他のさまざまな利害関心をもっているかもしれませんが、にもかかわらず私たちは、自己保存と夫婦愛、それに便利な生活の手段へのあの例の根本的利害関心を分かちもっているのです」（LHPP: p.48＝八五―八六頁）。

このようにして、ホッブズは、各人の主観的コミットメントの相違にもかかわらず共有される根本的利害関心を政治的構想として提出したのではないか――。ロールズはそう考えるのである。「ここで提示された解釈からすれば、ホッブズの世俗的道徳体系は、政治的教説（political doctrine）として意図されています。そして、政治的教説であるからには、それが人間生活のいくつかの特定側面を強調することは適切です」（LHPP: p.51＝九一頁）。政治的教説という表現は、判断が難しいが、文意からしてここでは政治的構想と同義に用いられていると解する。そうだとすれば、世俗的道徳体系と宗教的・神学的背景との分離という形で、政治的構想と包括的教説との分節化という政治的リベラリズムの基本形態がここで萌芽的に示されていると考えられる(8)。

もちろん、このようにしてホッブズを読み込むことがどの程度可能なのか、あるいは正当なのかについては、ホッブズ研究史上で争われてきたことであり、私にはここで評価を下すことはできない。ただし、ロールズが読み込んだ問題意識がホッブズ思想のすくなくともある側面を捉えていることを示すために、ここではR・タックによる一解釈を簡単に示しておきたい（Tuck 1991: pp.173, 304-305, 326, 346-348）。

タックによれば、モンテーニュからホッブズにいたる初期近代の代表的思想家は、宗教的対立によって引き起こされた苛烈な内戦に示される著しい懐疑主義の時代を生きていた。それゆえ、彼らの問題意識はこの情況下において最低限度の平和と秩序を成立させることに不可避的に向けられることになる。その代表例はグロティウスであり、彼は、著しい懐疑主義という状況にもかかわらず、人びとはいわれなき攻撃にたいする自衛の権利を共通して有しているとした。だが、グロティウスが人びとの社会性の能力を依然として前提していたのにたいして、ホッブズはそれすら排して徹底的に自己利益のみに議論を準拠させることによって、社会統合の方策としての暫定協定をいわば純粋な形態において抽出したのである。また、彼の思想形成においても、『リヴァイアサン』ではそれに先立つ著作に比して、世俗的価値の宗教的背景からの独立性という主張がより前面に出てくるとされる。

タックによれば、ホッブズをはじめとする偉大な思想家の知的源泉のひとつはストア主義にあったとされるが、彼らはそれを、認識論に代表される哲学的側面よりも実践的側面において受容したのだとされる。こうしてみると、形而上学的ではなく政治的な（political not metaphysical）正義の構想を明示的に提示するにいたった、一九八五年の「公正としての正義」論文はタックが叙述してきた問題意識と重なるところが多く、実際、政治的構想と包括的教説の分離という議論はホッブズ講義の直接の産物といってよいであろう。

しかし、最小限の共約可能な価値としての自己利益のみを基盤とする暫定協定、という政治的リベラリズムにも繋がる問題設定は、この時点ではこれ以上深められてはいかない。ホッブズ講義の後半部は、こうした合理性のみをベースとするホッブズ的構想にたいして、もうひとつの重要な道徳能力である道理性をベースとするカント的構想を対立させ後者の優位性を説くという『正義論』以来の問題関心に規定されている（LHPP: pp.64-66＝一一五―一一八頁）。ホッブズ講義においては、政治的構想と包括的教説の分節化、ならびにすべての人びとが前者の領域のみを共有することによる暫定協定の成立、という点に注意が払われつつも、政治的リベラリズムへの展開は充分に果たされることがなかった。

では、暫定協定が成立した事態を、もうひとつの reasonable の観念、すなわち「真」に対立する「理に適った」によって捉えるとすればどうか。つまり、問題の焦点を、政治的構想自体がいかなる性質をもっているのかという側面に合わせるという途もロールズには残されていたはずである。実際、重なり合うコンセンサスの観念が可能になるのはこちらの reasonable の観念を適用することによると明言されている。「理に適ったという観念は、真という概念が成しえない仕方で、様々な理に適った教説からなる重なり合うコンセンサスを可能にするというのが、ここでの考えのひとつである」(PL: p.94)。

次節では、以上で確認してきた移行期のロールズのうちに看取されるカント的要素とホッブズ的要素、あるいは構成主義と暫定協定がいかに結合して重なり合うコンセンサスの観念が成立するのか、またその結果、いかなる理論的帰結がもたらされたのかを考察する。

四　重なり合うコンセンサスの成立とその諸帰結

◉2-4-1　重なり合うコンセンサスの成立史

私たちはこうして冒頭で引用した重なり合うコンセンサスの議論に戻ってきたことになる。確認しておけば、それは、カント・ミル的な包括的な道徳的教説とホッブズ的な暫定協定とのあいだを進むものとされていた。それでは、両者はいかにして結びつくのだろうか。重なり合うコンセンサスの成立史として、ロールズは以下の議論を展開している。

出発点とされるのは、『リヴァイアサン』において見出された自己利益を基盤とする暫定協定である。「ホッブズはこの形態の心理的エゴイズムが真であるとは考えていなかった。しかし、自分の目的にとっては、これが充分適切なものだとホッブズは考えていたのである」。だが、今日の世界はそこから隔たった境涯にある。「私たちは三世紀におよぶ民主的思想と発展を遂げてきた憲法による慣行の受益者である。つまりわれわれは、現存する政治的諸制度のうちに実現された民主的理念と価値とにたいして、公共的理解をもつのみならず、忠誠をも有していると想定することができる。そしてこのことが、正義の政治的構想に基づく重なり合うコンセンサスの観念を精緻化する途を拓く」（CP 1987: p.422）。

つまり、いまやたんに合理的であるのみならず道理的でもある人格像を想定可能であるがゆえに、暫定協定を超えた重なり合うコンセンサスが成立可能ともされるのである。これは、カント的な人格の理念が使用可能だという想定を意味するが、その根拠は究極的には歴史的コンヴェンションに基づく。ただし、ロールズはこうしてホッブズをカント的視点によって見ると同時に、カントをホッブズ的視点によって読み込んでいる。おそらく、ここで彼は、カント的な包括的教説に基づいた『正義論』に〈分離・接合可能性テーゼ〉を自己適用することによって、そこで使用していた人格や社会についての理念をその実質的内容をほとんど変化させないままに抽出し、政治的構想として再定式化したのだと考えられる。そして、〈分離・接合可能性テーゼ〉の仮定からしても、この政治的構想は、カントやミルの道徳的教説を信じる人びとのみならず、理に適った宗教的信仰をもつ人びとや、そもそも確固とした包括的教説をもたない人びとによっても是認される内実をもつことになるはずである（PL: p.145）。

こうして、カント的視点とホッブズ的視点が交錯することによって成立する政治的リベラリズムにおいては、『正義論』で用いられていた中心的理念は政治的構想として引継がれるものの、論争的な哲学的主張はコンセンサスの焦点から外され様々な包括的教説のひとつとして位置づけ直される。合意の対象はあくまでも政治的構想に限定される。そもそも、こうしたホッブズ的観点に立ってはじめて、当初は全く相容れない教説間に結ばれた暫定協定が、立憲的コンセンサスを経て、重なり合うコンセンサスに至るという仮想的成立史を叙述することも可能になるのである（PL: pp.158-168）【6－4－2】。

◉2－4－2　基点としての理に適った多元主義の事実

こうした想定はどのような理論的帰結をもたらすだろうか。最も明白な点は、社会には究極的には相容れない多様な価値観が成立しているという、新たな理論的出発点が要請されることにほかならない。反省的均衡において暫定的な端緒となる「熟考された判断」として一貫して求められてきたのは、公正な協働のシステムとしての社会、ならびにその構成要素である秩序だった社会と必要最小限の道徳能力をもった市民の観念である。

確認してきたように、政治的リベラリズムへの移行期の諸考察をつうじて、ロールズは、こうした観念が公共的政治文化に潜在していることを強調するようになってゆく。それとならんで、ホッブズ解釈をつうじて政治的構想と包括的教説の分節化を重要な区別として想定するようになったこの時期以降のロールズは、いまや社会には、理に適ってはいるが必ずしも相容れることのない共約不可能な善の構想が多数存在するという意味での多元性もまた事実として認めるにいたる。

こうして、「理に適った多元主義の事実」（the fact of reasonable pluralism）という表現が用いられることで、多元性は理論によって導かれる帰結ではなく、むしろ理論の暫定的な出発点のひとつとして想定されるようになる(9)。こうして、理に適った多元性が成立しているという主張は、包括的教説に基づく論争的主張ではなく、端的な事実とされるのである（PL: p.387 n.20）。

この理に適った多元主義の事実という想定は、『正義論』で用いられていた正義の情況の議論を改訂することを要求するだろう（TJ: p.126/rev.109＝一七〇頁）。財の穏当な稀少性とよく組織された社会的協働によってそこから利益をえる様々な可能性があるという想定は変わっていない。だが、善の構想の多様性をあくまでも単一のリベラルな包括的教説内部においてしか認めていなかったかつての見解は改められ、そうした包括的教説自体が多数存在しつづけるだろうこと、そして、この事実をリベラルなそれを含む特定の包括的教説によって解消することは国家権力の抑圧的行使に帰着せざるをえないことが、新たに認められるにいたる。これらはいまや「共通の境涯」（common predicament）にほかならない。「こうした様々な条件と想定のすべてが〈政治的正義の情況〉（circumstances of political justice）を性格づけているのである」（CP 1987: p.445）。

ところで、正義が必要かつ可能となる諸条件の想定から正義の理論がもつべき性質を導こうとする試みは、ロールズも述べているようにヒュームに遡るものであり、師の一人であるH・L・A・ハートもホッブズとヒュームから着想を得て、自然法の最小限の内容に代表される彼なりの正義の構想を導き出している。ヒュームとホッブズからともに着想を得ているという点ではハートの議論と同様であるが、〈政治的正義の情況〉においては、ホッブズ的要素はたんなる暫定協定に尽きるものではなく理に適った多元主義の事実という規範的な性格付けを与えられたうえで理論に組み入れられている。

ここでロールズの念頭にあったのは、若き日のオックスフォードでの在外研究において、ハート、S・ハンプシャーとならんで強い影響を受けたと回顧している、I・バーリンの価値多元論であったのかもしれない[10]。そうだとすれば、重なり合うコンセンサスという考え方は、ハートやバーリンが切り拓いたような新たなる社会的境涯から出発した正義の理論だといえるだろう[11]。

こうして、政治的リベラリズムにおいては、理に適った多元主義の事実から〈政治的正義の情況〉という問題設定がなされ、そこから重なり合うコンセンサスが導かれる。そして、重なり合うコンセンサスにおいて様々な理に適った包括的教説の焦点として機能するとされるのは「理に適ったリベラルな構想」（PL: p.171）であるが、もちろんこの場合の reasonable は、真と対にされた「理に適った」にほかならない。この意味での理に適ったという評価言明がもつ〈妥当範域において多・対象指示において一〉という性質こそが、政治的構想を重なり合うコンセンサスのモジュールとして妥当することを可能にする（PL: pp.144-145）。

合理的にたいする道理的がそうであるように、真と理に適ったとは相互に反対概念をなすが、必ずしも矛盾概念ではない。〈分離・接合可能性テーゼ〉に導かれることによって、理に適った政治的構想と真である様々な包括的教説は、理想的には、合致（congruent）することになる。重なり合うコンセンサスにおいては、宗教や哲学に代表される包括的教説はたんに政治的構想から分離されるだけではない。このテーゼによるなら、理に適ったものであるならば、包括的教説を導入しても政治的構想の内容は変化せず、むしろコミットの度合いを高めるのであった。それゆえ、人びとは焦点としての政治的構想を同時に道徳的構想としても是認することができ、合意が暫定協定にとどまらない安定性を享受するのである。正義の構想は感情に根ざしたものであることができる。

もちろん、政治的リベラリズムにおいては、政治的構想とみずからの包括的教説とをいかに接合するかは個々人に委ねられる（そのなかには宗教的なものも世俗的なものも含まれる）。それゆえ、政治的構想に向けられる各々の包括的教説からの理由づけが異なる（異なり続ける）という事態は、容認されるべき事柄というよりも、むしろ理論必然的に導かれる定理なのである。かくして理に適った多元主義の事実から出発した政治的リベラリズムは再帰的な円環を描くことになる。それはある意味で、理に適った多元主義の事実という字義通りの論点先取（petitio principii）、すなわち起点の仮定から出発する理論にほかならない。

◉2-4-3　政治的リベラリズムにおける二つの reasonable

では、こうした理に適った多元主義の事実と重なり合うコンセンサスとの再帰的なカップリングを主張する政治的リベラリズムは、いかなる特徴をもつことになるのだろうか。ここでは次の点に注目したい。〈合理性と道理性を適切にモデル化した手続きによって、理に適った原理が導かれる〉というのが構成主義の基本的着想であった。さて、構成主義は、その入力面、すなわち合理的かつ道理的な人格の観念からみられるか、それとも出力面、つまり理に適った原理からみられるかで、異なったニュアンスをもってくると思われる。

構成主義は狭義にとるならば理念の入力によって原理を導くという演繹のプロセスであるが、その導出された原理が理に適ったものであるのかどうかを判断するのは私たちであり、広義にとるならばそうした判断をも含む様々な整合化を要求する帰納のプロセスをも含む（反省的均衡）。そうだとすれば、『正義論』は構成の演繹的側面に、『政治的リベラリズム』は帰納的側面に、それぞれ中心的関心をよせているといえるかもしれない。

つまり、本章で用いた言葉でいえば、二つの reasonable の重点が変化しているのではないか、ということである。ラフな見解を述べるなら、『正義論』は道理性という価値付加的な理念によって理に適った原理を導出しようとする側面が強く、『政治的リベラリズム』は理に適った原理に同意しているならばそうした人びとは道理性をもっていることを示そうとする側面が強い。道理性の理念から理に適った原理を導こうとする議論が規範性を一層高めようとする方向性を指し示すのにたいし、理に適った原理への同意から道理性の保持を示そうとする議論ではむしろ現にあるものとの和解へと関心が向けられている。政治的リベラリズムにおいて、原初状態についての議論が後景に引き、実際の人びとによる理に適った原理や構想についての合意が問題となる、重なり合うコンセンサスと公共的理性についての議論が前面にでてくるのは、こうした問題関心、ならびに二つの

reasonable の関係についての発想の逆転があるのかもしれない。
この変化の主要な理由は、理に適った多元主義の事実という新たな理論的出発点が想定されたことだと考えられる。ロールズは、政治的リベラリズムの歴史的起源とされる宗教的寛容や信仰の自由が慣行によって育まれてきた来歴を強調しているが、理論のコンストラクションがコンヴェンションの適切な把握と切り離しえないことを一層真剣に受けとめるようになったと思われる（PL: p.xxvii）。

五　道徳哲学から政治哲学へ

◉2-5-1　政治的リベラリズムの保守性・現実性

以上、重なり合うコンセンサスの観念、そして政治的リベラリズムがいかにして成立してきたのかをロールズ内在的に再構成してきた。かかる作業から明らかとなってくるのは、ロールズが自明視しており端的な事実として想定している様々な仮定、そしてそれらを用いた正当化のプロセスが論争的なものではないかという問いである。政治的リベラリズムによせられてきた多くの批判も、こうした仮定を通して考察することでより明瞭なものとなるだろう。私見では、今日の規範的政治理論において、リベラルな諸価値に一定の評価をあたえること、ならびに社会において多元的な価値観が成立していることの承認については、大まかな了解が成り立っているように思われる。以下では、こうしたものを除く、二つの論点に議論を集中させたい。

まずあげられるのは、「真」と「理に適った」の使い分けである。もちろん構成主義で用いられる「理に適った」は強い懐疑論を意味するものではなかった。ロールズが妥当性への要求を全面的に放棄したという評価は性急に過ぎるだろう。しかし、それでもやはり、二つの評価言明を使い分け、しかも「真」を包括的教説についての評価に割当てようとする姿勢には異論が提起されるかもしれない。代表的な異論はハーバーマスによるものである（Habermas 1996: S.77-87＝七五―八五頁）。ここで問題となっているのは、規範的政治理論を立論する場合、それをいかなる評価言明に準拠する言説として構成するべきか、そして、宗教に代表される包括的教説をどの程度まで一般的に語るべきか、あるいはそもそも語りうるのかという難問である【5-5-4】。

もうひとつあげられるのは、歴史にたいする依拠の強まりである。この側面は、カント的ではなくヘーゲル的な解釈学的側面の増大として論じられてきた。ただし、ヘーゲル的な立論の仕方が保守的なものにとどまるのかそれを超える可能性を有しているのかについての論争を措くとしても、歴史的文脈への依拠を全面的に否定することは難しいだろう。むしろ問題は、歴史的文脈への依拠そのものではなく、ロールズが国家単位での分割を前提とした単線的な歴史的来歴を念頭においていることに求められるかもしれない[12]。

政治的リベラリズムの保守性はしばしば指摘されるが、ただいまみてきた妥当性要求の減少、国民国家を念頭においた歴史的文脈への依拠というのは、そのなかでも代表的な批判だと考えられる。こうした論争についての仔細な評価・検討については措くとするが、裏からいえば、ロールズの強調点は、正義に適った諸国家からなる国際社会が可能であり、現実でも一定程度はすでに成立していることに向けられていることになるはずである。実際、展開をとげたロールズはいまや次のように述べる。

「多元主義の事実に直面した民主的伝統をもつ社会における重なり合うコンセンサスの可能性を開示することにおいて、カントが哲学一般にあたえた役割を政治哲学は引き受けることになる。すなわちそれは、理性的信仰の擁護（defense of reasonable faith）にほかならない。私たちのケースにおいては、これは、正義に適った立憲体制が現実に存立可能だということへの理に適った信仰の擁護となる」（CP 1987: p.448）。

注目すべきは、しばしば論じられるのとは反対に、ここでは政治的リベラリズムへの展開がカントの営みを引き継ぐものだと宣言されていることである。もちろん、包括的な自律の観念という意味でのカント的理念は政治的リベラリズムにおいては取り下げられる。しかし、本書が注目するより巨視的な視座――〈差異〉に基づくリベラル・デモクラシーの存続可能性――からすれば、カントは依然としてロールズの思索を導く範例であり続けた。そしてこの着想は、これ以降にも現実主義的ユートピアの可能性の擁護という形で継続されていくのである【6-6-1】。

◉2-5-2　『正義論』から『政治的リベラリズム』へ

ここで改めて両主著間の展開についてまとめておきたい。重なり合うコンセンサスが正義の構想の論証において占める位置を、ロールズ自身は次のようにまとめている。「〈公正としての正義〉は二段階に分割することで最もよく提示される。第一段階において、それは、社会の基本構造のための自立的な政治的（もちろん道徳的でもある）構想として練成される。このことが行なわれ、その内容――正義の諸原理と諸理念――を暫定的に携えてはじめて、第二段階において、私たちは安定性の問題をとりあげ、重なり合うコンセンサスの観念を導入するのである」（CP 1989: p.486）[13]。

この第一段階／第二段階という区別は、『正義論』における第一部と第三部にそれぞれ対応するものといってよい（PL: p.140 n.7）。そして『正義論』においてもそうであったように、第二段階＝安定性の問題はさらに二つに分けられる。

「安定性は二つの問いを含む。第一の問いは、（政治的構想によって定められる）正義に適った制度のもとで成長する人びとが、通常は充分な正義感覚を獲得し、一般的にこの制度に応じることが可能となるのかという問いである。第二の問いは、デモクラシーの公共的政治文化を特徴づける一般的事実――とりわけ、理に適った多元主義の事実――に照らしてみた場合、政治的構想が重なり合うコンセンサスの焦点となりうるかという問いである」（PL: p.141）。

このようにして、『正義論』第八章と第九章はいまや（政治的価値に基づく）道徳心理学と重なり合うコンセンサスとして書き直される。

これらの叙述をも踏まえつつ、正義の構想（政治的諸価値）の提示方法の変更点を、以下のように整理しておきたい。(14)

○第一段階（正義の構想の導出）――TJ：原初状態における正義の二原理の選択（第一部第三章）／PL：公共的政治文化に潜在する理念からの自立的な政治的構想の練成

○第二段階A（広義の安定性の問題――正義感覚の涵養）――TJ：秩序だった社会における道徳心理学（第三部第八章）／PL：同右（ただし、用いられる道徳的構想が政治的構想でもあることとの強調）

〇第二段階B（勝義の安定性の問題――〈正と善の合致〉）――TJ：正義感覚の善の論証（第三部第九章。特に第八六節におけるカント的解釈【1－4－2】）／PL：重なり合うコンセンサス（正と善は必ずしも強い意味で合致するわけではないが、少なくとも敵対しない）

まず注目すべきなのは、この第一段階のプレゼンスの低下とでもいうべき現象である。これは『正義論』において大きな注目を集めた原初状態論に相当するが、『政治的リベラリズム』では無知のヴェールの議論はあまり強調されることはない[15]。むしろ、政治的構想が自立的な性質をもつことは自明のように語られ、その論証は意識的に回避されているかのような趣きさえある。換言すれば、正義自体の基礎づけに対する態度が大きく変化している。『正義論』に通じた少なからぬ人びとが『政治的リベラリズム』に一種の肩透かしの感覚をおぼえるのは、この事情によるところが大きいと思われる。

第二段階の安定性の問題についていえば、まず前半の道徳心理学の問題については大きな変更はないと思われる。『政治的リベラリズム』においては、『正義論』のように正義感覚に紙幅こそ割かれていないが、おおむねその議論は道理性の観念に（それが政治的構想であることを強調しつつ）受けつがれているといってよい。秩序だった社会において成育する人びとが理に適った人びとであることは、政治的リベラリズムの前提である。

これに対して、勝義の安定性の問題である〈正と善の合致〉には重要な変更が加えられる。いまやこの議論は、理に適った多元主義の事実を踏まえたものでなければならない。そのために導入されたのが、他ならぬ重なり合うコンセンサスの観念なのである[16]。

「宗教と哲学の歴史は、より広範な価値の領域〔包括的教説〕が、正義の政治的構想によって特定される〈政治的なるもの〉という特殊領域に適合する諸価値と、合致する・支持的な関係にある・対立しない（congruent with, or supportive of, or else not in conflict with）、これらいずれかの仕方で理解されうるような多様で理に適った様式を示している。理に適っていなくはない包括的教説の多元性・複数性について、歴史は語っている。これこそが重なり合うコンセンサスを可能にし、それゆえ政治的価値と包括的価値との対立を低減させる」（PL: p.140）。

以上をまとめるならば、『政治的リベラリズム』は、『正義論』の基礎づけ主義的な原初状態論については可能なかぎり沈黙し（否定はしないにせよ）、そのかわりに、その第三部の議論、より限定すれば第九章第八六節におけるカント的解釈に基づく〈正と善の合致〉の議論を、重なり合うコンセンサスの観念によって置換しようとした著作なのである。この変更の帰結は、ロールズ自身も当初そう感じたように、一見アンバランスなように思われるかもしれない（PL: p.xvii）。だが、カント的解釈に基づく〈正と善の合致〉の議論は『正義論』全体を基礎づける公理のようなものであるゆえに、そして安定性の問題はロールズ理論の主題でもあるがゆえに、それは紛れもなく正当な対価であった。

◉2-5-3　新たな主題としての「体制」

これらの議論にも関連したロールズの理論形成史上注記しておくべきこととして、政治的リベラリズムへの展開に伴い、「体制」（regime）が新たなそして極めて重要な主題として浮上してくることがあげられる。[17]重なり合うコンセンサスの観念の導入と並行して、彼の文章には「政治哲学」や「立憲体制」（constitutional regime）、「立憲デモクラシー」という用語が頻出するようになる。

「政治哲学の諸目的（aims）はそれが問いを向ける社会に依存する。立憲デモクラシーにおいては、その最重要な目的のひとつは正義の政治的構想を提示することである。この構想は、政治的・社会的諸制度の正当化のための共有された公共的基盤を提供しうるのみならず、世代を超えた安定性の保証の一助ともなるものである」（CP 1987: p.421）。

おそらくロールズは意識的にこうした用語を使用している。そしてこのことには理由がある。そこで以下では、この「政体論的関心の上昇」に注目しつつ、『正義論』から『政治的リベラリズム』への展開を、〈道徳哲学から政治哲学への展開〉という観点から読み解くことを試みたい。

ここで参照すべき分析枠組は、『正義論』で用いられている「四段階の系列」の議論である（TJ: §31）。そこでは、正義原理の適用に関して、①原初状態、②憲法制定会議、③立法段階、④具体的適用の段階が区別されている。そしておそらく、①と②＋③との関係づけが、前期ロールズと後期ロールズとでは決定的に異なってきている。

当然ながら、『正義論』の正当化論においては①に一番のウェイトが置かれている。換言するならば、それは、②と③から構成される立憲デモクラシーの基本構造に対するメタ理論を標榜するものであった。おそらくそれには二つの理由があると考えられる。

ひとつは、功利主義を仮想敵に定めたことによるものである。功利主義の理論的魅力は、それが現行の社会制度やルールに対してメタ理論の立場をとりうるところにある。すなわち、制度やルールは、どんなものであれ、より基底的な功利性の観点から評価・変更される対象となる。契約論の観点から挑戦をいどむロールズは、功利性と同レベル〈つまり、制度やルールに対するメタ理論〉において、功利主義に対抗せねばならなかった。それは必然的に、自身の理論の核心をメタ理論的なものに、そして翻って道徳哲学的なものとして構成することになったのである。典型的な包括的教説たる功利主義に真正面から挑んだ以上、『正義論』において〈公正としての正義〉が同じく包括的教説となったのは、ある意味では当然のことであった。

もうひとつは、『正義論』が同じく標榜していた射程の広さである。それが最も明瞭に現れているのは、大著の結尾を飾る以下の——宗教的響きを感じさせずにはいない——文章であろう。

「この観点〈原初状態〉は私たちが——時代をともにせず数多の世代に属している人びとの間でさえ——不偏・公正な立場に立つことを可能にする。したがって、この視座から社会における私たちの境遇を眺めることは、それを永遠の相の下に(sub specie aeternitatis)了解する業に等しい。すなわち、人間の状況をあらゆる社会的観点のみならず、あらゆる時間的観点からも凝視することを意味する。永遠性の視座は現世を超えた場所からの眺望でもなければ、ある超越的な存在者の観点でもない。むしろ、この世界の内部にあって理性的な人びとが採用しうる特定の思考と感情の一形態なのである。……心の清廉潔白(purity of heart)[18]とは——もし人がそうした境地を達成しえたならば——こうした永遠性の観点からものごとをはっきりと見据え、優雅にかつ自制的に行為することと変わらなくなるだろう」(TJ: p.587/rev.514= 七七三—七七四頁)。

あらゆる世代の人びとを包摂しようとするこの壮大な試みは、原初状態の構成にも反映されざるをえない。『正義論』においては、当事者たちは自分たちがいかなる時代に属するのかについても無知とされるのである。「当事者たちは社会理論の基本原理を知っているけれども、歴史の流れについては知らない」(TJ: p.200/rev.175=

二七二頁)。しかしながら、いまやロールズは自分の理論の起点を、理に適った多元主義の事実に基づく立憲デモクラシーの擁護だと明白に見据える。端的にいえば、立憲デモクラシーは問いの対象であると同時に地平となる。私たちはもはや根本的に異なった体制を選択することはない。政治的リベラリズムは現代という歴史的時代を意識した政治哲学にほかならず、この特定の国制＝憲法への断固としたコミットメントを前提とする。

かくして、先ほどの図式に戻るならば、②と③から構成される立憲デモクラシーの基本構造が、政治的リベラリズムの端的な主題となる。これは公共的理性によってカバーされる領域にほかならない。後にみるように、たしかに公共的理性は市民として共有しうる理由づけを求めるものであるが、それは原初状態によって一方的に基礎づけられるようなものではない。公共的理性ならびにその対象は自立した主題――政治体制の正統性――を構成する【5-4-1】。

これらの『正義論』から『政治的リベラリズム』への変化をいささか図式的に示すと以下のようになる。

TJ：PL／主な哲学観――道徳哲学：政治哲学／主題――道徳原理：政治体制／最重要の正当化論――原初状態：公共的理性／論証の仕方――メタ理論：護教論・擁護論／理論の射程――抽象的普遍：歴史的普遍

誤解のないようにいえば、これらの変化はロールズ理論の断絶性を示すものではない。立憲デモクラシーの擁護という観点からすれば彼の理論は一貫している。また、左辺から右辺への変化は連続性を伴ったものであって、二者択一的なものではない。

しかし、以上のことを踏まえた上で、あらためてロールズが立憲体制の政治哲学の自律性を強調しているのを確認しておきたい。

「これらの制限内において、立憲体制の政治哲学は二つの仕方で自律している(autonomous in two ways)。ひとつは、用いられる正義の政治的構想が規範的な思考枠組をなすということだ。この一群の根本的観念は何らかの自然的な基礎づけ(たとえば、様々な物理学的・生物学的概念)の観点から分析可能なものとはされない。さらには、様々な社会的・経済的概念の観点からさえもそうなのである。私たちがこの規範的枠組を学び、道徳的・政治的な思考や行動において自己表現としてそれを用いることができるならば、それで充分なのである。

政治哲学が自律的であるというもうひとつの仕方は、私たちはその役割と内容を(たとえば自然淘汰の観点からといったように)科学的に説明する必要はないということである。ある環境におかれた場合に、それらが自己破壊的ではなく生育可能なものであり、さらには自然本性がこれを認可するならば、再びそれで充分なのである。世界が許容する範囲内において、私たちは達成可能な最善なものを求めて努力するのである」(PL: pp.87-88)。

かつて哲学一般からの道徳哲学の独立性を主張したように、いまやロールズは政治哲学の自律性を唱える【1-4-3】。自然科学や社会科学、さらには道徳哲学からも相対的に独立した固有の領域として政治哲学を見据えること。[19] ホッブズが辿ったかもしれない問いかけと思考のプロセスを彼自身の仕方で反復することによって、ここに政治哲学者ロールズが誕生するのである。

◉2-5-4 カント的構成主義とヒューム的慣行主義の共闘

最後に、以上の政治哲学的展開ないし体制論的展開がもたらしたと思われる、ひとつの理論的進展について触れておきたい。それは、カント的構成主義（constructivism）とヒューム的慣行主義（conventionalism）との両立可能性に関するものである。

周知のように、ヒュームとカントは様々な学説において対照的に取り扱われることの多い論者である。ロールズもこれを基本的に踏襲しており、とりわけ『道徳哲学史講義』はその図式からして、カントの構成主義をメインに据え、ヒュームの懐疑主義はライプニッツの合理主義と合わせてその論敵の立場に置かれている。しかし、『道徳哲学史講義』は政治的リベラリズムへの展開を経た後にも書き継がれた論考であって、この対立図式にとどまらない知見が含まれている。

特に、ヒュームのコンヴェンション論について書かれた部分はそうである。もともとロールズはコンヴェンションの観念から大きな影響を受けているが、ここではあらためて互恵性の観点を強調しつつ、こう述べられている。

「コンヴェンションが存在するためには（ヒュームはこう言っていると私は思うのだが）三つの条件が成立していなければならない。①共通利害についての共有された感覚が相互的（公共的）に表明されており、その結果、この共通利害の存在が公共知識になっていること。②関連する規則が利用可能であり、公共的に認知されたものでもあること。③当然期待されることだが、全員（もしくはほとんどの者）が、適切な行動の規制を産出することによって、規則を固守すること。最後の条件が意味するのは、（たんに可能性にすぎないようなコンヴェンションとは反対に）あるコンヴェンションが存在するには当の規則が社会において現実に従わなければならないということである」（LHMP: pp.60-61＝一〇六頁）。

「コンヴェンションというものは斬時的に樹立されてきて、おそらくは過去の折々に頻繁に違反されているが、それでもコンヴェンションであることには変わりがない。仮にそれが最終的に樹立され、そして現在求められる仕方でそれに基づいた行為がなされるとしたら、それで充分なのである」(LHMP: p.61＝一〇七頁)。

注目したいのは、この知見が重なり合うコンセンサスにも適用されていることである。すなわち、人びとが一般的に重なり合うコンセンサスを是認しており、しかも理に適っていない包括的教説が充分な潮流とならないことが、秩序だった社会成立の必要条件とされているのである(PL: p.39)。このように重なり合うコンセンサスにはコンヴェンションとの類似点が認められる。

そうだとすると、ただちに次の疑問が浮上するかもしれない。すなわち、契約論批判としても考案されたヒュームのコンヴェンション論を援用することは、契約論をベースにしたロールズ理論を内的矛盾に晒すことになるのではないか、という疑問である。実際、重なり合うコンセンサスの観念に対しては、無知のヴェールによる抗事実的な妥当性の導出を高く評価する論者から厳しい評価が寄せられてきた。彼らの批判は、カント的構成主義とヒューム的慣行主義との不整合性を突こうとするものだといえる。

しかし、見方によれば、契約論とコンヴェンション論は必ずしも矛盾するものではない。ロールズによれば、ヒュームの立論はたしかにロックのいう契約が現実には生じていなかったことを批判することには成功している。[20] だがこれは、より重要な問題――ヒュームの議論は契約論が導き出すのとは異なったタイプの体制を支持するのか――までをも論じているわけではない。「つまり、政治体制に適用される仮説的な基準であるロックの社会契約論が、正しくて正義に適うものとして選びだす政治体制や政体のタイプは、社会の一般的必要と利益、もしくはその言い換えである効用といったヒュームの概念によって選び出されるタイプと同じかどうか、という問いです」（LHPP: p.172＝三一三頁）。そして両者はこの政体の選択という根本問題においては対立していないとされる（LHPP: p.176＝三一八頁）。

つまり、支持すべき政体の問題が先決されている場合、コンヴェンション論は契約論と根本においては対立するものとはならない。ロールズの立憲デモクラシーへの支持は、理論的に説明しつくされたわけではなく歴史的事実に依拠するものではあるが、一見その理論的不徹底さに見えるものは道徳哲学（倫理学）をメタ理論とすることへの自覚的抑制の現われとみるべきだろう。政治哲学者はその固有の主題——政治体制の正統性——を理論的基点とすることに意識的であらねばならない(21)。

また、この観点に照らした場合、ヒュームの道徳理論も道徳心理学上の知見を提供するものとして解釈しうる道が拓けてくる。そもそも彼は、決して懐疑それ自体のための懐疑主義者ではなく、ましてや社会の成立不可能性を無邪気に吹聴する天邪鬼でもなく、礼節を備えた勤勉な人びとからなる文明社会への希望を示した思想家なのであった。彼はカントと同じく通常の人間の常識を疑いなどしなかったのである。ヒュームは人びとが徳をもつことを当然だとみなしている（LHPP: p.183＝三三一—三三二頁）。

道徳原理と強く結びついた正義原理の探求が第一の関心事であったカント的解釈プログラムの時期においては、理性に対する情念の優位を説くヒューム的道徳心理学は何よりも対抗すべき批判対象であった。しかし、ホッブズ的展開を経て、道徳原理よりも政治体制を主題とするようになった政治的リベラリズムにおいては、ヒュームならびにその道徳心理学は友軍として現れることになる。それはカントのものとは異なるが、政治的構想に対する道徳的な動機づけについての有益な説明を提供するものでもありうるのだから（PL: p.85 n.33）。

六　小括

ここまでの議論をまとめておく。まず私たちは、論争的になっている政治的リベラリズムへの移行を、転回ではなく展開として捉えようとした。これは、転回という解釈を全面的には支持できないテキスト上の裏づけがあること、ならびにそうした解釈をとると政治的リベラリズムへの正当な評価・批判がなされがたくなるのではないか、という問題関心による。さて、重なり合うコンセンサスによって成立する政治的リベラリズムは、カント・ミル的な包括的教説とホッブズ的な暫定協定のあいだをいくものとされていた。

本章ではこれを導きの糸とし、さらに政治的リベラリズムの基本的特徴である reasonable という用語の多用と政治的構想と包括的教説の区分とに鑑みて、次のテーゼを提出した。すなわちそれは、カント的構成主義において分節化された「理に適った」という観念と、ホッブズ講義で素描されていた暫定協定リベラリズムとが結合されることによって、政治的リベラリズムへの展開は導かれたのではないか、という仮説にほかならない。従来の研究においてはこうした点はあまり注目されてこなかったが、共約可能な焦点である政治的構想に「理に適った」という評価言明が適用されることによって重なり合うコンセンサスの観念が理論的に成立しより精緻化されるという筋書きは、移行期のロールズのテキストと照らし合わせて確認してきたように、一定の説得力をもつものだと思われる。

また、これとあわせて、重なり合うコンセンサスを説明・正当化するにあたってロールズが歴史的文脈への依拠を強めていくこと、そしてそのことが理に適った多元主義の事実という新たな理論的出発点を要請することが確認された。管見では、こうしたことは『正義論』からの全くの断絶を示すものというよりも、彼の理論における重点の変化、あるいは構成主義や反省的均衡において強調される論証の方向性の変化として捉えることが可能である。さらに、政治的リベラリズムへの展開は〈道徳哲学から政治哲学への展開〉としても解釈可能であることが示された。

政治的リベラリズムへの展開にあたって、ロールズは、重なり合うコンセンサスに代表される寛容の問題だけではなく、本章では触れることのできなかった社会的・経済的不平等の是正という『正義論』の中心的テーマをも新たに論じ直している。以下の章ではこうした論点についても考察したい。

注

（1）良心の自由や寛容の精神について論じた『正義論』第四章半ば（第三三―三五節）に、重なり合うコンセンサスと公共的理性の原型があることは、ロールズも認めている（CP 1985: p.410 n.30; CP 1987: p.429 n.15）。

（2）この点については両者の類似点が指摘されている。「倫理学におけるカントの方法はロールズのそれといくらかの消極的な点において明らかに類似している。ロールズと同様に、カントは倫理的に重要な行為原理を正当化する手続きを実践的推論の一構想にアピールすることによって提示しているのであるが、その構想は、独立していると想定される道徳的事実や人びとが現実にもつ選好に依拠するものではない」（O'Neill 2003: p.354）。

（3）たとえば、移行期のロールズに注目したD・ブリンクはこうした点を批判して、人格の理念の重要性を認めつつも、道徳理論はそのほかの道徳的信念や実証的な知見をも踏まえたうえで総合的に検証・正当化されるべきだと述べている（Brink 1989: pp.316-321）。

（4）おなじく『正義論』と『政治的リベラリズム』の相違を辿った『リベラル＝コミュニタリアン論争』は、この点についてや不正確である（Mulhall and Swift 1996: pp.242-245＝三〇〇―三〇四頁）。だが、政治的リベラリズムへの移行の原因をペティットたちがコミュニタリアンからの批判への応答とみなしているのにたいし、A・スウィフトたちは公共的正当化へのコミットメントの増大だと考えており、この点については後者の解釈が妥当だと思われる（ただし、細かくいえば彼らの解釈にも問題はある【5－3－1】）。

（5）編者のフリーマンによれば、『政治哲学史講義』は、ホッブズ、ロック、ヒューム、ミル、マルクスについて論じた八三年度の講義をベースにしつつ、それ以外の年度においても論じられた講義記録やノートによって補填することにより、ルソー、シジウィック、バトラー講義をも含むものとして構成されたものである。基本的にロールズの講義録は、彼自身によって幾度も書き直されており、論文といっても差し支えないものとなっている。ただし、ヒューム講義とホッブズ講義については、他のものと異なり、実際の講義の録音から文字起こしされたものをベースに作成されたため、完成度の面で劣るとされる（LHPP: pp.ix-xi= vi頁）。だが、八三年当時のロールズの思考に触れるという問題関心からすれば、この完成度の低さはある意味では好都合でさえある。

（6）これらのテーマにかんする、ホッブズ研究史における代表的研究の布置、そしてそれに照らしてみた場合のロールズ的な解釈の位置については、渡辺 2007b: 六七―七六頁。

（7）このテーゼの名称は私によるものである。正確を期していうならば、ロールズがこのテーゼをホッブズから読み取ったのか、それともあらかじめこのテーゼを念頭においてホッブズを読み込んだのかは明らかではない。また、いつそのような着想をえたのかも正確な年度までは不明である。たとえば、補遺として収められている七八年度の講義ノートでは、ホッブズ解釈において宗教的・神学的教説との連続性を強調する〈テイラー＝ウォレンダー・テーゼ〉が否定されることによって、そこではすでに〈分離・接合可能性テーゼ〉の考え方が示されており、また、政治的構想という語も使用されている（LHPP: pp.36-39= 六四―六九頁）。しかしいずれにせよ、八三年のホッブズ講義において〈分離・接合可能性テーゼ〉が一層明瞭に文節化されたことは確かだと思われる。

（8）もっとも、ホッブズは合理性のみに準拠することを固持したため、暫定協定にとどまらざるをえないともされる。

（9）厳密にいえば、「重なり合うコンセンサス」論文の時点では、「理に適った」が付かない多元性の事実という言葉が用いられている。この点については、Cohen 2009: pp.38-44。

（10）ロールズは一九五二年から五三年にかけフルブライト奨学金を得てオックスフォードに留学し、そこでハートの講義から強い影響を受ける。そこで教えられていた内容は、まさしく後年『法の概念』に結実していくものであった。また彼は、バーリンとハンプシャーによるセミナーからも強い印象を与えられたという（Pogge 2007: p.16）。

(11) バーリン的価値多元主義と政治的リベラリズムの関係については、PL: pp.195-198。ただしロールズは、政治的構想を作成するにあたっては公正な社会的協働の条項という規範的観点から出発するべきだとして、現存する様々な善の構想を直接考慮しようとするバーリン的な仕方との相違を表明している（CP 1987: p.428 n.13）。

(12) O・オニールはこの点にカントとロールズの構成主義の相違を看取している（O'Neill 2003: pp.356-363）。彼女によれば、カントがよりラディカルな構成主義の可能性を示しているのにたいして、ロールズは構成主義において歴史的に形成されてきた人格や社会の理念を所与とし、しかもその際、暗黙裡に境界線で区切られた国家を前提としている。これはロールズの国際正義論への評価に繋がっていく論点といえるだろう。

(13) この文章は、若干の修正を加えられて『政治的リベラリズム』に再録されている（PL: pp.140-141）。

(14) 注意すべきことは、第一段階と第二段階、すなわち正義の構想の導出と安定性の問題を混同しないことである。とりわけ、重なり合うコンセンサスは安定性の問題にかかわるものであって、認知的妥当性の問いとは直接関連しない。この点は第五章で詳しく論じる【5－3－1】。

(15)『政治的リベラリズム』においては、第八章「基本的諸自由とその優先性」において最もまとまった記述がみられる（PL: pp.304-310）。ただし、この章は法哲学者のハートによる批判へのリプライをテーマとした一九八一年のターナー講義を基にしたものであり、第七章「主題としての基本構造」（初出一九七七年）とともに、まだ政治的リベラリズム固有の主題がそこまで前面には現れていない論考であることに注意すべきである。政治的リベラリズムを踏まえた記述としては、わずかに第一章の脚注で、〈重なり合うコンセンサスの焦点となりうる正義の政治的構想を見出すためには、人びとの包括的教説を無知のヴェールの背後に置いてみることが一助となる〉という主旨が述べられているのが目を引く程度にすぎない（PL: p.24 n.27）。この点について、盛山 2006: 一〇七頁。

(16) ワイスマンはこの点――〈正と善の合致〉ではなく重なり合うコンセンサスという用語によって安定性が論じられていること――について、「私の読解はいくらかのテキスト上の障害に直面してもいる」として、自身のロールズ解釈が難点を抱えることを率直に吐露している（Weithman 2010: p.283）。これは、彼の浩瀚なロールズ解釈がホッブズからの積極的影響に触れていないことに起因しよう。政治的リベラリズムへの展開を充分に論じるためには、本章がなしたような議論が必要だと思われる。

(17) ロールズが特に支持する〈財産所有制デモクラシー〉については後に取り上げる【4－2－1】。なお、彼の体制論の特徴について述べるなら、それが主眼を置くのは比較政治学におけるように政治的・経済的構造ではなく（無論無視するわけではないが）、あくまでも人びとの心性である。人びとの内面の陶治を主眼として社会の安定性を考察することは、優れて政治哲学的な主題だといえるかもしれない【6－6－3】。

（18）秘されてはいるものの、この表現が、キェルケゴールによる「心の純潔さとは唯一つを欲することである」という命題を踏まえていることは間違いないと思われる（キェルケゴール 2002: 三八頁）。私がこのことに気づいたのは『美徳なき時代』における次の文章を介してであった。「それは、伝統が認知している徳の中には、人生の全体に言及するのでなければ全く特定できない少なくとも一つの徳――全一性あるいは志操堅固という徳――が存在するということである。「心の純潔は一事を意志すること」とキェルケゴールは言った（‘Purity of heart,’ said Kierkegaard, ‘is to will one thing.’）。人生全体における目的の単一性というこの観念は、人生全体という観念が適用されなければ決して適用されえないものである」（MacIntyre 1984: p.203= 二四八―二四九頁）。同著においてマッキンタイアはロールズを批判したのであって、この論述も彼を念頭においたものではもちろんない。だがこれは意図せずして、『正義論』掉尾を飾る文章の解釈への、ひとつの巧みな補助線になっているように思われる。

（19）この試みは、政治的構想をいわばひとつのカテゴリーとして把握しようとするものである（LHPP: pp.139-140= 二五二頁）。

（20）ヒュームの立論において契約論者として念頭におかれているのはロックであるが、本文で述べられる論点はカントやロールズ自身にも当てはまると思われる。

（21）もっとも、制度の正統性への着目は、正義原理の正しさに拘る立場からすれば異論の余地のあるものともなりうるだろう（大澤 2011）。

第三章　政治的リベラリズムにおける善の観念

――共通善と基本財

一　問題の所在

確認してきたように、論文「重なり合うコンセンサスの観念」（一九八七年）において、ロールズは政治的構想と包括的教説という区別を明確に打ち出すことによって、政治的リベラリズムへの理論的展開を果たすことになった。本章の目的は、この政治的リベラリズムへの展開に伴って、善についての議論がどのように位置づけられ直すことになるのかを検討することにある。

このように問いを設定する理由は、端的にいって、〈政治的リベラリズムにおける善〉というテーマが従来あまり考慮されていないところに求められる。たとえば、『政治的リベラリズム』の理論的中核を占める第二部にかんしていえば、第四章「重なり合うコンセンサスの観念」と第六章「公共的理性の観念」については盛んに論じられているのに比較すると、第五章「正の優先性と善の観念」はしかるべき注目を集めているとはいえない(1)。

その結果として、政治的リベラリズムをめぐる従来の議論には一定のバイアスが生じてしまっているように思われる。具体的にいえば、政治的構想と包括的教説の明確な区分というその基本的視座が、正と善の明確な分断と同一視されてしまっているように思われる。重なり合うコンセンサスや公共的理性をめぐる議論において、政治的リベラリズムは宗教的信念に代表される善の構想をシリアスに受けとめていないという批判はスタンダードなものとなっている。他方では、正と善の明確な分断を積極的に評価する潮流が認められる。その代表例としてあげられるのは、R・ローティによる影響力をもった政治的リベラリズム解釈である。ローティーによれば、価値観が多元化した現代社会においては、何らかの特定の善の構想と正義の構想を直結させる試み（プラトニズム）

は成立しえないし望ましくもない。それゆえ、必要とされるのは、人びとが一般に同意できる公的領域と個々人の価値観にかかわる私的領域を分節化し、両者を積極的に分離すること（アイロニー）にほかならない。そして彼は、ロールズによる政治的構想と包括的教説の分節化をこの試みと軌を一にするものとして考え、政治的リベラリズムを評価するのである（Rorty 1989; 渡辺 2012）。仮にローティーとロールズの試みが同一であるとしたら、正と善が合致するという『正義論』の主張は根本から棄却されざるをえなくなるだろう。

しかし私は『正義論』と『政治的リベラリズム』に基本的に連続性を認める解釈をとっている。とりわけ、〈正と善の合致〉がロールズの社会論において重要な役割を果たしていることを考慮するならば、ここで示さなければならないのは、ローティー的なアイロニズムと政治的リベラリズムが類似した一面をもつとしても両者は別物である、ということにほかならない。(2) 換言すれば、本章の課題は、次の問いに積極的な解答をあたえることにある。すなわちそれは、〈理に適った多元主義の事実が成立している状況下においても正と善の一致が重要であるからこそ、政治的構想と包括的教説の分節化が強調されるようになったのではないか〉、という問いである。

やはり必要なのは、ロールズのテキストに立ち戻り、そこで展開されている善についての議論を再検討していくことにほかならない。実際、「重なり合うコンセンサス」論文を完成させるのと並行して、この時期のロールズは善についての考察を集中的にすすめている。その成果として結実した諸論考こそ、先述した『政治的リベラリズム』第五章の基盤となる同名の論文「正の優先性と善の観念」（一九八八年）、「政治的なものの領域と重なり合うコンセンサス」（一九八九年）、そして『公正としての正義　再説』（二〇〇一年）と『政治哲学史講義』（二〇〇七年）である。本章の課題は、これら八〇年代末の諸論考を主に参照しつつ、そこで展開されている善についての議論を再検討することである。

以下では、『正義論』から『政治的リベラリズム』への展開にあたって善の観念がどう位置づけ直されるかを、基本財の観念に着目しつつ考察していく。(3) まず、基本財の観念が合理的選択ではなく〈市民としてのニーズ〉に根ざすものとして修正されていくのを確認する（第二節）。続いて、修正された基本財の観念がモジュール性をもつこと、そしてこれが契約論に親和的な共通善の構想として解釈できることを示す（第三節）。その上で、こうした論点が「ルソー講義」において平等や公共的理性の観念と結びつけられているのを確認する（第四節）。そして最後に、この〈基本財という共通善〉の構想が価値多元主義と整合的なものであり、〈正と善の合致〉をより積極的な形で実現させうると論じる（第五節）。

二　基本財の観念の再記述——市民としてのニーズ

◉3-2-1　基本財の基本的特徴とその変遷

この時期のロールズは、合理性としての善の観念、基本財＝善の観念、許容される（完全な）善の構想という観念、政治的徳性の観念といった様々な善の観念が、〈公正としての正義〉にあっては順番に組み上げられるようにして調和することを強調している（R: pp.141-142＝二五二—二五三頁 ; CP 1988: pp.253-254）。

「〈人格の政治的構想、人間生活の一般的諸事実、及び合理的人生計画の標準的な構造と組み合わさった〉①〈合理性としての善〉の観念から出発して、私たちは、②基本財を手にする。いったんこうした基本財を用いて、原初状態における当事者たちの目標を特定したら、原初状態からの議論が正義の二原理を与えてくれる。③

許容される〔完全な〕善の構想は、その追求がこれらの原理と両立する構想なのである。次いで、④政治的徳性が、正義に適った基本構造を長期的に確保するにあたり重要な市民の道徳的性格の諸特質として特定される」(R: p.142= 二五三頁)[4]。

一連の善の観念のなかで重要な役割を果たしているのは基本財の観念である。だが、その説明は断定的でわかり辛いものとなっているため、理論の再構成を行なうことが必要だと考えられる。

最初に、『正義論』以来の基本財の観念の変遷を簡単に確認しておきたい。基本財とはどのような善の構想を抱いていようとも必要とされる財のことである。「〔解釈の〕第一段階として、社会の基礎構造が一定の基本財(つまり合理的な人間であれば誰もが欲すると推定されるもの)を分配するものと仮定しよう。通常こうした財は、人がどのような合理的な人生計画を抱いていようとも、役に立つ」(TJ: p.62/rev.54= 八六頁)。具体的には、基本的諸自由や所得、そして自尊の社会的基盤であるとされる。基本財はこうした汎用的な性質をもつがゆえに、善の個人間比較という難問に深入りしすぎずに、公正な社会の条項を定める際に重要な役割を担うことができる(TJ: p.94/rev.80= 一二七頁)。

これらの側面は以後も引き継がれて行くことになるが、他方では変更が加えられた性質もある。『正義論』初版においては、〈善の希薄理論〉に基づく基本財の観念は原初状態における当事者の合理的選択の対象として機能するとされたため、もっぱら合理性とのみ関連するものとして考えられていた。だが、正義の二原理が導出されるためには合理性のみでは充分ではない(ハート 1987: 二五四頁)。たしかに、自由の優先性を合理性のみによって導こうとするロールズの立論はいささか難儀なものとなっている[5]。また、こうした仕方で基本財の導出を基礎づけてしまうと、それはリベラルな生の様式に偏向したものとなるのではないか、との批判も寄せられたるものとして修正することになってゆく。こうした変遷をTh・ポッゲは次のように簡潔にまとめている。

「ロールズはこの問題（＝福利についての指標（metric）は、いかなるものであれ偏向的になってしまうという批判）を、彼が〈善の希薄理論〉とよぶもの——広く受け容れられた観念のみを組み入れるというもの——を用いて解決しようと試みた。『正義論』においては、この希薄理論はアリストテレス的原理と合理的な人生計画の観念とを特色とするものであった。しかしロールズはのちにこの説明を取替えたので、私も修正された説明の方に集中したい。この修正は、〈正義の最深部の基準は、人間のあらゆるニーズと利害関心ではなく、自由な民主社会の市民としてのニーズと利害関心によって形成されるべきである〉という考えによって駆動されたものである。こうした基準は、私たちの経験のうちにおいて、かかる社会の市民が——安定した自由で民主的な社会秩序が可能であるために——概して有する（有さなければならない）利害関心に対して繊細な注意を払うものでなければならない」（Pogge 2007: pp.54-55）。

この基本財の修正が本格的に行なわれるのは時期的には一九七五年からのことである。それは先に確認したカント的解釈のプログラムに沿うものといってよい【1－4－3】。以下でみてゆくように、その内実はカント的な道徳的構想へと接近したのちに、最終的には政治的構想として彫琢されていくことになる。

◉3-2-2　根本的利害関心と市民としてのニーズ

続いて、〈市民としてのニーズ〉とそれに対応する利害関心の内実について確認しておきたい。これは、実質的には一九七五年に書かれた『正義論』改訂版において、最も修正が加えられた点のひとつといってよい。重要なことは、市民の構想に対してのみならず、原初状態における当事者の構想に対してもそのニーズや利害関心に一種の規範的なランク付けが適用されることである。そのため、当事者の性格は『正義論』初版ではあまり明確化されていなかった道徳的性質を反映するものとなっている。いまや当事者は、宗教的利害関心や人身の不可侵性に代表される第一原理の管轄に強い関心を寄せるように約定される（TJ: rev.131＝二〇六頁）。こうした根本的利害関心に関わる論点は、市民のもつ合理性と道理性という二つの道徳的能力として実質化され、原初状態の議論はより精緻化・道徳化してゆくことになる（CP 1980: p.316）【2-2-1】。

いまや基本財が照準するのは単なる欲求ではない。しかもそこには、ロールズ理論の特徴でもあるが、社会的協働への高次の欲求がビルト・インされている（Freeman 2007b: p.343）。この〈自由かつ平等な市民のニーズ〉は、合理性のみならず道理性をも踏まえるものであって、そこで勘案される利害関心はいわゆる二階の欲求のような高次の性質をもつ。「ロールズはこれらを根本的利害関心または高次の利害関心とよび、〈二階の欲求が欲求についての欲求であるように〉これらが他の〈個別的な〉利害関心の実質や充足についての利害関心であること、そして、深く長期に及ぶものであり、通例は決定的なものであることを示唆している。それゆえロールズは、彼の正義の構想に〈市民たちは、相互的・道徳的な仕方で受容された条項に則して、他者と協働することへの根本的利害関心を有する〉という仮定を組込むのである」（Pogge 2007: p.55）。

こうした合理性から道理性へと重心を移した原初状態論の変化に対しては、様々な異論が提起されうる。そのひとつは、『正義論』初版で広範な注目を集めた合理的選択理論に依拠した正義原理の導出のロジックが道徳的修正を経ることによって弱体化してしまうのではないか、というものであろう。ただし、この批判はそれ自体としては興味深いものの、ロールズが意図的に道理性や公正性へと論証自体の重要性をシフトさせた以上、批判としては外在的なものにとどまる。それゆえ本章の関心からしてこれ以上は立ち入らない。

これに対して、合理性と道理性の二元論をとるのはよいとしても、はたしてそれを適切に理論化しうるのか（とりわけ契約論という形式をとって）、というのは内在的批判として成立する。ロールズは無知のヴェールや原初状態というアイディア自体の位置づけを変更を加えることによって、この作業を遂行したのだと考えられる。すなわち、『正義論』で強調されていた公理系的なアプローチではなく、より柔軟な発見法的アプローチへのシフトである。

「構成主義的見解は、私たちが、適切な制約に服する合理的選択の観念の適応性と力とを利用し尽くすことをも可能にしてくれる。原初状態における当事者たちの合理的推論は、伝統的なものをはじめとする有力な正義の諸構想のなかから選択を行なうためのひとつの方法として機能する。このように理解されれば、原初状態はそこから諸原理が導出されるための公理系的（演繹的）基盤（axiomatic（or deductive）basis）ではなくなる。そうではなくて、原初状態は、現代の民主的社会において、（少なくとも）最も支持されるであろう人格の構想に最も適合した諸原理を選抜するための手続きなのだ。誇張していえば、私たちは当事者の熟考を媒介として計算を行ない（compute via the deliberations of the parties）、そのようにして、道徳理論における充分な厳密さと明晰さを得ることを願うのである」（CP 1980: pp.357-358）。

こうした発想の転換は、「カント的構成主義」論文に通底する、民主社会に潜在する公共的政治文化の分節化を重視する側面と足並みを揃えるものでもあった（CP 1980: p.306）。そして、一種の解釈学的循環のプロセスに沿うようにして、合理性と道理性も位置づけ直されていく（塩野谷 1984: 二六六頁）。

それゆえこの時期のロールズは、合理性と道理性の二元論に立脚する新たな契約論のモデルを、従来の合理性のみに依拠する単純に演繹的なそれに対抗して打ち出したのだと評価することができる。こうした二元論的契約論は、いわば、合理性と道理性の（後者が優位する形での）等根源性を理論的に定式化したものとして評価に値するものといえよう。またこれは、「理性の統一性」という年来のカント講義でのテーマを、自己の理論に、とりわけ〈正と善の合致〉に則して昇華したものとも考えられる。こうした観点からすれば、カント的構成主義において示されたヴィジョンは、「〈公正としての正義〉は、アプリオリな熟慮を持ち出さずに、社会システムを評価するためのアルキメデスの点を設ける」（TJ: p.261/rev.231＝三五二頁）というプロジェクトを、一層の強度をもって実現するものでもある[6]。

ただし、その強度ゆえにこの理論は一定の負荷をも抱え込むことになった。一言でいえば、一種の卓越主義への接近である。「この見解は、ひとつの人格の理想——これが現行の欲求の追求に制約を課す——を打ち立てるという特徴を卓越主義と共有する。この点において、〈公正としての正義〉と卓越主義はともに功利主義と対立している」（TJ: p.261/rev.231＝三五三頁）。前章で確認したように、八〇年代前半のロールズは、カント的卓越主義への接近の後にホッブズ的契機を取り込むことにより政治的リベラリズムへの展開を果たしたが、以下ではこの軌跡を基本財の議論に則しつつ、少し異なった角度から辿り直すことにしたい。

◉3-2-3 重なり合う善の諸構想——「社会の統一性と基本財」論文

道徳的構想としての基本財の説明は、「カント的構成主義」論文とならんで「社会の統一性（social unity）と基本財」論文（一九八二年）においてピークに達する。A・センとB・ウィリアムズによって編まれたアンソロジーに寄せられたこの論文には、善についての興味深い着想の端緒が示されており、それは政治的リベラリズムにも引き継がれていく（PL: p.179 n.6）。一言でいえば、基本財が道徳的構想であるとともに政治的構想でもあることへの認識の萌芽がこの論文には認められる。本節ではこの点について考察したい。

「社会の統一性と基本財」の仮想敵は量的な快楽による一元化・還元を目指す功利主義であるため、ロールズは基本的には善の諸構想が共約不可能であることを強調する。だが、興味深いのはそれと同時に、この共約不可能性が絶対的なものとはされないことである。

「それゆえ、〈公正としての正義〉における〔善の〕個人間比較の問題はこうなる。秩序だった社会における、相異なり対立し、共約不可能でさえある（different and opposing, and even incommensurable）善の諸構想を所与とするならば、いかにしてこうした公共的理解は可能なのだろうか。

基本財の観念こそが、この道徳的かつ実践的な問題に応じることになる。このことは、人びとのもつ善の諸構想が「部分的」類似性（*partial* similarity）をもつという考えに基づいている」（CP 1982: p.361）。

この記述から明らかなように、善の諸構想は時に共約不可能であるにしても部分的には類似した性質をもつものとして捉えられている。ロールズの独自性は、この部分的な類似性を、公正な社会の統一性という論点に展開していく仕方にある。すなわち、具体的な様々な善の構想を直接に比較することによって家族的類似性のようなものを認めたり、あるいはそれらを効用のような単一の価値に還元したりして事足れりとするのではなく、この部分的な類似性〔善〕を、あくまでも理念的な市民の構想〔正〕に媒介されたものとして捉える点にある。

「市民たちが自分たちのことを……〔合理性と道理性という〕二つの最高次の関心によって揺り動かされると考えていること。そして、たとえどれほど究極的な目的や忠誠が隔たっていようとも、個々の特定の善の構想は促進されるために大まかにいえば同様の基本財を要求するということ。以上のことで充分なのだ」（CP 1982: p.361）。

善の構想は、いかなるものであれ、同様の基本財を求めるという意味において類似しているのである。この主張は『正義論』においても〈善の希薄理論〉としてすでに展開されているが、もはやその時のように合理性とだけではなく、この段階にあっては〈市民としてのニーズ〉に、つまりは道理性とも結び付けられている。「市民たちが要求するものを定めるのは、こうした人格としての市民の構想、ならびに全生涯にわたって協働する通常の社会的成員としての構想なのである。……また、ニーズは欲求や願望や嗜好とは異なる。市民たちのニーズは、欲求がそうではない仕方で客観的なのだ。つまりニーズは、何らかの社会的役割や地位を有し、何らかの高次の利害関心をもった人格が要求するものを表している」（CP 1982: p.373）。様々な善の構想に適用可能な道徳的構想という考えは、政治的リベラリズムに通じる着想といえる。

これらの立論はフランスの経済哲学者コルムの著作『正義と衡平』（一九七二年）に対して提起されたという文脈がある。コルムは、『正義論』と通じる、しかし重要な点で異なる正義論を展開した。ロールズはこの論文において、コルムを〈みずからによる英訳を付した上で〉引用しつつ、彼の鍵概念である〈根源的選好〉を批判的に取り上げている。「コルムが問題となっている社会の〈根源的選好〉（fundamental preference; préférences fondamentale）と呼ぶものを、私は〈共有された最高次の選好〉（shared highest-order preference）と呼ぶことにする。正義と平等についてのコルムの説明はこの考えによる個人間比較に基づいている」（CP 1982: p.376）[7]。

しかしながら、〈共有された最高次の選好〉は、ロールズの考える秩序だった社会においては仮定からして成立しえない。なぜなら、そこにおいては善の諸構想は共約不可能（incommensurable）であることが前提されていたからである。

「市民たちが有する善の諸構想は共約不可能である。なぜなら、人びとは、道徳的能力を発達させ行使することに対する二つの最高次の利害関心のみならず、特定化された善の構想（すなわち、特定の最終目標や熱望、あるいは個別の愛着や忠誠のようなものによって定義される構想）によっても揺り動かされるとみなされるからである。市民たちは他人の全体的状況ならびに異なった生活様式を、最終目的や特別な個別の忠誠によって定義される、みずから自身の善の構想という「固有の」視点（*own* standpoint）から評価しなければならない」（CP 1982: p.381）。

たとえば、慎ましやかで敬虔的な生への価値観を抱く人びとと、冒険的でリスクと見返りが高い生への価値観を抱く人びとがいるとしよう。ロールズの立場は、両集団の善の構想を〈共有された最高次の選好〉に還元することはできないし、する必要もないというものである。特定の善の構想を超えた「善そのもの」は存在しない（より慎重ないい方をすれば、社会の統一性のために想定する必要はない）。これは善の観念が必要以上に物神化することを戒める議論であるといえよう。

ここで意識されているのは、互恵的・水平的な契約論に固有な視点のあり方である。私たちは事態を評価するにあたって、超然とした視点からそれを行なうことはできない。人格の別個独立性は、いわば視点の超越不可能性を含意する。この「視点の固有性」（ならびにそれを前提とした上で契約論的観点によって構成される客観的・媒介的基準）とでもいうべきものに対するロールズのコミットは、無知のヴェールについてのミスリードを誘う記述も相まって看過されがちであるが、若き日々から一貫したものである。

コルムの〈根源的選好〉をめぐる一番の論点は、つまるところ、善の構想を効用に強い仕方で還元可能とするかどうかである。契約論的な複数性の観点をとるロールズはこれを退けるが、それが可能だと仮定してみても、その場合、人格はたんなる〈剥き出しの人格〉（bare persons）として定義されることになる（CP 1982: p.382）。剥き出しの人格はいわば効用の函数にすぎない。この想定はロールズにとって受け入れられるものではなかった[8]。これらの箇所に看取される、剥き出しの人格に対して市民の構想を対置していくという立論は、七〇年代半ばから八〇年代初頭においてピークを迎えるカント的構成主義の中心的テーゼである。

かくして、厚生主義に依拠することになるコルムの〈根源的選好〉＝〈共有された最高次の選好〉に対して、ロールズは、合理性と道理性に照準した資源主義ベースの基本財を適切な社会統合の基盤として打ち出す。「正義の構想、ならびにそれに付随する人格と社会的協働の構想とを導きとして、私たちは実用的で制限つきの事物のリスト（基本財）を選択する。これは、全生涯に渡って社会的協働に参画すべき自由かつ平等な道徳的人格が、正義に適った社会における市民として一般に必要とするものだとして受け入れ可能なものとされる。このリストこそが自律と両立可能な個人間比較の基盤を提供する」（CP 1982: p.385）。

ただし、第二章でみたように、この論文のロールズは〈共有可能な道徳的構想〉に注目しつつも、それを包括的教説から区別された政治的構想として積極的に把握するには至っていない。それはやはり、「社会の統一性と基本財」の問題関心が、功利主義に対してカント的教説の観点からより満足のいく道徳的構想を対置することにあったからだと思われる。(9) 政治的構想への展開は、おそらくホッブズを論じる中で触発された新たな問題意識を俟たねばならなかったのである。

三　モジュールとしての基本財――根本的利害関心と共通善

◉3―3―1　基本財のモジュール性

確認したように、ロールズは基本財の観念を市民の根本的利害関心の観点から修正したのであったが、それはカント的教説に依拠するものであった。それはともすれば卓越主義へと回収されかねないものであったが、ロールズの契約論的発想の中核には、そうした議論とは距離を置いた、人格の個別性に由来する視点の個別性・複数性への感覚が認められる。人びとの善の構想には類似性が認められるが、その各々は共約不可能なものである。他の誰かの善の構想は、この私の善の構想に等しく重なるものとはなりえない。

この前提に立った上でなおも社会の統一性を目指すとすれば、正統な利益の個人間比較と、正統な公共的討議を可能にするメディアのようなものが必要とされることになる。先に検討した論文のタイトル「社会の統一性と基本財」からも明らかなように、ロールズは基本財の観念をそうしたものとして考えていた。以下では、基本財に認められるこの〈共約不可能なものを媒介する〉という側面に着目したい。そして、基本財のこの性質がモジュールの役割を果たしていることを論じたい。

さて、この議論を始めるにあたり、まずはTh・スキャンロンの「契約主義と功利主義」を取り上げたい。この著名な論文は「社会の統一性と基本財」と同じアンソロジーを初出とするが、これをはじめとする彼の論考の中には、ロールズの立論を補うものとして解釈できる論拠が多々含まれている。彼はこの論文で、功利主義的な善の観念に回収されえないカテゴリーとしての正・不正（right and wrong）に着目し、それを水平的な契約論的発想に立つ〈理に適った仕方での拒絶テスト〉によって分節化することを試みている。

スキャンロンも注意を促しているように、契約主義は全く異なった善の構想を抱く者の間では成立しえない。契約主義はコンヴェンションに依拠するものでもあるため、善の構想の一定程度の類似性は理論の前提とされる（Scanlon 2003: pp.133-136）。こうした共有されうる価値を前提としてはじめて、〈理に適った仕方での拒絶テスト〉は機能することができる。「以下の場合、ある人物は理に適った仕方である原理を拒絶することができる。①私たちになじみ深いような社会において、当の原理の一般的受容が当人に深刻な苦境（serious hardship）を被らせてしまい、しかも、②他に選択可能な原理があり、その一般的受容が同レベルの負荷（comparable burdens）を誰にも課すことにつながらない。このことを受け入れるならば、ある既定の原理が理に適った仕方で拒絶可能かどうかを決定するためには、「深刻な苦境」や「同レベルの負荷」という言葉に何らかの解釈を与えることが必要になる。こうしたわけで、個人の福利（individual well-being）という考えが、重要な意味をもって契約主義的な道徳的議論に登場することになる」（Scanlon 2003: p.182）。

他方で、もちろん契約主義は、善の諸構想は部分的な類似性をもつが共約不可能であると想定する。なぜなら、仮に完全に共約可能であるとすれば、契約論的な発想をとる必要性自体がなくなるからである。その場合、人びとがたがいに理由を提示・吟味するプロセスは不要となる。契約主義に必要なのは、完全に隔たったものでも同一でもない、中間的な価値の領域である。拒絶が理に適ったものであるために必要とされるのが、「他の人びとも重要であると認めなければならない条項の観点から、拒絶を支持する理由を提示することにほかならない」（Scanlon 2003: p.183）。

そして、まさしくこの〈理に適った拒絶テスト〉の媒介的基準に関する文脈において、スキャンロンは基本財の観念が有力な構想であると主張する。それは多様な価値観に応じうる有力な参照枠組とされる。

「この〔善の構想の〕多様性にもかかわらず同意（agreement）を見出すためのいくらかのやり方がある。第一に、こうした多様な諸目的への主要手段となる財と機会が有する重要性についての同意が成立しうるかもしれない。所得・富・自己表現への（社会的に保護された）機会といったロールズ的な〈社会的基本財〉はこうした手段となりうる。これらの資源に割り当てることを私たちが同意できる価値は、〈それが道徳的に重要であるのは、多様な個人的目的の追求における戦略的役割〔善＝財の公正な個人間比較〕に依拠しているからなのだ〉と認識されているかぎり、センによって批判された意味で「物神主義的」であると考えられる必要はない。しかしながら、仮に〈社会的基本財〉が手段的価値しか有していないとしても、これらの資源は、にもかかわらず福利にかんする「道徳的」基本的尺度であると主張しうる。なぜなら、〈社会的基本財〉が人生に対してもつ重要性は、道徳的地位（moral status）の授与のために要求されるある種のコンセンサスの対象となりうるからである」（Scanlon 2003: p.183）。

彼は基本財の観念が第一義的には公正な社会統合（国家の中立性）の問いに向けられたものであることを適切に把握している。さらにここで述べられている基本財の価値論上の洞察も重要である。すなわち、基本財はそれ自体が究極的な価値ではないが（特定の活動に対する手段的価値であるので）、それにもかかわらず、固有の内在的価値を有する財とみなすことができる。そしてそれは、人びとが有する個別の諸目的と、具体的な財とを仲介する（intermediate）価値に照準したものでもある（Scanlon 2003: p.184）。水平的関係を志向する契約論は、共約不可能ではあるが部分的な類似性をもつ様々な善の構想を、基本財の観点に依ることによって、公正な仕方で媒介しようと試みるのである。

また、先に原初状態が発見法的なものとして位置づけ直されていく様子を確認したが、この点に着目しつつ、ロールズ理論の〈共約不可能なものを媒介する〉という側面を強調する論者として、C・ラーモアがいる。彼は、複雑化・多元化が進んだ今日の政治的・道徳的状況においては、かつてのような基礎づけ主義的論法はもはや有効ではなく、争いのある信念同士はその共通論拠（common ground）に遡ることによってのみ調停可能であると説く（Larmore 1987: pp.50-53）。

ラーモアはロールズの議論を高く評価する。ただしその真価は、カント的な道徳的構想にではなく、政治的リベラリズムに親和的な、誰にとっても支持しうる共通論拠を追求する姿勢にこそ存するとされる。「ロールズ理論における無知のヴェールは、まさしく、こうした共通論拠〔追求の一手段〕にすぎないものとして受け止められねばならない。……無知のヴェールは、善についての真理に到達するための基盤としてではなく、相争う善の諸構想に関して中立性を保った政治的協働の諸原理を導く手段として機能するだろう」（Larmore 1987: p.124）。

彼は基本財もこうした観点から考察しうることを示唆している（Larmore 1987: p.174 n.65）。こうした解釈は、第二章の言葉を用いれば、カント的ではなくホッブズ的契機に注目するものだといえる。そして実際に、基本財の観念は理に適った多元主義の事実に則した善の個人間比較のための基盤として明確に位置づけられることになる。「基本財は、善の部分的な構想に属するものであり、その種の構想については、市民は、互いに対立する包括的教説が多元的に存在するという事実を肯定する限り、政治的原理の実行可能性のために必要な個人間比較を行なうために同意することができるのである」（R: p.60＝一〇四頁）。

もちろん基本財の観念は、カント的な道徳的構想としての側面を必要な限りで引継ぐものであって、現実との安易な妥協をはかるものではない[10]。それは依然として客観的・規範的性質を保持しており、現存する善の諸構想がホッブズ的暫定協定のごとく実力のバーゲニングによって調停されることを認めない。いまや基本財は、政治的構想の一部として、重なり合うコンセンサスの焦点に位置するものだとされる（R: p.61＝一〇五頁）。ロールズの言葉で言い換えれば、基本財は「モジュール」としての性質をもつと考えられる。モジュールとは一般に様々なシステムを構成しうる基本要素のことを指すが、政治的構想はこの性質を有するゆえに、理に適った包括的諸教説に異なった仕方で適合しうる本質的な構成部分とされる（PL: pp.144-145）[11]。基本財は共約不可能なものを媒介するという性質を有するのである。

以上の議論をまとめておく。基本財の観念を意味づける視点は、『正義論』初版の〈熟慮に基づく合理性〉に依拠する〈善の希薄理論〉から、むしろ道理性の側面を重視したカント的教説に基づく〈市民としてのニーズ〉へと修正され、さらには前章で検討したホッブズ的展開を経ることによって、最終的には政治的構想としての〈市民としてのニーズ〉として定式化される。すなわち、基本財は、人びとがどのような善の構想を有していようとも市民として欲するのが正統な財（善）として位置づけ直されるのである。

◉3-3-2　市民としての共通利益と〈共通善〉

基本財の観念が政治的構想として位置づけられていく過程をこれまで辿ってきた。これから検討したいのは、〈この基本財の観念はロールズ流の共通善の構想である〉という仮説を論証することである。まず本項では、共通善の基本的性質について論じたい。共通善の観念は、広義には個人や党派ではなく社会全体にとって資する善のことだといえようが、基本財を共通利益から考える視点は、萌芽的であるがすでに『正義論』に示されている。「正義の諸原理を適用する際に各集団を代表する人物の利害関心に訴えかけるということは、共通利益の原理を持ち出すことに等しい（共通善とは、適切な意味において等しく全員の有利に働くある一定の一般的諸条件であると、私は考える）」（TJ: p.246/rev.217＝三二二頁）[12]。

共通善の観念はその概念史上の来歴からしてある種の目的論や卓越主義と親和性を有する傾向にある[13]。だがそれは構想レベルでの話であって、以上の定義からすると、より基底的な概念レベルにおいては、〈人びとの目的や価値の実現に資する一連の条件＝共通の善（財）〉として捉えることができる。重要なのは、個人や党派などの私的選好ではなく、公共的な観点に根ざした善であることにほかならない。この共通善の定義は、経済学的な意味での公共財を含むが、それにとどまらない広範な善や財をも包摂する（後藤 2002: 二四二―二四三頁）。基本財はこの定義を満たす。そしてそれは、必ずしも目的論や卓越主義と一義的に結びつくことのないような共通善の構想でありうる。

この意味での共通善は、市民としての地位を構成する価値（市民としてのニーズ）に照準するものとなる。こうした価値への注目は、ロールズのみならず、現代リベラリズムの代表的論者にも同じく認められる[14]。基本財はその重要性ならびに共約可能な性質ゆえに、公共的な討論のテーマとなり、強制力を有した分配の対象ともなる（齋藤 2008: 一一〇、一七一頁）。「基本財とは、さまざまな社会的条件ないし汎用的（all-purposive）手段であり、それらは、市民が二つの道徳的能力を適切に発達させ十分に行使することを可能にし、かつ、各自の確定的な善の構想を追求するために一般的に必要なものである」（R: p.57＝九九―一〇〇頁）。

基本財が汎用的な性質をもつとされていることに改めて注目したい。スキャンロンやラーモアの議論に則して確認した価値論上の性質がここにも反映されている。すなわち、基本財は具体的な善の構想を直接処方するものではなく、むしろ様々な善の構想を選択するための前提条件を保障するものである。基本財は特定の善の構想と直接に結びつくものではない。別の観点からいえば、基本財の公正な分配は幸福そのものの実現を意味しない（LHMP: p.366= 五二五頁）。幸福は政府によって配分されるのではなく、各自によって追求されるべき目標なのである【4－3－2】。

何らかの特定の善の構想にとっての手段となる基本財は、究極的目標の価値に直接照準するものではない。この点で卓越主義、ならびに卓越主義的理解に与する実体的な共通善の構想とは異なる。しかし同時に、基本財はたんなる手段的価値しか有さないわけでもない。重なり合うコンセンサスが成立しているとするなら、基本財はモジュールとして固有の内在的価値を有するとみなすことができる。人びとは個々の善の構想を異にしていても、その実現に共通に資するものであるとして、基本財の重要性についてはコンセンサスをえることが可能である。このように、基本財の観念は、究極的な内在的価値の問いを不問にしつつも実践上の優先的な支持を期待できる【5－5－1】。

それと同時に、目的論的な価値構成から距離をとる基本財の観念は、共通善の一構想として捉えられる場合でも、個々人の善の構想から独立した超個人的レベルの実体の価値を認めないという点で、個人主義的なものにとどまる。これは共通善の理解としては一見不整合なものに思われるかもしれない。しかし、この意味での個人主義は利己主義を意味しない。むしろそれは、自己を特権視することなしに、すべての人びとを「個人」として等しく処遇するというリベラルな理解を意味するものである（Swift 2006: pp.153-154= 二一四頁）。共通善を個人主義に対立するものとして描く必要はない。基本財の観念は、理に適った多元主義の事実に適合したリベラルな共通善の構想なのである。(15)

共通善の観念はしばしばリベラリズムと相容れないものと論じられるが、ロールズはそうした見解には与していない。共通善が正義とならぶ重要な観念であるとの認識は、『政治哲学史講義』の冒頭部でも示されている。「政治的見解とは、政治的正義と共通善についての見解、どのような制度や政策がそれらを最もよく促進するのかについての見解です。市民は、基本的な権利や自由について判断を下すことができるべきだとすれば、何らかの仕方でこれらの観念を習得し、理解しなければなりません」（LHPP: p.5＝八―九頁）。とりわけ、契約論と共通善の関係は、『政治哲学史講義』に通底するひとつのテーマになっている。

◉3-3-3　根本的利害関心の系譜学――契約論の観点から

ホッブズ、ロック、ルソーとつづく社会契約論の系譜において、ロールズが注目するのは、各契約論にてメディアとされる根本的利害関心（fundamental interests）の特徴である[16]。根本的利害関心とは、この文脈においては契約当事者にとって重要なもののことを指し、ホッブズの契約論においては、自己保存、夫婦愛、便利な生活への手段（LHPP: p.48＝八六頁）が該当する。ただしホッブズは、宗教に起因する内戦の克服という問題意識に規定されていたがゆえに、それらを合理性の観点から考えたのだとされていた。また同様の問題意識から、周知のように主権者の絶対的な権威が措定されるのであるが、主権者の立法が――形式的には常に正しいものとなるが――実質的には不正なものとなりうる、つまり根本的利害関心の保証を促進させるという意味で理解された共通善を阻害する可能性も多いに想定される（LHPP: p.92＝一六四頁）。

続くロックにおいては、社会契約は正統な統治、すなわち自由かつ平等、ならびに合理的かつ道理的な人びとによる合意という観点から考えられている（LHPP: p.107＝一八五頁；p.122＝二一七頁）。ロックのいう根本的自然法（『市民政府論』§§16; 134）は、独自の包括的な神学的教説に裏付けられたものではあるとはいえ、生命、自由、資産に関する利害関心の保護を志向する（LHPP: p.129=一二九頁）。さらに、抵抗権の是認（§168）あるいは財の取得への但書（§§27; 31）から明らかなように、この根本的利害関心は、人びとがある程度の平等な関係にあるべきだという前提の下に捉えられている。その意味で、ロックの契約論はホッブズのそれを一歩進めたものだといえる。

だが、その契約においては偶然性に起因する取引上の力の非対称性は除去されることはない。平等の理念が充分に反映されていないがゆえに、ロックの契約論は場合によっては階級国家の正当化を帰結してしまう。「彼らの正統な利害関心はこの〔偶然性による力の非対称性を所与とする〕状況に従って形成されており、それによって争いが起こるかもしれないのです。社会的協働の条項と体制の形態がこうした偶然性に依存しないような政治的構想をつくりあげたいと欲するなら、私たちは社会契約論を修正する方法を見つけなければならないのです」（LHPP: p.152=二七四頁）[17]。

こうした『政治哲学史講義』での考察をみるならば、社会契約論のプロジェクトを——〈理に適った多元主義の事実の下における公正な社会統合〉という彼自身の時代の問題として——継承することを自認する〈公正としての正義〉もまた、それ固有の根本的利害関心の観念をもつことになる。そしておそらく、基本財とはロールズ流の契約論において根本的利害関心に対応するものにほかならない[18]。

平等の理念に着目する場合、とりわけルソーの思想は興味深いものとして浮かび上がる。平等の理念により深く根ざした社会、そしてかかるヴィジョンを可能にさせるような社会契約論を構想すること。これは他ならぬルソーの課題でもあったからである。『政治哲学史講義』において、社会契約論の伝統を飾る者としてルソーには高い評価が与えられている。『道徳哲学史講義』では自由の理念を論じた第一級の思想家としてカントが位置づけられていたが、『政治哲学史講義』においてルソーは平等の理念の思想家として、いわばそのカウンター・パートの座を占める。次節では、市民としてのニーズや根本的利害関心の議論に注目しつつ、ロールズのルソー論に触れてみたい。

四　共通善と平等――ルソー講義

◉3-4-1　共通利益・共通善・一般意志

ルソー講義が重要であるのは、そこで〈市民の根本的利害関心を満たすものとしての共通善〉という構想が明確に打ち出されており、さらに、〈一般意志はこの共通善の構想に基づいた政治的判断を要求する〉という公共的理性の観念に結びつく主張がなされているからである。ルソーの平等論への注目は『正義論』の議論を深化させるものとなっている。

一般意志の観念はルソーの政治思想の中核を占めるものであり、ルソー解釈においても概念史としても様々に論じられてきた[19]。ただしルソー講義においては、思想史的な観点よりも規範理論的な観点から、一般意志の観念へのアプローチが試みられている。その際に踏まえられているのは、公益（public interest）の視点を重視するB・バリーに端を発する一般意志論といってよい（バリー 1985: 一七八頁）。こうした議論によれば、一般意志は人びとが社会の成員一般（市民）として有する利害関心に準拠するのに対して、全体意志は人びとが私人ないし党派の一員として有する利害関心に基づく。たとえば、ペティットはバリーの議論を敷衍しつつ、共通善とは〈人びとの正味の共通利益〉（people's common net interests）ではなく、〈人びとが公的なものの成員として有する共通利益〉（common interests that people have as members of the public）に関わるものであると、明確に区別している（Pettit 2004: p.150）。

ロールズは、〈協働する人びとは（他者と等しい条件を踏まえつつ）自分の根本的利害関心を増進させることを目指す〉という、自身の理論に引きつけた仮定をおいてルソーを解釈していくが、それもまたこの一般意志と全体意志との区別を踏まえるものである。

> 「すでに述べたように、一般意志は共通善を意志するのですが、その共通善は私たちの共通の利害関心（our common interest）によって明確化されます。この場合に共通善とは、市民が共通の利害関心を達成することを可能にし支える社会的諸条件のことです。したがって、共通の利害関心がなければ、共通善も存在せず、よって一般意志も存在しないことになるでしょう」（LHPP: p.225＝四〇一―四〇二頁）。

ここでいわれる市民の共通の利害関心は、さらに根本的利害関心によって下支えされる。「社会の絆を生み、一般意志を可能にするのは私たちの共通の利害関心である、ということに注意してください。これは私たちが先ほど述べたことを確認するものです。すなわち、一般意志は個人としての市民を超越する全体の意志ではない、ということです。というのも、市民の利害関心がもはや根本的利害関心を共有しないものに変質する場合には、一般意志は途絶え消滅するものだからです。一般意志は、そのような利害関心に依存するのです」（LHPP: p.225＝四〇二頁）。いうまでもなく、本章でこれまで見てきたように、この根本的利害関心とは市民として有する高次の利害関心であり、ロールズの用語でいう合理性と道理性という道徳的能力に体現されるものである[20]。

以上を簡単に図式化すると次のようになる。（市民として有する）根本的利害関心 ↓ 共通の利害関心 ↓ 共通善⇩一般意志。ここからは次の二点が導かれる。

ひとつは、利害関心と共通善の繋がりに関するものである。すなわち、この意味での共通善はあくまでも市民としてのニーズに準拠するものである以上、そうではない剥き出しの欲求やニーズ等は、たとえその強度がどれほど強くても算入されることはない。ゆえにそれは功利主義的な最大幸福の考えと袂を分かつ（LHPP: p.229＝四一〇頁）。あらゆる欲求やニーズを無差別に合成することからは、むしろ全体意志が導かれるだろう。

もうひとつは、共通善と一般意志の繋がりに関するものである。具体的局面において、市民が憲法レヴェルでの立法・投票に参画しようとするならば、その行為には一定の制約が課せられることになる。つまり、その場合の理由は市民として共有可能なもの（だと個々人が誠実に信じるもの）でなければならない（Freeman 2007b: p.403）。「私たちが市民として共有する根本的利害関心に基づいた理由」（reasons based on the fundamental interests we share as citizens）のみが、妥当な理由としてカウントされるのである（LHPP: p.230＝四一一―四一二頁）。

それゆえ、ロールズの解釈する一般意志は、その純粋性・直接性・祝祭性を強調する解釈とは対照的に、むしろ熟慮・熟議を経てはじめて発動しうるものとなる。その場合、共通善の構想は、一方で市民としてのニーズを適切に斟酌し、他方で基本法を価値づけるための媒体となる。[21] こうして解釈された一般意志を下支えする共通善の構想は、明らかに基本財の観念をパラレルにして読み込まれたものだと思われる。

◉3-4-2　一般意志と平等

こうして一般意志は正義と内的に結びついた公共的な観点から理解されることになる。さらにロールズは一般意志が平等への傾向をもっとも述べている。そこで以下、本項では一般意志と平等との関係、次項では平等と格差原理との関係を、それぞれ順に論じてゆきたい。

それでは、なぜ一般意志は平等を志向するものでありうるのか。それには二つの理由がある。「その第一の理由は、一般意志に特有の観点の諸特徴のためであり、第二の理由は、人格的依存の社会的諸条件を避けることへの利害関心を含む私たちの根本的利害関心のためです」（LHPP: p.233= 四一五頁）。

まず、ロールズの一般意志解釈は共有可能な市民としてのニーズ、ならびにそれに根差した媒体である基本財の観念に照準するものであった。平等を損なう特殊な利害関心は、公的なフォーラムにおいてそのまま取り上げられることはない(22)。基本財を通じた利害関心の標準化＝規範化は、この意味で、平等へのスタビライザーの機能を果たす。

さらに、第二の理由で触れられている「人格的依存の社会的諸条件の回避」は優れてルソー的なテーマであって、ロールズもこれを引き継いでいる。「この適度な不平等、すなわち、〈人格的依存を招来するほど大きくなく、政治的自由の利点を損なうほどまでに制約的なものでもない不平等〉〔『社会契約論』第二篇第十一章〕は、実際には存在しないような空想である、ということをルソーは否定します」（LHPP: p.233= 四一七頁）。不平等（ないし格差）そのものは必ずしも悪ではないが、それは社会の基本構造を通じて適切に秩序づけられなければならない。この考えは実際に〈公正としての正義〉の中核にある。

また、社会的相互依存の事実自体も否定される必要はない。問題となるのは依存が不公平な仕方で非対称的なものに固定化されることであって、相互依存自体はむしろ理論の前提とされる。「共通の持続的な社会状態——たとえば、私たちが実際に社会的に相互依存の状態にあり、お互いにとって利益になる社会的協働が必要かつ可能であるという事実——を所与とした根本的利害関心も存在します」（LHPP: p.225= 四〇二—四〇三頁）。「彼の見解で一貫しているのは、私たちの根本的利害関心と自由や完全可能性の能力は社会のなかで、より限定すれば社会契約からなる社会のなかでのみ完全に達成されうるということです」（LHPP: p.236= 四二一頁）(23)。社会的コンテクストを踏まえてはじめて、市民は道徳的自由(moral freedom: liberté morale)を獲得することができるのである(『社会契約論』第一篇第八章)。

ここで考察されているのは、ルソー自身が社会契約の根本問題とみなした問いにほかならない。すなわち、「それを通して各人がすべての人と結びつきながら、しかも自分自身にしか服従せず、以前と同じように自由なままでいられる形態であること」(『社会契約論』第一篇第六章)。それは、〈いかにして法の下で生きる人びとが、それにもかかわらずなお自由でありうるのか〉という問いでもある(Swift 2006: pp.65-66=九四―九五頁)。ロールズによれば、一般意志が公共的理性のかたちをとる場合、この自由な自己立法の理念は実現されうる。人びとは生まれたときのままのように自由ではないにしても、それよりも満足のゆく、異なった仕方で自由なのである(LHPP: pp.243-244=四三三―四三五頁)。

この意味で理解された一般意志が保証するものこそ、最も高いレヴェルでの平等の理念にほかならない。そのとき社会契約は対等者(equals)としての市民同士の間に成立する政治的関係を分節化するものとなる。

「ルソーにとって平等の観念は、最も高いレベルで最も重要性をもちます。そのレヴェルとは、政治社会がそれ自体としていかに理解されるべきかというレヴェルのことです。そして社会契約、その諸条項と諸条件は、このことを示しています。このことからわかるのは、だれもが平等な市民のもつ同等の基本的地位(the same basic status of an equal citizen)をもつべきであるということです。すなわち、一般意志は(各人が他人びとから人格的に独立しながらみずからの根本的利害関心を社会的自由の制限内で増進しうることを保証する諸条件としての)共通善を意志すべきであるということです。さらに、経済的・社会的不平等はこの独立の諸条件を保証するために軽減されるべきです」(LHPP: pp.246-247=四三九―四四〇頁)。

実際、ロールズのいう平等の観念はこのルソー的理念を受け継ぐものである（R: p.132＝二三三頁）。平等の理念は、第一義的には、この市民としての対等な立場に関わる【4-5-2】。自尊（self-respect）や自己価値感（self-worth）という重要な感情の毀損を防ぐためには、人格的独立を蝕むような政治的不平等と経済的不平等（あるいは、後者の前者への転化）を制約しなければならない。裏からいえば、市民としての対等な立場と人格的独立という基底的な平等が達成されているならば、その限りで、実質的な財の分配パターンまでもが完全に平等である必要はない（Scheffler 2010: p.194）[24]。「この平等の観点から市民は、人格的独立の諸条件を保障するために、より低いレベルの不平等を一般的な諸々の法によって軽減することができます。その結果、恣意的な権力に服するものは誰一人としてなく、利己心を刺激する危害と軽蔑（wounds and indignities）を被るものは誰一人としていなくなります」（LHPP: p.248＝四四二頁）。

もちろん、この理念からすれば、財の分配パターンが最も不遇な人びとの生の見込みを可能なかぎり増加させるものとなるのが望ましい（格差原理）。それこそが互恵性を最もよく満たす社会の在り方であり、ひいては「最高レヴェルでの対等な関係」（equal relation at the highest level）に適うものだからである（R: p.132＝二三三頁）。このようにして自由で平等な人格としてもつ地位は社会の基本構造に体現されることになる。

◉3-4-3　格差原理と平等

いまや私たちはルソー的な平等の理念を確認したので、それを足がかりとしてロールズ独自の平等論により細かく接近することが可能である。ロールズは『再説』でルソー講義と並行的に行なわれた平等論を展開しているが、さらにこれをスキャンロンはより詳細に敷衍している（R: pp.130-132＝二二九—二三三頁; Scanlon 2003: pp.202-

218)。以下ではこれらの議論をもとに、ロールズの平等論、とりわけ格差原理についての分析を試みたい。
彼はロールズ的な契約論に根ざした知見から導かれる不平等への反論を五つに区分している（Scanlon 2003: pp.203-208）。

①苦痛と極度の剥奪の緩和（人道主義的関心）
②地位におけるスティグマを伴う差異（stigmatizing differences）の除去
③受け入れがたい権力と支配（domination）の形態の回避
④手続き的公正によって要求される、出発点の平等
⑤手続き的公正によって要求される、結果の平等

これらはすべて何らかの仕方で平等を支持するものであるが、彼によれば、平等主義の理念を明確に表しているのは②と⑤にほかならない。「少なくともこれらの理由のうちの二つ、すなわち①と③は、根本的には平等主義的ではない強力な道徳的理念に基づくものだ。他方、②の背後にある理念は明らかに平等主義的なものである（ただし重要であるとはいえ、①に表現されている人道主義的理念と同程度の強さ〔要求度〕の道徳的効力を有しているとは思われない）。④の理由は弱い意味でのみ平等主義的なものである。なぜなら、この理由を支える手続的公正という観念は、継続するプロセスの公正さを損なわないかぎりで、何らかの種類の強い不平等と両立可能だからだ。このようなわけで、⑤と②が平等主義の最も明白な表現として浮上してくる」（Scanlon 2003: p.207）。

補足しておけば、まず①は、対等な市民間の関係にではなく、端的に絶対的な福利のレヴェルに関心をよせるものである。その意味で、これは根本的には帰結主義的な理念と言ってよい(25)。また、③が除外される理由は詳し

く述べられていないが、権力や支配に対抗する理念として第一義的であるのは、平等ではなく自由だと考えられているように思われる[26]。なお、⑤の結果の平等は、経緯にかかわらずあらゆる財の分配を画一化するという強い意味ではなく、個別取引には還元されない集積的な不平等を修正するという意味での、結果の平等である。

それでは、ここから見えてくる格差原理の特質はどのようなものか。しばしば、格差原理は最も不遇な人びとの生活レヴェルを端的に改善すること、または恵まれた人びとと不遇な人びととの格差をできるだけ縮小する試みだと言われる。あるいは、より批判的な立場からは、それは強者の同情心と弱者のルサンチマンを背景とする悪しき意味での平等主義とも言われる。しかしながら、これらの理解は精確ではない。

「だが、格差原理への支持は第一義的には「人道主義的」なものではない〔①〕。つまり、それは最も不遇な人びとへの同情に第一義的に基づいているわけではない。ロールズの主要なアイディアは、そうではなく、社会の基本構造を公正な協働システムとみなし、そうした協働による利益をいかに共有するべきかを正義の問いとする、彼の強調点にこそ存する。それゆえ、格差原理への支持は理由④と⑤に依拠していることになる。すなわち、手続的公正の前提条件としての出発点の平等への要求、ならびに公正な分配のモードとしての平等なアウトプットへの訴えである」（Scanlon 2003: p.209）。

スキャンロンが正しく指摘しているように、格差原理は、個別の分配パターンそのものではなく、社会の基本構造との関係において捉えられなければならない。つまりそれは、②と④を充たす、協働による利益にたいする平等なシェアがあるという想定から出発しなければならない（Freeman 2007b: p.190）。これはルソー的な着想といえる[27]。この平等なシェアが優先性をめぐる議論のベースラインとなっており、格差原理は最も不遇な人びとが被っている苦境から直接出発するわけではない[28]。

また、不平等の是正も、個々人の福利や福祉によって表される個別の分配パターンに直接介入する（①）というのは理論の本筋ではない[29]。むしろその要諦は、公正な協働システムとしての社会に人びとが参加できるように基本構造を調整することにある。②から⑤はその要請にほかならない[30]。この論点は〈財産所有制デモクラシー〉の構想に特に明らかである【4-2-1】。

それでは、協働による利益にたいする平等なシェアからの許容される逸脱はどのようなものであるだろうか。これは、格差原理はそれが最も不遇な人びとの利益になるかぎりで格差を認める（むしろ要請する）という論点である。高度な技能や修練を必要とする職務については、所得や余暇の点で正統な優先性が認められる。ロールズはこの問題を、平等な市民としての地位と位置財（positional goods）の観点から考察している。「不平等がそれ自体として悪ないしは正義に反するものであることに近づくのは、地位体系のなかでは誰もが最高位に就くことができるわけではないという意味においてです。それは、ときに言われるように位置財です。……だから、地位体系が正義に反するのは、その地位が、社会全般の善に役立つような社会的役割を果たすということによって正当化されうる以上に重要性を付与されているときです」（LHPP: p.246＝四三八―四三九頁）。

位置財とは、その絶対的な価値が、当該の地位体系における相対的なポジションに依存する財のことである（Brighouse and Swift 2006）。たとえば、学歴は典型的な位置財である。すなわち一般に、高校卒業よりも大学卒業の方が価値が高く、さらに高偏差値の難関大学であるほどその価値は高まる。このメカニズムは何らかの資格による選抜を行なう際には不可避的に生じる。いわゆる専門職や公職についてもそれは当てはまる。位置財は格差を前提とする。

しかしながら、位置財自体は必ずしも不公平なものではない[31]。むしろ、位置財を全く認めない立場こそナンセンスであろう。そこでは引き下げ型の水平化（levelling down）が行なわれることによって、個々の分配パターンが均等化され、社会全般、ひいては個々人の利益は低下してしまう。これを踏まえていえば、格差原理は、最も不遇な人びとの生の見込みを可能なかぎり改善するような仕方で、社会的協働に関わる位置財の編成を要請するものにほかならない。それは、人びとの〈差異〉から生じる格差を、転じて平等の基盤とする原理なのである。格差原理はしばしば言われるように嫉妬心に基づくものではない。その反対に、嫉妬を可能なかぎり減少させようと試みる原理なのである。

それゆえ、位置財を適切に位置づけることは平等な市民としての地位と矛盾するものではなく、むしろそれを促進する。しかし、正当化された社会的役割以上の重要性を付される場合、位置財は容易に不平等への道を歩み始める。社会的に恵まれた地位が、生まれ・ジェンダー・人種等によって固定化されるのは特に憎むべきこと（particulary odious）である（R: p.131＝一三二頁）。その場合、まさしく「地位におけるスティグマを伴う差異」が生じてしまっているのであり、それは何としても防がれなければならない。正義の二原理は、手続き的公正を実質的に維持することによって、この意味での不平等に陥ることを防ごうと試みるのである。

五　価値多元主義と〈基本財という共通善〉

◉3-5-1　価値多元主義と共通善――公共性をめぐって

ここまで私たちは、基本財の観念がどのように変遷してきたかを辿ってきた。それは一方でカント的な道徳的構想に来歴を有するものであったが、他方で共約不可能な善の諸構想を統合しようとするものであり、一種の共通善として捉えられるものであった。さらにルソー講義においては、この〈基本財という共通善〉を基軸とした平等のヴィジョンが描かれていた。本節では、これらを踏まえた上で、基本財が価値多元主義に相応しい共通善の構想として提示されうること、ならびにそこから翻って、多元主義の事実を肯定することが〈正と善の合致〉にどのような影響を与えることになるのかを考察する。

現代政治理論において、価値多元主義と共通善は時に緊張関係にあるものとして考えられている。一般に、個人の価値を強調する論者は前者を、共同体の価値を強調する論者は後者を、それぞれ基軸とする傾向にある。しかしながら、かつてのリベラル＝コミュニタリアン論争がその多くの論点において重なり合いをみせたように、価値多元主義と共通善も、必ずしも排他的に捉えられる必要はない。以下では、基本財の観念が、理に適った多元主義の事実に適合した共通善の構想であることをあらためて示したい。

本章ではルソー講義も参照しつつ、価値多元主義に感応的な共通善の構想（基本財）のあり方を考察してきた。しかし、論者によってはルソーをそのようには捉えない向きもある。たとえば、代表的なコミュニタリアン（リパブリカン）であるM・サンデルのルソーに対する評価は手厳しい。とりわけ彼が危惧するのは、ルソー理論に孕まれる彼我の差異を抹消してゆく傾向である。そこでサンデルは、ルソーに対して多元的な自己とコミュニティの構想を説いたトクヴィルを対置させ、そこから対話に満ちた積極的な政治参加のヴィジョンを導きだそうとしている。

「〈共通善は統一的であり議論の余地がない〉という想定こそ、ルソーの政治を強制へと導くものである。しかしこれは人格形成の大望に固有のものではない。さらに、その想定は共和主義的政治に不可欠なものでもない。……ルソーの統一的なヴィジョンと異なり、トクヴィルが描いた共和主義的政治は合意的というよりも闘争的である。それは差異化を忌避しない。人格相互の空間を消失させるのではなく、多様な能力を持った人びとが集まり、彼らを区分しまた関係させる公共的な制度によってその空間は満たされる。その制度には、民主主義的な共和国が必要とする「思考の性質」や「心の習慣」を形成する、タウンシップ、学校、宗教、そして美徳を維持しうる職業が含まれる」（Sandel 1996: pp.320-321＝二四九頁）。

たしかにサンデルのこの主張には一定の説得力がある。だが問題は、いかにすれば闘争や差異の契機を含む共和主義的政治が実現可能か、ということだ。ルソーに見られる契約論的論法の最良の部分は、既存の価値観に対して〈自由かつ平等な市民ならば受け入れることが理に適っているか〉という仮想的テストを常に提起しうるところにある。ルソー思想の一面を忌避するあまりにこの要素までをも切り捨ててしまうならば、そのとき、サンデル流の公共哲学や共通善の構想には社会の多数派の価値観へのバイアスが不可避的に生じてしまうだろう。[32]括弧に入れる必要があるのは自己や差異そのものではなくて、自身の立場に付随する偏向性にほかならない。このことを銘記するならば、ルソー的な契約論的発想は包摂的な共通善の構想を依然として導きうるものとして評価できる。

だが、こうした主張に対しては、なおもそこに残存する共通価値への志向がもたらす社会的抑圧の機制が指摘されるかもしれない。齋藤純一が正しく指摘するように、公共性には〈開かれていること〉（open）と〈共通していること〉（common）という対立する要素があり、しかも時として後者は排除と結びつくからである（齋藤2000: ⅷ―ⅹ頁）。しかしながら、公開性に対立するのは閉鎖性であって共通性ではない。私の考えでは、公開性／閉鎖性（市民的公共性）と共通性／党派性（共和主義的公共性）という評価軸は区別されるべきである。共通性自体に問題があるのではなく、特定の党派的立場が何らかの属性を本質主義的な仕方で排除・同定しつつ、みずからの一般性を僭称することこそが問題なのである。

この意味で、公開性とともに共通性を追求してゆくことは公共性のひとつの構想として矛盾しない[33]。というより、これこそが理に適った多元主義の事実に立脚する公共性のあり方として有力なものだと思われる。そしてその追求は、基本財に体現される政治的諸価値をメディアとする公共的理性によって行なわれる。リベラリズムと共通善を対立的に捉える必要はない。むしろ、理に適った多元主義の事実ならびにそれを支える公共的政治文化が再帰的に構築されつづけていくためには、両者の結合こそが要請されるのである。

◉3-5-2　古典的共和主義と公民的人文主義

価値多元主義に適合した共通善の構想である基本財は、一方で特定の卓越主義に与することなく幅広い善の諸構想を承認し、他方でそれらが党派性を形成し断片化を生じさせることによって社会が危機に曝されるのを防ぐことに資する。この論点を政治参加の文脈に敷衍したものとして、古典的共和主義（classic republicanism）と公民的人文主義（civic humanism）との区別は解釈可能である。

『〈公正としての正義〉は、古典的共和主義とは全く矛盾しないが、公民的人文主義は退ける。説明しよう。公民的人文主義は、その強い意味では、（定義上）アリストテレス主義の一形態である。すなわち、その考えでは、われわれは社会的存在であって、政治的存在ですらあり、その本質的特性が最も完全に達成されるのは、政治生活への広範で積極的な参加の存在する民主的社会においてである。こうした参加が奨励されるのは、たんに基本的諸自由の保護にとって〔手段的に〕必要でありうるものとしてではなく、そうした参加がわれわれの（完全な）善の格別なありかただからである。このため、公民的人文主義は包括的教説となり、そうである以上、正義の政治的構想としての〈公正としての正義〉とは両立しない」（R: pp.142-143＝二五四頁）。

公民的人文主義は価値多元主義と両立しえないゆえに棄却される。対する古典的共和主義はこの陥穽を免れている。後者は、政治的正義と公共善への関心に動機づけられた市民たちによる政治参加を要請するが、包括的な善の構想による基礎づけを退けるからである。もちろん、古典的共和主義は立憲政体が長期に渡って存続するために市民が私的生活に総退却することを認めない。こうした配慮が払われないとしたら、ひとたび成功を収めた政治制度さえ、不当な利害関心の昂進による腐敗を免れえない（R: p.144＝二五六頁）。

それでは、古典的共和主義と親和的な〈公正としての正義〉は、いかにしてこの目標を達成できるのだろうか。まず指摘しておくべきは、基本財の観念が〈市民としてのニーズ〉に根ざした共有可能な価値であり、しかも重要な政治的争点において熟議のメディアとして使用されることである。このことを通じて、社会全体がひとつの党派となること、あるいは有力な党派同士による紛争が生じることへの傾向が挫かれる（PL: p.330）。

ただし、〈公正としての正義〉が包括的教説に根差すものではなく、それが基本的には党派性形成を警戒するものだと示せたとしても、社会的分裂を防ぐためにはさらなる構想が必要とされる。リベラリズムはたんなる〈干渉の不在〉のレベルにとどまっており、それを超えた〈支配の不在〉を達成せねばならないとする現代の共和主義の基本テーゼは、市民たちの諸自由や諸権利は形式的ではなく実質的なものでなければならないという主張を導く（Pettit 1997）。政治的リベラリズムは共和主義と等しくはないが、その精神を必要な限りで自己のものとする。

ここでロールズが強調するのが、「正義の第一原理のなかに、〈平等な政治的諸自由が、しかもこうした自由のみがその公正な価値を保証されるべきだ〉という但書を含めるのである」(R: p.149=二六四頁)という、極めて共和主義的に響く主張である。この但書を実現するためには、幅広い改革案が考えられるが、以下では彼があげている「選挙の公的助成やキャンペーンへの寄付の制限」(R: p.149=二六五頁)に議論を集中させたい。というのも、ルソーに倣っていえば、この論点こそは〈経済的な格差が政治的な格差へと転化される〉最たる例だからである。

とりわけ、表現の自由を盾にして選挙活動が手付かずのままにされているアメリカ社会においてその弊害は著しい。「そこでは「特殊個別的な利害関心」によって立法を追求することが日常茶飯事となってしまっている」(LHMP: p.357=五一三頁)。それゆえロールズは、公的助成や寄付の制限に加えて、公共的メディアへのより対等なアクセス、さらには言論の自由や報道の自由への(内容中立的な)規制の必要性までをも説いている。

「こうした調整は言論の自由や報道の自由を侵害するとの理由だけで、これを拒むことはできない。これらの自由は、その公正な価値を保証された政治的諸自由と同じく、絶対的なものではない。これらの基本的自由の調整に際しての一つの目標は、〈財産所有型デモクラシー〉においては私的な経済的・社会的権力の大きな集中から、リベラルな社会主義においては政府の統制と官僚の権力から、立法者や政党が独立していられるようにすることである。これは、熟議デモクラシーの諸条件を促進し、公共的理性の行使のための舞台を設定することであり、〈公正としての正義〉はこの目標を公民的共和主義(civic republicanism)と共有する。これはいずれも重要な問題であり、立憲デモクラシーの繁栄はこれらの問題に実行可能な解答を見出すことにかかっているのである」(R: pp.149-150=二六五頁)。

この背景にあるのは、先述した市民の対等な地位ならびに位置財の考えであると思われる。公共的メディアを基軸とする選挙環境においては、その限られたリソースをめぐる争いが生じざるをえない。この争いの中で政治的影響力は位置財としての性質を帯びることになる（Swift 2006: pp.190-191＝二六二―二六三頁）。そして、仮にあらゆる規制を撤廃してしまえば、そこにもたらされるのは自由でも正義でもなく、経済的影響力による政治的影響力の置換である。それは異なる領分に属するメディアの悪しき混淆であり、平等な市民としての地位を保証する手続き的公正を損なうものにほかならない。このために、格差原理の管轄である他の自由の価値とは異なって、平等な政治的諸自由の価値のみは第一原理に属する――つまり、言論の自由や報道の自由とも比較考量されうる――ものとされるのである。

重要なことは、共通善を下支えする共通の利害関心の形成が党派によって歪められるのを防ぐことである。排他的な善の構想や圧倒的な金銭を有する集団が政治的権力を握るとき、社会は不和に陥る。共通善が何らかの同質性に取って代わられる場合、排除の機制は即座に忍び寄る。自由を旨とする政体はこれを防がなければならない。「憲法を策定する際の達成目標は、（それが可能であれば）次のことを確実にするところにある――政治的決着が社会の諸階級の自己利益によって余りにも歪められた結果、許容された諸限界の外部で決着がつけられてしまうのを防ぐこと、これである」（TJ: p.362/rev.318＝四七八頁）。共通の利害関心の形成が歪められない場合に限って、共通善＝基本財の真摯な探求が可能となる。とりわけ公共の公開討論として行なわれるそれは、政治的決定の質を向上させ、社会の安定性をより強固なものとするだろう。

◉3-5-3 〈正と善の合致〉と〈正と善の相補〉

最後に、以上みてきた多元主義により適合する方向への基本財の観念の読み替えが、〈正と善の合致〉の議論にどのような影響を与えるかを考察することで本章を締めくくりたい。政治的リベラリズムにおいては、正義が強い意味で内在的善であるとする議論は包括的なカント的教説に依拠するがゆえにもはや前提とすることができない【1-4-2】。しかしながら、カント的教説から距離を置くことは〈正と善の合致〉の放棄を意味しない。「『正義論』で述べたように、正義と善とが合致するかどうかが問題なのである」(R: p.202=三五五頁)。

そうだとすると、〈正と善が対立した場合、正の優先性を遵守せよ〉という正義感覚に根ざした安定性の問い(『正義論』第九章)は、新たな理由づけを必要にすることになる。この問題については、フリーマンが以下の五点からなる応答を示している(Freeman 2007a: pp.192-193)。

①正義原理の内容からして、信仰の自由をはじめとする基本的諸自由によって幅広い善の構想が選択肢として確保されるため、正と善の構想の対立は頻繁には起こらない。
②人びとは秩序だった社会において成育するので、しっかりとした正義感覚を身につけている。
③善の構想の側にも通例は正義感覚を涵養する契機が含まれている。
④正義感覚や寛容の精神などの政治的徳自体が、非常に大きな価値となりうる。
⑤そもそも多くの人びとは特定の包括的教説に完全にコミットしてはいない。この緩やかさこそが人びとの活動の余地を広げ、様々な仕方による正の承認を可能にする。

フリーマンも述べているように、特に重要なのは最後の論点⑤である。価値観の多様性に内在的価値を認めるという主張は、すくなくとも特定の包括的教説に完全にコミットしていない人びとの多くに当てはまるだろう。彼は、この変化を安定性問題の観点から次のように評価している。すなわち、カント的解釈ではなく重なり合うコンセンサスの観点から解釈し直された安定性の議論は、たしかにその純度はオリジナルのそれより低下しているかもしれないが、より現実主義的なものとなっている（Freeman 2007a: pp.194-196, 254-256）。これは、理に適った多元主義の事実を認めることによって可能となった新たな理由づけにほかならない[34]。

そしてこれは、『正義論』の第三部に同じく含まれていた〈正と善の相補〉という主張を発展させるものである。「各人の卓越と喜びがすべての人の善にとって相補的（complementary）であるような、合意された振る舞いの枠組みが存在しなければならない」（TJ: p.526/rev.461＝六九〇頁）。政治的リベラリズムは正の優先性を引き継ぎつつも、認められうる善の構想の幅をより多元的なものにしようと試みる。多元性自体に内在的価値を認めうるとしたら、正の優先性が守られているかぎり、多元性の増大は相補性にプラスに働くことになるだろう【6－4－3】。

「正と善は相補的なものであって、政治的構想をふくむいかなる構想も両方を必要としており、正の優先性はこれを否定するものではない。正と善が相補的だということは次のように反省してみることで例証される。すなわち、正義に適った諸制度や政治的な諸徳性が、市民たちが自分の完全な忠誠に値するものとして肯定することのできる（包括的教説と結びついた）善の構想をただ許容するだけでなく支えもするのでないとしたら、そうした制度や徳性はいかなる目的にも役立たないだろうし、意味がなくなってしまうだろう。政治的正義の構想は、熱心な支持を得ることのできる諸々の生き方のためのいわば充分な空間をそれ自身のうちに含んでいなければならないのである。その構想にそれができないならば、それは支持を欠き不安定なものだろう。一言で表現すると、正が限界（limit）を定め、善が要点（point）を示すのである」（R: pp.140-141＝二五一―二五二頁）。

先述の共和主義的知見は、この多元主義自体に内在的価値を認める見解と接合可能である。すなわちそれは、特定の善の構想が社会の基底となる傾向性を挫くことによって、多様な生の在り方（そしてその成立可能性）を肯定するものだったからである。いまや正と善とはかつてのように強いカント的解釈のみを下敷きとして合致するものではない。むしろ両者は、重なり合うコンセンサスや公共的理性を介して、正統性のレベルにおいて様々な仕方で結合するものとされる。これは一面からみれば妥当性要求の減少ともとれようが、別の側面からみれば価値多元主義への積極的応答ともいえる【5-4-1】。

つまりここでは、〈正と善の合致〉が否定されているのではなく、その仕方の多元化が目指されているのである。正と善は切り離されはしない。さらには、こうした多元主義の事実に適合した共通善の構想が基本財なのであった。基本財はそれ自身が〈善に対する正の優先性〉テーゼに立脚したものであるゆえに、各人による多様な仕方での（許容された）善の諸構想の追求が結果的に正義の実現へと繋がることを含意するからである。このことは、基本財が価値多元主義下における社会統合のための公正な媒体であることを示している。ここで目指されているのは、差異を内的要素とする社会像がひとつの整合的なヴィジョンとして提示可能であることを示すと同時に、私たちがその実現に向かってしかるべく行為してゆくことを動機づけうる正義論なのである。

六　小括

本章では、基本財の観念の変遷や役割を確認してきた。基本財は合理性のみならず道理性という根本的利害関心とも結びつけられてゆくことで、市民としてのニーズに準拠した観念として想定されることになった。この性質ゆえに基本財は共有可能なモジュールとしての役割を担うことになる。またそれは、ルソー講義などを通じて、価値多元主義に適合した共通善の構想として錬成されていくことにもなったのである。

実際、ロールズは最晩年に受けたインタビューにおいて、リベラリズムが共通善の構想を有すること、そして〈公正としての正義〉においてはそれが基本財であることを明言している。「リベラルな立憲デモクラシーを支持しているという意味で、リベラルな政治思想であるなら、見解は個々それぞれ異なっていようとも共通善に関する何らかの観念を備えていることは疑いようがありません。それは、〈人びとが自分たちの自由やその類いを活用するのを確保するために提供される手段〉〔＝汎用的手段としての基本財〕という形態をまとった共通善なのです」（CP 1998: p.622）。

彼は、この共通善の構想があらゆるものに先んじる包括的な善（an overarching good）とは異なるものだというインタビュアーの指摘を受け入れた上で、引き続きこう述べる。「強調したいポイントはこうです。リベラリズムは共通善のアイデアを欠いているとする言い草をお聞きになっているかもしれません。でもこの手の論難は間違っていると思います。例証しましょう。立憲政体のもと正しい理由を挙げながら活動する市民たちであるなら、当人がどんな包括的世界観を抱いているかにかかわりなく、他のすべての市民たちが正義（正当な処遇）を手にすることを望むものなのだ、と言っていいでしょう。……これを私なりに言い換えると、すべての市民に対して正義（正当な処遇）がなされるという単一の目的を目指して、市民たちは奮闘努力しているのです」（CP

1998: p.622)。

ここで述べられているのは、市民たちが正義に適った社会を実現することによって達成される「政治社会の善」という意味での共通善にほかならない。「〈公正としての正義〉に基づく秩序だった社会では、〈この政治的構想によって特定された〉正と善とが次のような仕方で適合しあうからである。すなわち道理的かつ合理的であること、また他者からそうみなされることを自分の善の一部に数える市民たちは、自分の善に属する理由によって正義が求めることをなすように動機づけられるという仕方で適合する。これらの理由のなかには先述した意味での政治社会そのものの善（the good of political society itself）が含まれている」(R: p.202= 三五六頁)。

本章のテーマは〈基本財という共通善〉であったが、この〈政治社会の善という共通善〉について、次章ではより詳しく論じたい。

注

（1）渡辺 2007a: 三五―九〇頁は、政治的リベラリズムにいたるロールズ理論の展開を、善の観念の修正も含めて論じてある貴重な先行研究である。渡辺によれば、『正義論』に対する最も痛烈な批判は、〈合理性のみに依拠する原初状態論は自由の優位性を導出できない〉というハートの批判であった。これに対してロールズは、合理性ではなく道理性に依る構想を前面に押し出すことによって修正を図ったとされる（四〇―四四頁）。また、『正義論』第三部の善論がカント的な包括的教説に依拠していたという問題について、渡辺は、ロールズが〈正と善の合致〉を放棄し両者を分離するに至ったという解釈を与えている（五五―七六頁）。そして、以上を踏まえた上で、次の二点を後期ロールズに残された問題点として提示する。①自由の優位性の論証を、基礎的な関心（根本的利害関心）や市民という構想に直裁に訴えかけて導き出そうとするのは、もはやロールズの直観の吐露にすぎないのではないのか。②正と善とが分裂した人格を生きることは耐え難いものであり、ひいては社会を不安定にしてしまうのではないか。政治的諸価値への尊重は脆弱なものとなるのではないか（七九―八二頁）。

本章は、ロールズ解釈としては、政治的リベラリズムにおける善の観念を再検討することを通じて、以上の問題点への応答を試みるものでもある。その基本的テーゼは〈政治的リベラリズムにおいて、基本財の観念は「モジュールとしての共通善」として考えることができる〉というものだ。この観点からすれば、上述の問題点に対しては以下の応答が可能である。①根本的利害関心や人格の構想は、様々に分節化が成されたのちに基本財や公共的理性の観念と接合して論じられており、単純な直観ではない。②たしかにロールズはカント的な包括的教説による基礎づけを放棄したが、それは〈正と善の合致〉の否定ではなくむしろ多元化を意図するものであって、安定性の問題も考慮されている。さらにこうした着想は、ロールズ解釈を離れても、価値多元主義下における共通善の構想を提示することによって、現代政治理論一般にも寄与するものだと思われる。

（2）この論点はのちにやや異なった角度からも論じられる【6-5-1】。

（3）primary goods の訳語としては「基本財」を一貫して用いるが、本書が注目するような文脈においては「基本善」というニュアンスも多分に生じることに注意されたい。

（4）これらに連なる更なる二つの善の観念として、⑤正義の二原理によって秩序だてられた社会の政治的善、⑥〈複数の社会連合から成るひとつの社会連合〉という善（TJ: p.527/rev.462= 六九一頁）も挙げられている（R: p.142= 二五三頁）。

なお、これらの善の諸観念の連なりがカント講義における善についての解釈を下敷きにしていることは、指摘しておく価値がある（LHMP: pp.219-226= 三二一―三三〇頁）。詳論は避けるが、それぞれに対応する善の構想は次のようなものとされる。①無制約な経験的実践理性によって与えられる善。②真の人間的ニーズの充足にかかわる善。③日常生活において許容される消極的目的としての善。④善意志。⑤道徳法則の対象としての善。⑥〈諸目的の国〉が実現し、各成員が善意志をもち、生存する上での条件が許すかぎりにおいて幸福を達成したときに得られる最高善。とりわけ、後半の三種の善は本書が提起した〈差異の神義論〉の問題意識と深くかかわるものである。一定の距離をとった時期の著作である『再説』においてですらカント的な解釈が踏まえられていることは、この問題意識がいかにロールズにとって基底的なものであったかを示していよう。

（5）『正義論』初版では、自由の優先性は一種の歴史主義的説明によって導かれていた。この点について、塩野谷 1984: 三四一―三四二頁。

（6）それゆえ、理論的に想定される合理性と道理性は、もちろん全く現実離れしたものであってはならないが、実際の人びとが現時点では充分に有していない道徳的性質を含むものであってもよい。というより、含んでいなければならない。「理想的な社会秩序のヴィジョンを描こうとする試みは、それゆえ、現存する利害関心を所与のものとして（あたかもそれらが、いかに社会が組成されるかということから影響を被らないというように）たんに受けとめることはできない。いわば、私たちは二つの変数に同時に解を与えなければならない。最善のペアのヴィジョンを描かなければならないのである。すなわち、社会は（仮にそう編成されるとしたら）その市民たちがもつであろう利害関心に適合する仕方で編成されることになる。この最善のペアは以下の三点において仕事を成し遂げなければならない。①この社会秩序のヴィジョンは、今の私たち（ロールズが説得しようとしている人びと）にとって道徳的に魅力的なものでなければならない。②この社会秩序のヴィジョンは、道徳的に魅力的だと想定される利害関心をその参加者に涵養させる傾向をもつものでなければならない。③この社会秩序のヴィジョンは、そこにおいて産出されるこうした利害関心の充足に適合したものでなければならない」（Pogge 2007: p.56）。

（7）この〈根源的選好〉あるいは〈共有された最高次の選好〉とは、「根源的には、すべての個人は同様のニーズ・嗜好・欲求を有する」（Kolm 1997: p.165）という統制的とさえよべる理論的想定である。コルムはこの観点から、ロールズ的な基本財による善の個人間比較とは異なった仕方で、正義を論じた。ロールズが人格を基底とするのに対して、コルムは選好を根源的なものとする。選好構造自体を徹底的に抽象化することによって、正義が達成されるとするのである（後藤 2002: 二一二頁）。ただし、ロールズによる〈根源的選好〉の解釈については批判もある（井上 1986: 二二六―二二八頁）。

（8）ここで争われているのは、効用の個人間比較という古典的問題である。ロールズは「アローの懸念」（渡辺 2000: 六五―六九頁）に依拠しつつ、コルムを批判している（CP 1982: pp.381-382）。この論点に関する経済思想史の観点からの整理について、松嶋 2005: 第三章。

（9）たとえば、自律は、個人性（individuality）とは区別され、原初状態において代表＝再現されるべき自由かつ平等な道徳的人格の性質であることがあらためて強調されている（CP 1982: p.383）。

（10）それゆえ、市民としてのニーズに根差す基本財の観念は、論争的な価値に基づく卓越主義的な基礎づけを断固として退けるものの、同時に、主観的ではなく客観的基準を志向するものである。それは大まかには、いわゆる客観的リスト説に親和的な立場だといってよい。こうしたロールズやスキャンロン的な議論に対して、主観的契機をより多く含む選好充足の考えに基づいて定式化された厚生の平等の観点から反論を試みるものとして、井上 2008: 一二一―一二四頁。

（11）ロールズは〈基本財がモジュールである〉といういい方自体をしてはいない。だが、基本財と善の諸構想との関係は、モジュールとその適用対象という形で、政治的構想と理に適った包括的諸教説との関係と同型的な構造を有していると考えられる。それゆえ、基本財がモジュールだと述べても間違いではないと思われる。

（12）このように共通善を定義する代表的論者として、J・フィニスの名前をあげることができる（Finnis 1980: pp.155-156）。ロールズものちに彼の定義を参照している（LP: p.70 n.20＝二八八頁、注20）。

（13）トミズム的自然法論を学問的背景とするフィニス自身は、実際、客観的善のリストとして、生命、知識、遊戯、美的体験、社交性（友情）、実践上の道理性、宗教という七つの（論争的な）価値を列挙している（Finnis 1980: pp.86-90）。

（14）たとえば、井上達夫は人格構成価値と人格完成価値を区別する。人格構成価値とは、特殊具体的な善の構想の完成ではなく、そうした諸々の価値観一般が成立しうるための前提条件を志向する価値を指す（井上 1999: 一〇五頁）。それはロールズでいえば基本財に相当するといってよい。ただし、井上が正義の理念について各人が深く熟慮・コミットすることを理想とする〈逞しきリベラリズム〉を標榜するのに対し、ロールズはより緩やかな生のあり方を肯定すると思われる。

（15）このことを鑑みると、基本財のリストは『正義論』と『政治的リベラリズム』で変わらないとしても、その解釈の仕方は変化しているといえるかもしれない。すなわち、『正義論』ならびに「カント的構成主義」論文でピークを迎える議論からすれば、そこで想定される市民像に要求されるのは包括的な自律の理念を第一の価値とするライフ・プランであった。これに対して、『政治的リベラリズム』においては自律の理念は政治的構想に限定され、包括的な自律の理念を第一義的なものとしないライフ・プランにもより積極的な位置づけが要請される。この力点の変化は、とりわけ自尊心の社会的基盤としての基本財の解釈に反映されることになるだろう。政策レベルの議論では、多文化主義的主張を一定程度包摂することが可能となる。

（16）より精確に述べるならば、契約論において勘案されるべき利益は、根本的利害関心のなかでも、すべての当事者が程度の差はあれ共有しうる——それゆえ、標準化・規範化（normalization）されうる（LHPP: p.226＝四〇三頁）——利害関心である。これは「正統な利害関心」とも称される。

（17）この論点は、個別取引の集積ではなく社会の基本構造の観点から分配的正義を考慮すべきだという主張に敷衍される。それは、いわれのない社会的・経済的偶然性（contingencies）を適切に水平化（evens out）した場でなければならない（PL: p.272）。なお、このようにして偶然性を水平化することは〈差異〉を水平化することではない。むしろそれは、本来の意味での偶然性の感覚——私が別様にもありえたということ——を想起させるものであろう。

（18）ただし、この根本的利害関心はあくまでも政治的構想に対応するものとして想定されたものであって、包括的な人間本性論に基づくものではない。そうすることは政治的リベラリズムとは相容れないからである（LP: p.172＝二四六頁）。

（19）思想史研究を踏まえつつ、ルソーの一般意志とロールズを関連づけて捉えようとする近年の試みとして、重田 2013。

（20）これが一種の人間本性論を含意することをロールズは否定していない（LHPP: p.228 n.6＝四〇八頁、注6）。もちろんこの意味での人間本性は、政治を基礎付ける永遠不易の真理ではなく、何が共通の利益であるかを討議を通じて変更してゆくことを是認するものである。

（21）それゆえ、萌芽的なものであるにせよ、ルソーはカントに先立つ公共的理性の観念の創始者として位置づけられてもいる（LHPP: p.231＝四一二頁）。

（22）なぜならば、一般意志＝公共的理性の観点に立つ場合、共通の根本的利害関心への注目を介して、思考上の立場交換の機能が発動するからである（LHPP: p.232＝四一四―四一五頁）。してみれば、公共的理性は無知のヴェールの性質の一部を受け継ぐものだといえるかもしれない。

（23）看過されがちであるが、この論点は『正義論』でも適切に踏まえられている（TJ: p.206/rev.181＝二七九頁）。

（24）ロールズが運の平等主義ではなく関係論的平等と親和的な平等主義的原理を支持しているといわゆる所以である。

（25）もちろん、帰結主義と平等主義が両立しないわけではない。ただし、今日の平等論で用いられる下位区分によるなら、帰結主義に根ざす平等主義は目的平等主義（telic egalitarianism）に属する。これは〈平等は第一義的には善に関するものであって、福利の格差がそれ自体として問題である〉とみなす立場である。これに対して、義務平等主義（deontic egalitarianism）は、〈平等は第一義的には正や公正に関するものであって、帰結や事態の不平等はそれ自体として問題なのではなく、それがもたらされた経緯が重要である〉と考えるものである。スキャンロンがここで考察している平等主義は契約論と親和的な義務平等主義であるため、目的平等主義に立つ①は除外されるのだと思われる。

（26）意識的に消極的自由の理念を基礎づけようとする少数の立場（左派リバタリアンの一部）を除いて、現代政治理論の多くは自由と平等を程度の差はあれ内的に連関した理念として構成している（山岡 2014）。とりわけ、〈支配の不在〉という意味での共和主義にコミットする立場は、その自由論を潜在的な不平等の除去という観点から定式化している（Pettit: 1997）。それゆえ、多少なりとも共和主義的配慮を払う理論をはじめとして、③の論点は実質上②や⑤に転移して取り扱われることになる。

（27）J・コーエンは、ルソーとロールズを重ねるように参照しつつ、既存の財の不均等な分配状況を所与とするロック＝ゴティエ的議論との対比において、これを以下のようにいいあらわしている。「改善がなされたかを測るベースラインは、社会契約に先行する不平等な所有権の体系ではありえない。……これに対応することであるが、同意は〔契約に〕先行して定められた地点からの取引としては考えられえない。というのも、〔新たに〕組織される政治社会においては、それに先立つ諸権利はどのようなものであれ役割を果たすことはないからである。それゆえ、ベースラインを、成員が現存する資源に対して等しい請求権をもつという、想定上の平等状態として考えることは自然なように思われる」（Cohen 2010: pp.52-53）。

（28）格差原理に体現される平等主義は不遇な人びとへの分配により大きなウェイトを置く「優先主義」（prioritarianism）に分類されるが、それも精確にいえば、このベースラインを前提とするものである。換言すれば、ロールズ的な優先主義は、価値論上の平等そのものではなく、社会的協働を行なう市民としての地位の観点から考察されるものである（Scanlon 1998: p.228）。

（29）もちろん、正義の理論であるならば基礎的ニーズの剥奪を放置することは許されない。ただしそれは、格差原理ではなく、正義の二原理全体に先立ついわば第零原理の管轄である（R: p.44 n.7＝三六五頁、注７）。

（30）世代間にまたがる相続や階層化（是正）の観点からみるなら④と⑤は収斂してゆくともいえる（Scanlon 2003: p.210）。

（31）より精確にいえば、適切な位置財の編成によって提供されうる財・サービスの分配は、社会的公平を促進することができる。

（32）実際、価値多元主義や多文化主義の立場からすれば、サンデルの主張には異議が唱えられるものとなるだろう（Kymlicka 2002: pp.260-261＝三八〇頁）。

（33）同質性ではなく共同性の意味で共通性を捉え、さらにこの共同性が理由の交換を中核とするコミュニケーションの反復によって日々創り上げられていくものだとするならば、公開性と共通性とは矛盾しない。

（34）多元性自体に価値を認めることはミル以降のリベラリズムの特徴である（LHPP: p.311＝五五八—五五九頁）。

第四章　〈財産所有制デモクラシー〉と〈自由のリベラリズム〉

一 問題の所在

ロールズに代表される平等主義的リベラリズムは、結局のところ、その再分配政策を通じて国家に慢性的に依存する受動的市民を生み出してしまっているのではないか。こうした批判は経済的自由に高い価値をおく論者から繰り返し投げかけられてきた。また現実政治においても、八〇年代にはイギリスをはじめとする先進諸国で、理論的には必ずしも洗練されていないものの（あるいはその単純さゆえに）「小さな政府」を標榜する新自由主義がヘゲモニーを握るに至る。

この潮流に抗するかのように、八〇年代後半のロールズは、政治的リベラリズムへと結実する論考を発表しつつも、それと同時に、『正義論』フランス語版序文や『再説』から明らかなように、〈財産所有制デモクラシー〉という具体性を有した社会制度を構想していた。イギリスの経済学者J・E・ミードに由来するこの構想は、『正義論』にも登場するが、この時期の論考においてより具体的な説明を与えられることになる。今日この構想はさらに注目を集めつつあり、これを主題としたアンソロジーが編まれるほどになっている（O'Neill and Williamson 2012)。また、ロールズ研究においても、この構想と〈自由のリベラリズム〉というより抽象的・理念的な社会像とが平行性をもっているという指摘がすでになされている。

本章では、まずヘーゲル講義を参照しつつ、この〈自由のリベラリズム〉という構想の詳細を明らかにするとともに、これを〈幸福のリベラリズム〉や〈卓越のリベラリズム〉と比較する（第二節）。ロールズの描く社会像は水平的・互恵的な関係に立った契約を旨とするものであるが、続いてこの性質について考察する（第三節）。

そして最後に、秩序だった社会においていかに自由の相互承認がなされるのかを論じる（第四節）。

二 〈自由のリベラリズム〉と〈幸福のリベラリズム〉——ヘーゲル講義

◉4-2-1 〈財産所有制デモクラシー〉と〈自由のリベラリズム〉

〈財産所有制デモクラシー〉の特質は、そのネガたる〈福祉国家型資本主義〉と対照させられることによって、説明されている。後者はまさしく通例的な福祉国家批判が妥当する体制であって、社会的ミニマムを保障はするものの、その仕方は事後的な再分配に終始する。この体制は受動的市民を不可避的に生み出す。これに対して、〈財産所有制デモクラシー〉は富と資本の所有を分散させ、かつ、人びとの自活につながる事前の分配を重視するものだ（R: p.139=二四七—二四八頁）[1]。

〈財産所有制デモクラシー〉はそれ自体としても注目を集めつつあるが、ロールズ研究においても盛んに論じられているトピックのひとつである。たとえば渡辺幹雄は、この〈財産所有制デモクラシー〉／〈福祉国家型資本主義〉という対立軸がロールズ理論の他の様々な対概念と平行性をもつことを示している（渡辺 2007a: 第四章）[2]。また、フリーマンは〈財産所有デモクラシー〉をロールズ内在的に、それが〈公正としての正義〉においていかなる役割を担うものであるのかを、ロールズ以上に明らかなものとしている[3]。

さらに彼は、この〈財産所有制デモクラシー〉／〈福祉国家型資本主義〉の対立が、理論的に抽象化された場合、〈自由のリベラリズム〉（liberalism of freedom）／〈幸福のリベラリズム〉（liberalism of happiness）というヴイジョンの対比に重なるものであることを指摘している。

「ロールズによる〈福祉国家型資本主義〉と〈財産所有制デモクラシー〉の区別が、〈幸福のリベラリズム〉と〈自由のリベラリズム〉の区別とかくまでに平行的であるのは注目すべきことである。……こう述べることができるかもしれない。ロールズにとって、〈福祉国家型資本主義〉は功利主義者によって正当化される〈幸福のリベラリズム〉の今日的な制度的表現であり、〈財産所有制のデモクラシー〉は、自由、独立、そして経済的・政治的生活における平等な市民たちの積極的な参加を実現することに向けられているために、ロールズのいう〈公正としての正義〉によって実現されるような、〈自由のリベラリズム〉の制度的表現なのであると」（Freeman 2007a: p.108）。

こうした立論は、契約論対功利主義という周知の論点を社会観に敷衍したものとして解釈することができる。功利主義に対抗して契約論を弁証するという『正義論』の基本図式は、最終的には道徳原理のレヴェルで争われたものであった。ただし『正義論』においても、両者の対立はその基底をなす社会観の相違としても踏まえられていた（TJ: pp.33/rev.39= 四七―四八頁）。すなわち、〈公正としての正義〉が公正な初期状態で選択される原理によって統制される協働の枠組を支持するのに対して、古典的功利主義は所与の欲求の総体を最大限に満足させる効率的な管理のシステムを是認するとされる。(4)

確認したように、功利主義に対して原理論のレベルで対峙する、「道徳理論の独立性」で提示され「道徳理論におけるカント的構成主義」でピークを迎える理論的プログラムは修正され、政治的リベラリズムへの展開を経た後は体制論のレベルに戦線が移される【2‐5‐3】。次の一文はそれをあらためて確認するものである。「民主主義思想の歴史において、二つの対照的な社会観が突出した地位を占めている。第一の社会観は、社会を、自由で平等な者とみなされた市民の間で社会的協働を行なうための公正なシステムとみている。第二の社会観は、社会を、その全構成員について集計された最大の善を生み出すように組織された社会システムとみている。その際、善とは、包括的教説によって定義される完全な善とされる。社会契約論の伝統は第一の社会観を敷衍するものであり、功利主義の伝統は第二の社会観の特殊事例である」（R: pp.95-96＝一六九頁）。

もちろん、政治的リベラリズムにおいて肝要なのは、理に適った政治的構想を体現する体制を支持しうるかどうかであって、重なり合うコンセンサスの論法を用いればその理由づけの基盤まで問う必要はない。だが仮に、所与の欲求の最大化を是とし、統治エリートへの全面的な権力の委譲を容認する体制――〈幸福のリベラリズム〉を体現するものとしての福祉国家型資本主義――が選択されるとすれば、それに対しては異論が唱えられることになろう。かくして、以下で検討する二つのリベラリズムの対立は、社会の根本的結合様式（体制）をめぐる義務論テーゼと目的論テーゼの対立であるともいいうる。特定の同質的な善の構想に依拠することのない結合様式こそが前者の要となる。

本章では、以下、この性質に重点を置いてみた場合、ロールズの社会構想がいかなる特徴を有したものとして解釈されうるかを明らかにしたい。先回りして結論を述べておくなら、とりわけ〈自由のリベラリズム〉に示されるヴィジョンは次のようなものとなる。すなわちそれは、様々な善の構想を有する自由かつ平等な市民たちが、共有されうる正のルールによって結合する社会にほかならない。このヴィジョン自体はロールズ理論を貫徹するものであるが、政治的リベラリズムにおいては、論争的な実質的善へ依拠することからは可能なかぎり距離がとられるため、包摂されうる善の構想はより幅広いものとなる。それは、理に適った多元主義の事実に定位し、同質性ではなく〈差異〉こそを己の内的な存立条件として把握するに至った社会のヴィジョンなのである。

◉4-2-2　〈自由のリベラリズム〉と〈幸福のリベラリズム〉

契約論と功利主義の基底をなす社会観の対比は、『道徳哲学史講義』のヘーゲル講義において、最も抽象的な理念型として把握されるに至る。まさしくそれが〈自由のリベラリズム〉と〈幸福のリベラリズム〉との対比にほかならない。ここでロールズは、ヘーゲル、カント、そして（留保をつけつつ）ミルを、みずからと同じ〈自由のリベラリズム〉の陣営に数え上げている（LHMP: p.330= 四七四頁）[5]。

ロールズはヘーゲルの『法の哲学』に則しつつ〈自由のリベラリズム〉の特質を述べてゆく。主に「抽象法」のセクションが参照されながら、ヘーゲルにあっては法権利の体系の正当化が自由な意志の概念現実化の観点からなされていることが強調されている（LHMP: p.340= 四八九頁）。すなわち、所有をはじめとする法権利の体系が第一義的に実現するのは自由であって幸福ではない。「第一に銘記してほしいのは、ヘーゲルが、個別の人格と全体としての社会いずれに対しても、私的所有の〔帰結主義的な〕利点へと訴えることからは全く距離をおいていることである。長期的にみた場合に所有が社会にもたらす望ましい帰結（desirable consequences）といったものに、彼は訴えていない。人びとが自分の所有物を用いてしたいだろう事柄にも訴えていない。この点で彼は、以前にはカントがそうであったように、法ないし権利の体系を功利主義的・福利主義的に説明・正当化することに、根本的に反対している。……これが〈自由のリベラリズム〉に特徴的なことである」（LHMP: p.343= 四九四頁）。

ここでいわれる自由とは、市民としての自由、すなわち〈各人の自由が他の万人の自由と共存しうる自由の体系〉だといえよう。書かれてはいないが、ここで間違いなくロールズの念頭にあったのは、パターナリスティックな支配（imperium paternale）に対するカントの批判だと思われる。すなわち、各人が相互に認めることのできる自由の体系を前提として幸福の追求が独自になされるべきなのであって、それを逆転させて、統治者がその臣民を一方向的な仕方で幸福にしようと試みるなら不可避的に最も強力な専制がもたらされてしまう(6)。そのような支配は人びとを未成熟な状態に固定化し、引いては自由と権利の破棄に繋がるものとなりうる。

古典的功利主義者を範型とする〈幸福のリベラリズム〉は今しがた否定的に言及された論点を受け継ぐものである。それは基本的諸権利や諸自由に一定の支持を与える点でリベラリズムの一構想ではある。しかし、〈幸福のリベラリズム〉においては自由ではなく幸福こそが第一義的なものであるゆえに、その支持は常に仮言的・偶然的なものにとどまらざるをえない(LHMP: p.366= 五二五頁)。

このように、同じく基本的諸自由を支えるリベラルな制度編成を支持するといっても、〈自由のリベラリズム〉と〈幸福のリベラリズム〉はその理由づけと強度において異なる(7)。もちろん、以上の対比はあくまで理念型としてのものであって、実践的には、義務論と目的論との対比を過度に強調するのが理に適っていないのと同じく、自由と幸福とを必ずしも背反するものとして捉える必要はない。しかし繰り返すならば、〈自由のリベラリズム〉において、幸福は統治者によって保証されるものではなく個々人によって追求されるべきものなのである(8)(LHMP: p.348= 五〇一頁)。

ところで、カントとヘーゲルを整合的に捉えようとするこうした議論に対しては異論が唱えられるかもしれない。かつてのコミュニタリアンによるリベラリズム批判が、ヘーゲルによるカント批判を踏まえていたことはよく知られている。最も深い対立点である哲学のレヴェルを措くとしても、政治理論のレヴェルにおいて、両者の主張には相違点が認められなくもない。たとえばヘーゲルは、国家を契約の観点から捉えることを明白な誤りだとする(『法の哲学』§75)。それは特殊個別的な利害関心の集積たる私的社会を構成するにすぎないからだ。問題はカントに対してこの批判が当てはまるかである。

ロールズによれば、この批判は妥当ではない。〈自由のリベラリズム〉は、公共的な仕方で承認された共通目的をもつからである。「カントの想定では、全市民は社会契約を理性の理念として理解するのであり、それは義務として共有する目的を、つまり市民は社会連合を政治的に設立するという目的をともなうのである。彼の教説によれば、市民は、憲法上の基本的諸権利と諸自由をみずからに対して確保すると同様に、他の市民に対しても確保するという「全く同一の」目的をもつ。さらにいえば、この共有された目的は理に適った正と正義の諸原理によって特徴付けられている。……〈自由のリベラリズム〉においては、国家というものは公的にはなんら共通の目的を共有せず、もっぱら国家の公民の私的な目的や欲求という点からのみ正当化されるのだ、と述べるのは正しくない」（LHMP: pp.365-366= 五二四頁）。

付言すれば、ここで言われる「共通目的」は特定の善の構想を指すものでもない。むしろそれは、特定の善の構想の実現に等しく資する前提条件としての正の枠組である。そして、これを実現する共通善としての基本財は、すべての個人を等しく尊重するという意味においてリベラルなものであった【3-3-2】。リベラルな契約論的視座をとること——誰もが等しい条件のもとで正の原理を承認すること——は共通善と矛盾しない。というより、〈差異〉によりセンシティヴな善の多元性のあり方を受けとめるならば、特定の善の構想に依拠しない社会においてのみ、この意味での共通善は成立可能である【3-5-1】。

かくして、かつて道徳理論のレベルにおいて功利主義と理性的直観主義とに抗して構成主義の立場を打ち出した〈善に対する正の優先性テーゼ〉は、体制論においては〈幸福のリベラリズム〉に抗して〈自由のリベラリズム〉を打ち出すことによって再演される。もちろん各々のリベラリズムの構想にはさらなる偏差があり、最低限の互恵性が充たされているならば理に適ったものだとして政治的リベラリズムの基本的要請に適うものとなる。ただし、〈自由かつ平等な人格〉を根本的理念とするロールズにとって、最も理に適った〈公正としての正義〉

は〈自由のリベラリズム〉においてこそ実現可能なのである。

◉4-2-3 〈卓越のリベラリズム〉との異同

引き続いて〈卓越のリベラリズム〉なる理念型を考案し考察を加えてみたい。この観念・用語をロールズは使っていないが、ロールズ理論内在的に構築することは可能だと考えられる。この作業仮説によって、私たちは〈自由のリベラリズム〉と〈幸福のリベラリズム〉の特徴をより明瞭にすることを期待できる。

功利主義と卓越主義はともに目的論に属するが、欲求と理想のいずれに照準するかの点で異なる。「正義の二原理と、卓越主義および功利主義という二種類の目的論との関係について所見を述べておきたい。私たちは、理想に関する原理を、欲望に関する原理とは別のものと、定義してもよいだろう。つまり、理想に関する原理は、欲望充足の全体量とそれが人びとの間で分配される仕方とを、関連性のある唯一の特性とするものではない。さて、この区別によれば、（二つの変種の）卓越性原理はもちろん正義の二原理も、理想に関する原理に数えられる」（TJ: p.326/rev.287= 四三二頁）。

〈卓越のリベラリズム〉は、自由や幸福ではなく、卓越性を基軸とするリベラリズムの構想である。目的論に属するが、欲求ではなく理想に照準する〈卓越のリベラリズム〉は、〈自由のリベラリズム〉と〈幸福のリベラリズム〉に並ぶいわば第三極を構成する。ここで、〈卓越のリベラリズム〉を代表するものとして、J・ラズを取り上げるのは適切であるだろう。なぜなら、彼は卓越主義的リベラリズムの代表的理論家であり、ロールズに対して意識的に対抗的なリベラリズムを打ち出しているからである。(9)

ラズのデモクラシー観は次のようなものである。彼はまず、共通善の政治と利益の政治を区別する（Raz 1994: pp.55-58= 六二—六六頁）。前者は社会の政治文化や共通利益を形成するものであって、これは重要な価値領域を形成しているが、解釈の隔たりは小さく安定したものであるがゆえに、デモクラシーとは独立した司法プロセスに委ねるのが望ましい。これに対して、人びとの選好をより直接的に反映させる必要のある後者においてこそ、デモクラシーは相応しい。

こうした立論はいわゆる利益集約型デモクラシーとの親和性を感じさせる。しかし、他方でラズは、デモクラシーにおいて勘案されるべきは選好そのものであってはならず、その背後にある真理性を担保する理由だとする。「換言すれば、究極的に重要なのは決定の真理性ないし正当性（truth or soundness）である。真理性と正当性が権威的機関の正統性のための論拠を提供する。誠実な信念はこの目標のための必要な手段にすぎない。権威的決定機関が正統性をもつのは、その誠実な信念が、少なくとも長期的には、採るべき正しい行動経路についての信頼できる指針になる場合のみである」（Raz 1994: p.116=一二二頁）。

それでは、いかなる決定が真であるとされるのか。ここでラズは、彼の卓越主義の基本テーゼを持ち出して、デモクラシーを選好充足の手段としてのみ考える見解を明確に退けている。「功利主義をデモクラシーの不可欠の下支えとみる試みは、あらゆる形態の選好充足功利主義と同様、個人の福利を誤解しているがゆえに失敗する。人が自己を実現し、その生が充実し成功するのは、価値ある活動・追求・人間関係に首尾よく携わっている限りにおいてである」（Raz 1994: p.116=一二二頁）。ラズの〈卓越のリベラリズム〉においては、すべてがこの意味での福利に帰着する。この点で、主観的・快楽主義的な〈幸福のリベラリズム〉とは異なる。

これらを踏まえた上で、ラズはみずからのデモクラシー観を次のように結論づけている。「デモクラシーは、正当な決定の促進を目的とする政治過程への、知悉的な参加（informed participation）への機会を諸個人に与える政治体制として理解するのが最善である。デモクラシーは、人びとの福利に資するのに必要な限りで正当化される。それは権威の一般構造を共有しており、正当な決定を生み出す自己の能力にその正統性を負うている」（Raz

1994: p.117=一二三頁）。この結論は、まさしく、彼独自の卓越主義的な道徳理論を政治プロセスに適用したものにほかならない。この意味で、これはまさしく包括的リベラリズムを下敷きとするデモクラシー論でもある。

ラズの主張について以下のことを指摘しておきたい。まず、ラズは真理性から正当性や正統性を区別していない。次に、その真理性がいかなる場合に成立するかを誰がどのように判定するかについて、ラズはある種の権威機関がこの役割を担うことができると想定しているように思われる。[10] 最後にデモクラシー観についていえば、彼の議論は〈善を正から独立して定義し、その最大化を正とみなす〉という目的論テーゼを、デモクラシー論に敷衍したものだと考えられる。この理解にしたがえば、デモクラシーのプロセスは、独立して存在する目的（福利の増進）を首尾よく遂行するための不完全な手続き上の正義としての位置を占めるにすぎない。それゆえ、デモクラシーは手段的価値しかもたず、共同の立法プロセスに携わることの内在的価値は否定される。

これらの特徴は、ラズ的な卓越主義を前提してはじめて受け入れることのできる論争的な主張だと思われる。もちろん〈卓越のリベラリズム〉には彼のもの以外の構想も想定できるが、何らかの卓越主義的論拠を前提とするかぎり、それは程度の差はあれ論争的なものとなるだろう。

同じく卓越主義的リベラリズムを標榜するもう一人の代表的論者として、塩野谷祐一の名前をあげることができる。彼は、正と善に対して徳という第三の価値理念を導入し、一種のエリート的卓越主義とは異なるリベラルな卓越主義を提示しようと試みている（塩野谷 2002: 一三七頁）。彼の理論の卓越主義的側面は以下の文章に最も明瞭に表れている。

「卓越主義は、「良き生」は人間本性（human nature）を構成するさまざまな特性を発展させることであると考える。こうすることによって、人間的卓越（perfection or excellence）、人間的繁栄（human flourishing）、自己実現（self-realization）が達成される。この考え方の哲学的基礎は、道徳的評価の対象を人間の「感情」でも「行為」でも「制度」でもなく、「存在」と定義することである。「存在」としての人間は、一時的な「感情」の流れや断片的な「行為」にそくしてとらえられる人間とは違って、永続的なアイデンティティーと人生計画を所有するストックとしての人格である。したがって人間的卓越は、個人にとってそこから生ずる主観的な快楽や効用とは無関係に価値を持つ。それは「良き生」に関する客観理論である」（塩野谷 2002: 一三三―一三四頁）。

塩野谷の卓越主義の特徴は、ラズのように福利ではなく、特定の人格の理念を基底とすることにある。しかもこの人格の理念はロールズの構想とも近い。というよりも、塩野谷は元来優れたロールズ研究者でもあり、代表作たる『価値理念の構造』においては、カント的な道徳的構想に最も近づいた中期ロールズの理論を自家薬籠中のものとした独自の理論を展開していた（塩野谷 1984）。ここで参照した人格の理念もその理解を下敷きとしているように思われる。あるいは、塩野谷の〈卓越のリベラリズム〉は、ロールズが仮に政治的展開をしなかったならば書いていたかもしれない、もうひとつのリベラリズムに連なるものだといえるかもしれない。

しかしながら、ラズに比べると穏当だとはいえ、やはり先述した卓越主義をめぐる論争的な点、特に何が客観的な善き生（塩野谷の表現では、良き生）であり、誰がそれを判定するのかという問題は避けることができない。また、塩野谷の卓越主義が穏当であるとしても、それは別の批判に彼を曝すことになる。たとえば、彼はラズと異なり、ロールズの政治的リベラリズムへの展開を特に否定しておらず、さらには公共的理性や熟議デモクラシー論を肯定的に論じている[11]。その意味で彼の〈卓越のリベラリズム〉と〈自由のリベラリズム〉の距離は相対的に近い。だが今度は、そうだとすると、なぜ〈自由のリベラリズム〉がすでに実施しているはずの基本財の公正な分配を超えた追加的な国家介入が必要なのか、という批判にうまく応じることができなくなると思われる（Quong 2011: p.85）。

いずれにせよ、〈卓越のリベラリズム〉はその強い形態においては論争的主張（卓越主義的な善の優位性）を免れえないし、その弱い形態においては〈自由のリベラリズム〉との区別化を有意味に行なうことができない。もちろん、前者の論点については現段階では問題の所在が示されたにすぎないが、〈自由のリベラリズム〉がこの論争的主張を反駁する説得的な主張を展開できることを以下で示したい。

三　〈法〉の共同起草者としての自由かつ平等な市民

◉4-3-1　構成的ルールとしての〈法〉

〈卓越のリベラリズム〉は、人格の構想に基づき欲求の陶冶を志向する点で、〈幸福のリベラリズム〉とは異なる。だがそれは、市民としての対等な地位を第一義的なものとはしないため、依然として〈自由のリベラリズム〉とも異なる。逆にいえば、〈自由のリベラリズム〉の特質は、自律の理念と市民としての対等な地位をともにシリアスに受け止める点にある。これらの点が最も前景に出てくるのは共同立法の場面にほかならない。このルールは互恵的かつ水平的な契約に定位するものであって、この点で〈幸福のリベラリズム〉や〈卓越のリベラリズム〉のそれとは趣を異にする。以下では、この特質の積極的側面を明らかにしてゆきたい。

ここではまず、〈自由のリベラリズム〉に体現されるルールが構成的ルールであることを確認しておく。初期の論文である「二つのルール概念」（一九五五年）において、ロールズは構成的ルールと統制的ルールを区別した。[12] このうち、統制的ルールとは強制や禁止の形で表される指令のことである。この論文の目的のひとつは、ルール一般と等値されがちな統制的ルールに対して、それとは極めて異なったもうひとつのルール観、すなわち構成的ルールを分節化することであった。

ゲームを例にして考えてみると、その中にはたしかに様々な統制的ルールが含まれている。たとえば、野球やサッカーというゲームには禁じられたプレーがあり、それに違反することはペナルティの対象となる。しかし同時に、これらのゲームには、そもそもそれを踏まえることによって、ある行為や動作がイン・プレーとして認定されるようになるルールが存在する。「つまりある行動形態（move）を定める何らかのルールがある場合、その実践（practice）があるならばこのルールに該当すると解されるであろう行為は、その実践があるのでないかぎり、その種の行為として記述されないであろうということである」[13]（CP 1955: p.37＝三一四頁）。ゲーム自体の成立や同定に関わるこうしたルールこそ構成的ルールにほかならない。ルールはたんに行為規制的なものではなく権能付与的なものでもある。

構成的ルールはいくらかの特徴をもつ。ゲームを構成するルールであるがゆえに、それを認識することなしに、人びとは当該のゲームに参加することはできない。たとえば、野球のルールを知らずともバットを振ってよい当たりを飛ばすことはできるかもしれないが、その人が野球というゲームをプレーしているとみなすことはできない。裏からいえば、参加する人びとがその構成的ルールを理解し実践しているかぎりにおいて、ゲームは成立していることになる。「したがって、実践の観念にとっては、そのルールが公共的に知られており（publicly known）、また決定的なものとして理解されていること（understood as definitive）が不可欠である。そして、実践の諸ルールによって首尾一貫した実践が生み出されるためには、その諸ルールが教えたりそれに基づいて行動したりすることのできるものであることもまた不可欠である」（CP 1955: p.36＝三一三頁）。

ここには後の正義論にも関わる重要な論点が萌芽的な形で提出されている。実践、すなわちゲームや社会制度は構成的ルールによって成立するものであること。構成的ルールは公知性を充たすものでなければならないこと。そして、構成的ルールはコンヴェンションとしての性格をもつものであること。

実際、この論文自体は哲学的・倫理学的性格の強いものだが[14]、結尾部においては社会正義に関連する見解が示されている。まずロールズは、構成的ルールのもつ特徴のゆえに改革への一定の制約が課せられることを認める。たしかに構成的ルールは一般的に受容されたものであらざるをえない（CP 1955: p.42＝三二三頁）。しかし同時に、彼はこうした論法が現行の社会制度や実践を必ずしも正当化するものではないと警告する。

「私が以上において述べてきたことについては、ひとつの誤った解釈があり、それは警告しておく価値のあるものである。つまり、私が実践の正当化とその実践に該当する個別的行為の正当化とを区別していることは、それがある種の保守主義に導くという点で人びとを一定の社会的・政治的態度にひきこむと考えられるかもしれない。各人にとってはその社会の社会的実践が彼らの行為を正当化する規準を与えており、それゆえ各人がその実践に従っていればその行為は正当化されるであろうと私が言っているように思われるかもしれないということである。

この解釈は完全に誤っている。私が主張してきた論点はどちらかといえば論理的なものである。その論点が倫理学上の問題においていろいろな結果を生むことは確かであるが、しかしそれ自体は特定の社会的ないし政治的態度に導くものではない。それはある種の行動形態がある実践によって定められたものである場合、その実践を引き合いに出す以外には特定の人の個別的行為を正当化する方法は他にないということであるにすぎない」（CP 1955: pp.42-43＝三二―三三頁）。

以降の彼の正義論はこうした見解を踏まえたものであるといってよい。つまり、重要な実践＝社会制度として社会の基本構造を同定し、それを統べる構成的ルールとしての正義の原理が考察されてゆく。正義の原理が存在し、それが人びとによって相互に受け容れられてはじめて、社会的協働は成立する（R: p.72＝一二五頁）。もちろんその際、考案さるべき構成的ルール＝正義の原理に、抗事実的な妥当性を付与することは可能であるし、むしろそうすべきでもある。それは現に受容されていなくても、私たちの人間本性に照らして長期的に受容可能なものであれば、それでよいのであるから。

社会制度の妥当性を示す第一義的な基準は、かくして、功利原理や卓越性原理のようなその制度から独立して与えられるルールではなく、その制度自体の成立に内的に組み入れられる。これに応じて、社会の基本構造は、幸福や卓越の最大化のためのたんなる手段にすぎないのではなく、同時に正義に適った関係性を表わす目的自体として、すなわち（不）完全な手続き上の正義ではなく純粋な手続き上の正義としても構成されなければならない。〈自由のリベラリズム〉はこの理念を達成しうる。それは、私たちがともに受け容れることのできる正義の原理という構成的ルールを起草・受諾してはじめて可能になる、社会統合のあり方を指し示すものである。

◉4-3-2　公知性要件――「何も隠されてはいない」

契約論の特徴である他者との対等な関係に立とうとする志向は、時に透明性（transparency）への希求として言及される。ロールズは公知性の条件（publicity condition）という用語によって、このことを表している。本項では公知性という考えに体現されている自由の理念を、その微細な変遷をも含め、検討することにしたい。

公知性は正義の諸原理が満たすべき条件のひとつであって、当の原理が機能していること自体が人びとによって承認されていることを要求する（TJ: p.133/rev.115＝一七九頁）。この条件は契約論、なかんずくカントの定言命法に伏在しているとされるが、とりわけ「カント的構成主義」論文においては高度に理念的な形でこう述べられている。

「公知性は、諸制度の実用可能なデザインが許容しうるかぎり、自由かつ平等な諸人格が、自身たちの特性や善の構想、ならびに人格としての自身の構想を形成する背景的な社会的影響を認識し受容するためのポジションにいることを確かなものとする。このポジションにいることこそ、自由の前提条件（precondition of freedom）にほかならない。これは次のことを意味する。[15] 何も隠されてはいない・隠されているべきではない（nothing is or need be hidden）」（CP 1980: p.326）。

さらに、この箇所に付された注ではマルクスを意識しつつ次のようにも述べられる。「違う仕方で述べてみよう。秩序だった社会は安定性を達成するためにイデオロギーを要求しない。――「イデオロギー」を、（マルクスの意味で）何らかの形態の虚偽意識もしくは公共的信念についての幻想の枠組（delusory scheme）として理解しての話ではあるが」（CP 1980: p.326 n.4）。〈カント的解釈プログラム〉の絶頂期においては、公知性はかくまでに理念的な要請としてその姿を現わす。

ロールズは公知性を三段階に分けている（R: p.121＝二一二―二一三頁; PL: pp.66-71）。まず、「第一のレヴェルは、市民による正義原理の相互承認と、基本構造の諸制度がこれらの原理を実際に満たしているという公共的知識（ないしは道理に適った信念）とが一緒になったものである」。次に、「第二のレヴェルは、原初状態の当事者たちがそうした原理を選択する基礎となる諸々の一般的事実が、市民たちによって相互承認されていることである」。つまり、第一のレヴェルではある正義原理（が充たされていること）が、第二のレヴェルではそのような原理を導く「道理に適った平均的市民たちの常識となっている知識や信念」がそれぞれ公共的に知られているとされる。そして、続く最終段階において相互承認の度合いは完全なものとなる。

「第三のレヴェルは、〈公正としての正義〉そのものの観点から行なわれる完全な正当化が、相互承認されていることである。つまり、市民たちは、この見解を練り上げているあなたや私と同じほど完全に、その正当化を知っているのである。もちろん、市民たちがそこまで反省を進めることはありそうにもないが、それでも、彼らがそう望むなら、彼らが考察すべき完全な正当化が公共的文化のなかで手に入るのである。もちろん、諸々の包括的教説から成る重なり合うコンセンサスが存在する場合には、通常、市民たちはその政治的構想を肯定するための彼ら自身のさらなる根拠をもっているだろうが、この事実もまた公に知られている」（R: p.121＝二一三頁）。

このレヴェルにおける公知性が充たされたとき、格差原理を支持する〈公正としての正義〉の互恵性は真に理解され、その教育的役割も相まって、社会の安定性はより確かなものとなる。ただし、政治的リベラリズムへの認識が深まってゆくにつれて、こうした理念度の高い公知性の観念は制約を受けざるをえない。なぜならば、理に適った多元主義の事実をシリアスに受け止めるなら、共有可能な価値のレヴェルも自ずと限定されざるをえないからである。[16]

最終的にロールズは理に適った多元主義の事実を受け止めるため、それが政治的構想に則するものであることを強調するが、しかし、あくまで公知性の理念自体にはこだわりつづける。かくして先の高度に理念的な文章はいまやこう書き直される。

「だが、公知性は、実践的な基準が許容しうるかぎり、市民たちが、自分たち自身の構想、ならびに性格や目標を形成する〔社会の〕基本構造の浸透的な影響を、認識し受容するためのポジションにいることを確かなものとする。これから見てゆくように、市民たちがこのようなポジションにいることは、政治的な意味で完全に自律したものとしての、彼らの自由を実現するための条件である。これは次のことを意味する。市民たちの公共的な政治生活においては、何も隠されているべきではない（nothing need be hidden）」（PL: p.68）。

社会の基本的な構成は、理に適った多元主義下においても、秘教的ではなく公知的なものでなければならない。この点はロールズの社会像に首尾一貫して認められる基本的特徴である。秩序だった社会は正しい理由による安定性を達成せねばならず、市民たちが対等な仕方で関わりあう場合にのみそれが可能となる。そして、市民として互いの自由を承認し合う関係にあること――これは他ならぬ〈自由のリベラリズム〉の中心的理念である――は、正義に適っているのみならず善でもなければならない。次節ではこの要請、すなわち〈差異〉に感応的な政治社会における〈正と善の合致〉について検討する。

四　理に適った多元主義の事実下における政治社会の善

◉4－4－1 政治社会の善——政治的構想の内在的価値

以上で確認した〈自由のリベラリズム〉の探求と並行して、この時期のロールズは、『正義論』第三部で展開していた〈正と善の合致〉という問題を再検討していた。「『正義論』で述べたように、正義に適ったものと善いものとが合致（congruent）するか否かが問題なのである」（R: 202＝三五五頁）。その中には〈政治社会の善〉の問いも含まれている。本節ではこの問題がどのように捉え直されることになったのかを検討する。

確認しておけば、『正義論』の結論部では、実効的な正義感覚を有することは個人レベルでも善いことであるし、正義の原理によって秩序づけられた社会も同じく善いものであることが高らかに謳われていた（TJ: p.577/rev.505＝七五九―七六〇頁）【1－4－2】。この主張は基本的に『再説』や『政治的リベラリズム』にも引き継がれている。特にそこでは、政治社会が市民としての地位の公共的承認を保証するものであり、それが自尊の社会的基盤の確保をはじめとする人びとの重要なニーズに資することが強調されている（R: p.200＝三五三頁）。

だが同時に、もはや包括的な善の構想（カント的解釈）による基礎づけを禁じ手とする以上、政治社会の善の論証はいまや政治的構想によって行なわなければならない[17]。ロールズもこのことには細心の注意を払おうとしている。「道徳的能力の行使と市民としての人びとの地位の公共的承認とに含まれる善は、秩序だった社会の政治的善に属するものであって、包括的教説の善に属しているのではない。繰り返しになるが、たとえ包括的教説がこの善をそれ自身の観点の内部から支持しうるとしても、私たちはこの区別を強く主張しなければならない。さもなければ、〈公正としての正義〉が重なり合うコンセンサスの支持を得るべきならそれが辿らなければならない道筋を見失ってしまうことになる」（R: p.201＝三五二―三五三頁）。

おそらくこの問題に対する彼の基本的なアプローチは、包括的な善の構想からは分節化された政治的構想それ自体が内在的価値を有することを足がかりとするものであるように思われる。「正義の政治的構想は、あらゆる包括的教説から導出されるものとして、あるいはその一部として提示されるのではない場合、自立的(freestanding)と私がよぶものになる(PL: pp.10, 12)。こうした正義の構想は、道徳的構想であるためには、それ固有の内在的な規範的・道徳的理念(its own intrinsic normative and moral ideal)を保持していなければならない」(PL: p.xlii)。政治的構想は自立的であるがゆえに、(カント的解釈を含む)包括的教説による基礎づけを必要としない。

そして、この政治的構想の内在的価値という着想はまさしく政治社会の善にも適用される。政治的構想と善の観念をともに用いることは矛盾しない。確認したように、基本財の観念は理に適った多元主義の事実に適合した共通善の構想であった【3-5-1】。政治社会の善の論証もまた、モジュール性を有した基本財の観念を基軸にしつつ、段階を踏んで行なわれている(PL: p.207)。まず基本財の観念を基として正義の原理が導かれ、これに適合する許容可能な善の諸構想ならびに正義に適った基本構造を支える政治的徳が特定化される。

「そして最後に、アリストテレス的原理ならびに〈公正としての正義〉における他の要素を参照しつつ、私たちは〈公正としての正義〉の秩序だった政治社会が内在的に善となるような仕方(the ways in which the well-ordered political society of justice as fairness is intrinsically good)を導き出す。

この最後のステップは特に意味深いものである。なぜならそれが意味するのは、個人ならびに団体としての市民のどちらにとっても、〈政治的構想が、政治社会そのものが(この構想内で特定化された)内在的善となりうる様々な仕方を表している〉ということだからである」[18](PL: p.207)。

正義の政治的構想そのものが善となりうる。あるいは、政治的構想の観点からすると政治社会そのものが内在的善となりうる。価値論に関してこれ以上のことをロールズは述べてはいないが、この主張のひとつの解釈としては以下のような議論が可能である。ロールズにとって善とは「それを欲するのが合理的なもの」を意味するので、ここで言われているのは〈市民としての観点からすれば、正義に適った政治社会に参加するのは合理的である〉と解釈しうる。

フリーマンはさらにこれを具体化して、①正義に適った行為をなすことによって道徳的能力を実現し、政治的に自律すること、②自尊の主要な基盤でもある〈対等な市民の地位〉を有するものとして公共的に承認されること、③正義に適った制度を協働して設立・維持する秩序だった社会の参加的なメンバーであること、これらのことは市民として欲するのが合理的であるとロールズは考えているのではないか、としている（Freeman 2007a: pp.195-196）。これは妥当な解釈であると思われる。

ただしフリーマンも議論をこれ以上に展開できていない。そこで以下では、〈自由のリベラリズム〉にまつわる議論を踏まえつつ、とりわけ〈対等な市民の地位〉の相互承認が内在的価値を有するということをより積極的な仕方で論証したい。こうした政治への関わり方は、あくまでも市民としての観点に準拠する政治的構想として述べられているので、政治参加に包括的価値を認める公民的人文主義ではない【3-5-2】。だが、まさしくそれゆえに、固有の価値を有することが明らかにされるだろう。

◉4-4-2　市民としての地位の相互承認——ネーゲルの権利論を参考として

〈対等な市民の地位〉の相互承認、あるいは自由の相互承認が内在的価値を有するとの想定は、ロールズにとどまらず現代政治理論で多くの支持をえた立場である。ここで〈対等な市民の地位〉の相互承認という場合、それは、一定レヴェル以上の分配的平等を充たすという社会的シティズンシップというよりも、むしろ、より基底的な平等の関係性に関わる市民的・政治的シティズンシップのことを念頭においている。それでは、なぜ私たちは、他者がみずからとは異なる価値観（それは時に不快なものである）を抱き表明しうることを、積極的に相互承認すべきなのか。また、この関係性はいかなる価値を有しているのか。

この論点はリベラリズムやデモクラシーをめぐる議論の中心に位置するもののひとつだと思われるが、その内実は必ずしも詰められていない。議論に移る前に、二点ほど注意を促しておきたい。①〈対等な市民の地位〉の相互承認の重要性を「なぜならそれは権利だから」といった説明で終わらせはしないこと。このような説明はトートロジカルなものであって論証としては不充分である。むしろ権利を権利たらしめる内在的価値をこそ問わなければならない。②〈対等な市民の地位〉の相互承認の価値を手段的価値としてのみ認めはしないこと。この説明によれば、たとえばリベラリズムやデモクラシーの価値は、それが何か他の独立した本質的とされる価値（功利や福利）に資するかぎりでのみ認められる。これは典型的な〈幸福のリベラリズム〉あるいは〈卓越のリベラリズム〉の発想にほかならない。〈自由のリベラリズム〉を検討する以上、そうではなく、〈対等な市民の地位〉の相互承認の内在的価値が存在するとの想定に立ったうえでその内実を考察する。

さて、この議論を進めるに当たり、ネーゲルの権利論を主たる導きの糸としたい。なぜならば、この文脈において彼の政治理論・道徳理論はロールズのそれを踏襲するものであり、しかも自由の相互承認の内在的価値についての重要な洞察を含んでいるように思われるからである。

彼が考察しているのは、拷問からの自由といったその利点が明らかな権利ではなく、不快な内容を伴う表現の自由やポルノグラフィーへのアクセス可能性といった、その効果が自明ではない（むしろ少なからぬ人びとの道徳的感覚と不整合な）権利が有するポジティヴな性質である。こうした精妙でリベラルな権利は、まさに〈対等な市民の地位〉の相互承認に関連するものといえるだろう。ネーゲルはまさしく〈地位〉へ着目することから議論をはじめている。

「思うに、権利は〈地位〉の諸々のアスペクト（aspects of *status*）として考えるのが最も精確である。すなわちそれは、ある道徳的コミュニティの成員として包摂されていることの一部に相当する。権利の観念は、道徳システムにおいて諸個人により占められるべき種類の空間についてのある特定の構想を表している。――各人の生・行為・利益は、道徳を構成する正当化と権威づけのシステムによっていかに承認されるべきか。道徳的権利によって付与される道徳的地位は、（社会的実践によって偶然に左右されることはない、という点を除けば）法的権利によって付与される法的地位と形式上相似している」（Nagel 2002: p.33）。

リベラルな権利は、一種の道徳的空間（moral space）のイメージ（地位から反射的に導かれる不可侵性）とともに把握される。続いて彼は、権利が付与するこの不可侵性の性質について考察している。注意すべきなのは、ここでは道徳的地位に関わるものとしての権利が問われているがゆえに、実際の不可侵性とは独立した、抗事実的な次元での規範的不可侵性ならびにその承認が主題とされていることである。

「〈侵害されないこと〉というのは、〈人は実際に侵害されることはない〉（one *will not be violated*）を意味しているのではない。これは道徳的地位であって、〈人は特定の仕方で侵害されえない〉（one *may not* be violated in certain ways）ということを意味している。そうした処遇は許容しえないものであって、仮に生じたとすれば、その人は不正に扱われたのだということになる。ゆえに、誰かがこの地位を有している／欠いているという区別は、何事かが彼に生じる／生じないという区別と等しくはない。彼が道徳的地位を有しているなら、権利が侵害された場合でもこの地位が失われることはない。そうではなく、まさしく彼がこの地位を有しているがゆえに、かかる処遇が彼の権利の侵害として認定されるのである」（Nagel 2002: p.37）。

不可侵性についてのこの細かな区別がもつ意味は、次のような仮想的事例を考えてみれば明らかとなる。今あなたの目の前に三人の無実な人びとがいる。あなたは悪人から、〈三人のうち誰か一人をお前が殺さないとしたら、俺が二人を殺す〉と脅迫を受けている。私が誰か一人を殺すとすれば残りの二人は助かる。純粋に帰結のみを考えるならば、私は誰か一人を殺さなければならない。しかし、道徳的権利ならびにそれが付与する道徳的地位の観点からすれば、三人は無実なのだから殺される理由をもたない。また私も殺すことを拒絶するだろう。ここまで劇的な事例でなくとも、一般に権利には、時として（実際の）侵害を最小化させるだろう事柄を許容しない性質がある。いわゆる義務論的制約（deontological restraint）である。

ネーゲルによれば、この抗事実的な規範的不可侵性こそが道徳的権利の要諦をなす。「こうした権利が存在せず、二人を救うためには一人を殺すのは許容されるとしてみよう。このことは、（殺される一人のみならず）すべての人びとの地位に関する深刻な相違を示すものとなる。なぜなら、こうした権利が存在しないならば、誰もが不可侵ではなくなるからだ。犠牲者の数を最小化するのに資するだろうとしたら、誰もが殺されうる。この地位の相違は、すべての人びとに――実際にそうした事態が彼にそもそも生じうるかとは関係なく――真に当てはまる」（Nagel 2002: p.37）。

ここで、〈幸福のリベラリズム〉や〈卓越のリベラリズム〉に立脚する論者はこう反論を試みるかもしれない。たしかに道徳的地位の相互承認は価値を発生させるかもしれないが、これはつまるところ、特定の仕方による処遇を受けないことの承認にすぎない。結局のところ、最終的に問題となるのは人びとの功利や福利が実際に改善されるか否かである。すなわち、道徳的地位の相互承認はやはり手段的価値しか有しておらず、権利を制度として確立することも同様に手段的なものにすぎない、と。

ネーゲルはこれに対して、道徳的地位の相互承認が内在的価値をもつ、あるいはより強く内在的価値を構成することを強調している[19]。重要かつ難解な箇所であるので、長くなるが引用したい。

「この異論への回答は、私たちは問題となっている福利を不可侵性それ自体の価値から離れて理解することはできない、というものである。こうした地位の公共的承認にまつわる善とは、これによって、人びとは自分たちの不可侵性が適切な仕方で承認されているという感覚を与えられるということだ。当然ながら、人びとはこの承認によって充足を感ずることになるが、この充足感（gratification）は地位の価値が承認されることによるのであってその逆ではない。つまり、地位はその価値を、それが生じさせる満足からえているわけではない（このことは次の問いと類推的である。すなわち、罪悪こそが不正に振舞うのを避ける理由にほかならないのか、それとも逆に、不正に振舞わないという独立した理由の承認こそが、罪悪を説明するのか[20]）。私たちが不可侵性を意識し他者によってそれが承認されている場合にのみ、不可侵性の充全な価値についての理解はえられるように思われる。さらに、こうした意識と承認は何かしら実在する性質を帯びていなければならない。

カムのアプローチは、一般的普及によって生じる内在的善（generally disseminated intrinsic good）のようなものとして権利を理解するのを可能にしてくれる。彼女が述べるように、私たちは不可侵性をすべての人びとにとって価値を有すると考えることができるが、このことは、より大きな善のために「誰かしら」の侵害を是認する道徳システムによるなら無効にされてしまうことになる。つまり、以下の区別が可能である。〔実際に〕拷問を受けないことの望ましさ／〔抗事実的に〕拷問が容認されえないものとされていることの望ましさ：殺人されないことの望ましさ／殺人が容認されえないものとされていることの望ましさ：強制されないことの望ましさ／強制が容認されえないものとされていることの望ましさ。両者は異なった主題を形成しており、ゆえに異なった価値を有している。拷問を受けるのは凄惨なことであろう。しかし、拷問を受け、その上〔他人に対して〕拷問を行なうのが不正でない人物であること〔が容認されていること〕は、より悪いことであろう」（Nagel 2002: p.40）。

この主張が妥当だとすれば、不可侵性は即自的には不完全なものであり、それが適切な仕方で承認されていることが相互に認知されてはじめて、その充全な価値は発揮される。たんなる事実レヴェルの不可侵性は、いわば暫定協定にすぎない。抗事実的な規範レヴェルでの後ろ盾を欠くとすれば、不可侵性は社会的状況に左右されるものとなる。それはもはや正しい意味での不可侵性ではない。暫定協定的な不可侵性は、強くいえば紛争の一時休止を越えるものではなく、未だ自然状態と踵を接している。地位の相互承認こそが市民状態への道を確立する。というより、この相互承認の実践が継続するかぎりにおいてのみ市民状態は成立する。

もちろん、道徳的地位の相互承認に手段的価値しか認めない目的論的立場であっても、よほどの非常時でもないかぎり拷問を認めることはないだろう。しかし、道徳的地位とそれに付随する不可侵性についての考察は依然として意義があると思われる。先にも述べたような、より精妙な権利にまつわる論点、すなわち少数派の価値観や表現の自由、あるいは愚行権などは、抗事実的で道徳的な相互承認がなければ、多数派の道徳を前にしてその不可侵性を維持することができないだろう。逆にいえば、そうした多数者の専制に抗するためにも、この道徳的不可侵性は（相互承認を通じた）内在的価値を有するものとして想定される必要がある。「私の結論はこうである。この絶対性あるいは不可侵性こそは、その帰結のみによるのではなく、それ自体として、人権の道徳によって表現される最も独自の価値にほかならない」（Nagel 2002: p.52）。この不可侵生が損なわれる時、私たちすべては、いわば等しくより不自由となるのである。

◉4-4-3　自由の相互承認――〈自由のリベラリズム〉対〈卓越のリベラリズム〉再び

最後に、道徳的地位の抗事実的不可侵性にまつわるこの論点を、再び〈自由のリベラリズム〉と〈卓越のリベラリズム〉との比較に敷衍したい。先述したように、ロールズとは異なり、ラズに代表される〈卓越のリベラリズム〉は法権利（の承認）それ自体には内在的価値を認めない。あくまでそれは、人びとの福利に資するかぎりにおいて評価される。ネーゲルは両者の対立点をこうまとめている。「ロールズとラズの間の争点はこうなる。リベラルな諸権利の承認とは、それ自体が人びとを対等者――目的それ自体――として処遇する一方法なのか、それとも人びとの福利への平等な関心の帰結――たんなる手段――にすぎないのだろうか」（Nagel 2002: p.135）。

先の考察を踏まえるならば、まず、両者の違いは包摂可能な善の構想の幅において際立つ。なぜならば、〈卓越のリベラリズム〉はその前提からして特定の善の構想を基底とするのに対して、〈自由のリベラリズム〉は正の優先性テーゼを是認し国家を自由な選択のための中立的な枠組として考えるからである。同じくリベラリズムのかたちをとっているにせよ、前者は幸福（福利）それ自体を目的とするのに対して、後者はむしろ人びとがそれぞれ独自の仕方で幸福を追求できる自由な空間を求めるのである[21]。

見方を変えていえば、リベラルな権利の相互承認は、〈特定の善の構想を有する人びとによる相互尊重〉ではなく、〈何らかの善の構想を有しうる人びとによる相互尊重〉を可能にする。すなわちそれは、特定のアソシエーションではなく、政治社会の成員（市民）としての相互尊重にほかならない（PL: pp.40-43）。この意味で、ロールズ的な政治社会の善はまさしく政治的構想に属する。それは特定の善の構想を基軸にしない場合にかぎって可能となる新たな関係性なのである。

政治的構想に依拠する〈自由のリベラリズム〉は、目的論的構成をとる〈卓越のリベラリズム〉とは異なり、価値についての一元論（monism）を必要としない。政治的構想はそのモジュール性によって、〈何らかの善の構想を有しうる人びとによる相互尊重〉、すなわち市民としての相互尊重を可能にする。人びとが、多種多様なアソシエーションや親密圏における個人ではなく、市民としての地位において互いに関係をもつ場合、その関係を律するに相応しい価値は幸福でも卓越性でもなく自由にほかならない。〈自由のリベラリズム〉の観点をとってはじめて、幸福や卓越性の充足には還元されない自由や尊重のありかたを把握することができるのである。[22]

私の考えでは、こうした道徳的地位の相互尊重こそリベラリズムの平等観念にとって第一義的なものである。ロールズもまた次のように述べている。「一部の著者たちは平等を次の二つに区別してきた。すなわち、特定の財の分配——そうした財のいくつかは、ほとんど確実に、より恵まれている人びとに対して高い身分や威信を付与することになる——との関係において引き合いに出されるものとしての平等と、人びとに対して、彼らの社会的な地位に関わりなく払われなければならない尊敬（尊重）に関する平等である。最初の種類の平等は、社会的な協働が実効的にかつ公正であるように、組織と分配上の取引の構造を統制する正義の第二原理によって規定される。しかし、二番目の種類の平等が基底的な平等である。この平等は正義の第一原理によって、そして相互尊重の義務のような自然本性的な義務によって、明確に規定される。すなわち、この平等は道徳的人格としての人間に帰せられるのである」（TJ: p.511/rev.447＝六六八—六六九頁）。

これは、いわゆる分配的正義にまつわる平等（分配上の平等）と道徳的地位にかんする平等（基底的平等）との区別である。[23] さて、この論点にも関連するが、ロールズは自由（liberty）と自由の真価（worth of liberty）とを区別している（TJ: p.204/rev.179＝二七七頁）。しばしば分配的正義論の文脈では、この区別は（適切にも）批判される——実効性を欠いた形式的な自由は自由といえないのではないか、と。

しかしながら、この区別は基底的平等＝道徳的地位の重要性を示すものとして読まれなければならない。たとえば、私が海外旅行に行くことができないとしよう。この場合、理由が、①たんに時間的・経済的に余裕がない（自由の真価の欠如）と、②特段の理由がないのにパスポートを発行してもらえない（自由自体の侵害）とでは、その意味が大きく異なる（Cohen 2011: p.191-192）。たとえ私が実際には海外旅行に行く気がなかったとしても、②のケースは私の自尊を大きく傷つけることになるだろう。自由と自由の真価の区別は、こうした違いを明らかなものとするものである。

また、両者の区別に基づいた次のような事例を想定することができる。いまここに二つの社会がある。ひとつは、自由と自由の真価とを明確に区別する社会である。この社会ではもちろん一定以上の自由の真価は充たされているが、物質的水準での豊かさは際立って高いものではない。もうひとつは、これに比べて高い水準での豊かさ（幸福や卓越的価値）が実現されている社会である。ただし、こちらの社会は自由と自由の真価とを厳密に区別しない。というより、人びとの福利が上昇するならばそれによって自由それ自体が制約されることには問題がない（むしろある種のパターナリズムが要請される）と考える。

いうまでもなく、前者が〈自由のリベラリズム〉、後者が〈卓越のリベラリズム〉の社会である。[24] そして、先の考察をふまえていえば、自由と自由の価値が峻別されており、前者が絶対的な優先性を有すること——自由は自由によってのみ制約される[25]——が人びとに相互承認されている場合にかぎって、道徳的地位への尊重は確固としたものとなることができる。「基本的諸自由を保障し、それらの優先性をより実効的に確保することは、市民間の和解という仕事を果たし、平等の上に立った相互承認を約束するものである」(R: p.115=二〇三頁)[26]。〈卓越のリベラリズム〉とは異なり、〈自由のリベラリズム〉は特定の善の構想から政治社会をみるわけではない。しかしながら、まさしく特定の善の構想を前提としないからこそ、自由それ自体の相互承認、ひいては道徳的地位への尊重は可能となるのである。こうした関係性が市民たちのあいだに成立している場合、それは翻って人びとの自尊心に好影響をあたえ、相互尊重への念は強まるであろう。まさしくこれは、親密圏やアソシエーションではなく、政治社会において、市民としての地位においてのみ可能となるひとつの関係性——政治社会の善——なのである。

五　小括

対等かつ互恵的な関係の相互承認がもたらしうる固有の価値こそ、〈自由のリベラリズム〉が準拠するものにほかならない。政治的リベラリズムは内的信仰と外的行為の分離というホッブズ以降のリベラリズムの基本戦略を受け入れつつも、正しい理由による安定性を強調することによって、暫定協定ではないことを同時に志向する。市民としての地位においては、「何も隠されてはいない」。契約論の特徴のひとつである透明性という理念は、こうして、政治的な領域に限定されてはいるものの、政治的リベラリズムにおいても依然として重要なものでありつづける。

さて、いまや政治社会の善は理に適った多元主義の観点から考察されなければならなかった。「〈対等な市民たちは相異なった共約不可能で調停不可能でさえあるような善の諸構想を有する〉というのが、リベラリズムの決定的な想定である。現代の民主社会においては、こうした多様な生活様式は国家権力を権威主義的に用いることによってのみ除去されうる通常的・規範的条件となっている。それゆえリベラリズムは、（適切な正義原理によって特定化された制限を尊重する）善の構想の多元性を現代の生の事実として受け止める。リベラリズムは、善の構想の多様性は望ましいものであること、いかにして自由の体制が人間の多様性がもたらす数多の利益を達成するようにこの多元性を収容するのかということ、これら双方を示そうと試みる」（PL: p.303）。

こうした視座に立つ政治的リベラリズムには、ゆえに、以下の要請が課せられる。すなわち、人びとが完全には調停不可能である共約不可能な善の構想を抱くということと、それにもかかわらず、同一の政治的構想が積極的に支持されているということとの両立可能性の論証である。本章で論じた政治社会の善もこの認識を踏まえるものといってよい。ただし、こうした議論が充分になされるためには、善の共約不可能性と正義の構想の同一性や多元的な価値の積極的是認に関するさらなる論拠が必要とされるであろう。

そして実際、八〇年代後半以降にさらに深められてゆくことになるのが、重なり合うコンセンサスや公共的理性の観念にほかならない。次章ではこれらについてさらなる考察を行なう。

注

（1）ロールズは労働ベースの社会を基本的には想定している（Freeman 2007a: p.104）。〈財産所有制デモクラシー〉はいわゆるワークフェア型の社会を支持するものといえよう。これに対しては、ベーシックインカムを支持する論者から批判が寄せられている。だが、少なくとも理想理論の次元において彼が労働（あるいは、労働を通じた承認）を支持していることは否定できない。

（2）渡辺が挙げている平行的な対立軸は以下のようなものである。分配／再分配、コミュニティ／私的社会、共和主義／アンチ共和主義、理性的多元主義／合理的多元主義、一般利益／全体利益、重なり合うコンセンサス／暫定協定。

（3）「ロールズが述べるには、〈公正としての正義〉の三つの民主的特徴――政治的諸価値の公平な価値、公平な機会の均等、格差原理――のうちのいずれもが、〈福祉国家型資本主義〉においては実現されない。資本主義によって要請される甚大な富の不平等は、公平な機会の均等と政治的諸価値の公平な価値、その双方を弱めてしまう。これを防ぐために、大量の富が世代を超えて移転することを防ぐ急勾配の累進課税と贈与税とをロールズは要求する。また他方で、格差原理が公平な機会の均等と結合された場合、ソーシャル・ミニマムを達成し支えるための累進的な所得移転の要求は、福祉国家においてよりもより少ないだろうとロールズは考えているように思われる」（Freeman 2007a: p.105）。

（4）この対立は両者において想定される対照的な人格観にも反映される（塩野谷 1984: 三〇四頁）。

（5）フリーマンは以下のような整理を行なっている。「ロールズが言及する〈自由のリベラリズム〉の擁護者たちというのは、カント、J・S・ミル、そして『正義論』や『政治的リベラリズム』での彼自身の立場とされる。J・S・ミルが含まれるのは、①その自由の原理が――功利の原理ではなく――民主的社会における公共的な政治的諸原理の中で第一にあるとみなされること、②平等な諸自由と女性の平等をミルが強調していること、③彼の政治的構想における功利性の概念に、個人性こそが最も重要な働きをなすとミルがみなしていること、以上のような理由による」（Freeman 2007a: p.103）。ロールズのミル解釈については次も参照のこと（小田川 2012）。

（6）齋藤純一はカントのこの議論を次のように簡潔にまとめているが、これはまさしく〈自由のリベラリズム〉の核心でもある。「国家の果たすべき役割は統治による「幸福の保障」ではなく法による「自由の保障」であり、他者の自由と両立するかぎり、各人は自らの幸福（善）を自らが妥当と判断する仕方で追求することが許されるべきであり、そうした各人の自由は他者（国家を含む）の定義する幸福（善）の観念によって制約されてはならないというカントのこの議論は、リベラリズムの自由論の核心を見事に要約している」（齋藤 2005: 六頁）。

（7）ところで、こうして〈自由のリベラリズム〉と〈幸福のリベラリズム〉が分節化されていることは、ロールズが自由をリベラリズムの基底概念ではなく、幸福と同列に位置する種差（species）のレベルにおいて捉えていることを示している。この点についてロールズは詳しい説明をしていないが、功利主義をその不偏性への志向のゆえにリベラリズムの一構想として位置づける井上達夫の議論が参考になると思われる（井上 1986: 二二四―二三〇頁）。

（8）世代間正義の問題を論じた『正義論』第四四節において、こうした幸福追求に必要な生活水準は高くなくともよいという旨が述べられている（TJ: rev.257= 三九〇頁）。なお、この節には大幅な修正が加えられており、初版には該当する論述は存在しない。

(9) ただし、ラズの議論は長大かつ難解なため、以下で論じられるのは論旨にとって必要最小限のものにすぎない。

(10) いわゆる通常の正当化テーゼ（normal justification thesis）とよばれる議論を参照のこと（Raz 1986: pp.93-94）。

(11) ただしそこでは、シュンペーター的な政治的エリートやウェーバー的なカリスマ的政治家による上からのデモクラシー論が積極的に位置づけられていることには注意が必要である（塩野谷 2002: 二二一―二二九頁）。

(12) 厳密にいえば、この論文では「構成的ルール」という用語は使われていないが、便宜的にこの名称を用いることにする。

(13) この論文で用いられる「実践」は「ゲーム」や「制度」という用語に置換可能である（CP 1955: p.20 n.1＝三二四頁、注2）。実際、この実践の概念には後期ウィトゲンシュタインの言語ゲーム論の影響があるとされる（川本 1997: 七二―七七頁）。

(14) 「二つのルール概念」の目的のひとつは、構成的ルールの観念を用いて行為功利主義とルール功利主義を区分し、後者に一定の妥当性を認めることであった。

(15) ただし、この時点においてすでに、理に適った多元主義の事実にも繋がってゆく認識が他方では示されている。引用した文章に続く段落では、善の諸構想の深甚な差異は解消不能だとの想定が踏まえられた上で、こう述べられる。「多くの哲学的・道徳的考えに対しては、公共的同意（public agreement）に至ることはできない。公知性が適用されるコンセンサスは、範囲において、公共的・道徳的な基礎組織（public moral constitution）と社会的協働の根本条項に限定される」（CP 1980: p.326）。だが、この論文においては、コンセンサスの範囲が限定されているものの、その理由づけは包括的なカント的教説に依拠する部分が大きい。この意味でまだ政治的リベラリズムへの展開は果たされていない。

(16) 上記の『再説』からの引用は重なり合うコンセンサスのことが述べられていることからしても、政治的リベラリズムへの展開を踏まえて書かれたものだと思われる。だが、カント的教説の用語で述べられてはいないものの、ここでの記述は依然として理念的色彩が強い。私見では、最終的にロールズは公知性の第三のレヴェルを退けているように思われる。これについては次章で論じられる【5-3-1】。

(17) 『正義論』では、まさしくカント的解釈によって政治社会の善が基礎づけられてしまっている（TJ: p.528/rev.462＝六九二頁）。

(18) ここにはコミュニタリアン的批判に対する応答の意図を看取できる。ロールズによれば、特定の善の構想を所与としないからといって私的社会が必然性に導かれるわけではない。秩序だった社会において、市民は正義に適った諸制度を支え、それに従ってお互いに正義をなすという目的を共有するからである（R: p.199＝三五〇頁）。この議論は、先ほど見たヘーゲル的批判に対するカント的契約論からの応答を明らかに意識したものだと考えられる【４－２－２】。「カントの政治的教説のなかで、これらのこと〔①社会契約は全員が共有する目的へむけての諸個人の結合であること、②社会契約は抗事実的な理性の理念であること〕は、それが第三の選択であることを充分に示してくれるものである。それは、すべての社会的なつながりから独立である原子に見立てられる単一の個人から出発して、それを基礎として積み上げていく思考とは異なる。加えてそれは、精神的実体としての国家とか、その実体性のたんなる偶有性としての諸個人とかといった観念を、用いることもしない。国家とは、各人が理に適っており公正だとみなす原理にしたがって、諸個人が自己の目的をそのなかで追求するアリーナなのである」（LHMP: p.365＝五一三頁）。

（19）ネーゲルがここで参照しているF・カムの権利論については、Kamm 2007: pp.237-284。ただし彼女の議論は非常に複雑であるため、本書では立ち入ることができない。

（20）道徳理論上のタームを用いるなら、不可侵性についての充足感は地位の公共的承認に転嫁している（buck-passing）とも述べることができる。すなわち、後者こそが前者の基底をなしている。これは、価値判断のみならず価値構成の局面においても一種の〈善に対する正の優先性〉が発動している事例だといえるかもしれない。

（21）この〈卓越のリベラリズム〉と〈自由のリベラリズム〉の基本的対立は、以下のような相違点としても現れるだろう。①包括的自律／政治的自律。②理に適った多元主義の否定／肯定。③同質性に傾くアイデンティティ／差異に感応的なアイデンティティ。

（22）「人格への平等な尊重の観念、すなわち各人がみずからの思考・発話・個人的決断に対する自律と絶対性を有することへの尊重は、彼らの一般的福利への配慮とは異なった価値なのである。そしてこれこそが、個人の自由権の保護をたんに手段的にではなく〈私たちが各人にそれ自体のために負うもの〉（something we owe to each person for its own sake）として正当化するものにほかならない。〈他者を道徳的な対等者として処遇すること〉の意味の一端はこういうものであろう」（Nagel 2002: p.138）。

（23）もちろんこれは分配上の平等がもつ重要性を否定するものではない。だが、地位へのニーズの方がより重要であることは、第二原理に対する第一原理の優先性としても反映される（TJ: p.544/rev.477＝七一四―七一五頁）。

（24）付言しておけば、促進されるべき自由の価値＝豊かさを福利として同定した場合の話である。自由の価値を快楽として同定するなら〈幸福のリベラリズム〉が導かれる。両者はともに自由の価値について目的論的構成をとる社会観であるため、〈卓越のリベラリズム〉をめぐる本文中の議論は〈幸福のリベラリズム〉についても――おそらくより強く――妥当するだろう。

(25) もっともこのスローガンに対してはハートによる有名な批判があり、この論点をめぐってはさらなる細かな議論が必要である（ハート 1987: 二五四頁）。だが、自由の相互承認がそれ自体として価値を有しうることは示せたと思われる。

(26) 見方によれば、ロールズ的な正義の構想の対象が社会の基本構造に限定されていることに、多元的な価値にたいする感応性を見出すこともできるだろう（Scheffler 2010: p.135）。

第五章　公共的理性と宗教

一　問題の所在——政治と宗教、再び

本章の目的は、公共的理性と宗教の関係をロールズがどう考えていたのかを明らかにすることである。先行研究の多くは、宗教的関心をもたない世俗的リベラリズムの代表者としてロールズを位置づけた上で、公共的討論における宗教の重要性を対置するという予断に基づいて構成されており、論点を矮小化している嫌いがある。そうではなく、〈なぜ、宗教あるいは宗教的感性の重要性と強度を熟知していたはずのロールズが、一見あれほどまでに消極的・防衛的に思われる公共的理性論を展開したのか〉を問う必要がある。

ただし近年においては、ロールズ内在的に公共的理性と宗教との関係を考察する研究が揃いつつある（Habermas 2010、木部 2011、Laborde 2013、原田 2013）。また、公共的理性の観念がロールズ理論のなかでどのように発展してきたのかを、妥当性を有するルールを導出する道徳理論上の手続の観点から辿る優れた研究もすでに存在する（Freeman 2007a; Larmore 2009）。

だが、ロールズ解釈としてみた場合、これらの研究においても注目されていない重要な論点がある。それは市民的不服従の観念との繋がりである。実は、この文脈においても公共的理性の萌芽的・示唆的な見解は述べられている。なぜなら、両者は政治体制の正統性を主題とする点で共通するからである。とりわけ、公共的理性のより広い見方や包摂的見解を理解するにあたっては、市民的不服従の議論ならびにそこに認められる動的契機は有益な知見を提供するものとなるだろう。

まず最初に、公共的理性の基本的特徴を手短かに述べておきたい。公共的理性とは、人びとが市民として重要

な政治問題を討議する場合、参照されなければならない、共有可能な政治的価値ならびに推論形式のことである（R: p.90＝一六〇頁）[1]。公共的理性は、立憲デモクラシーの政府と市民たちとの関係、ならびに市民たち相互の関係を定める政治的諸価値を特定化する理性＝理由づけであるために、以下の基本的特徴をもつことになる。

「このような理性は、三つの意味で公共的である。〔第一に〕自由で平等な市民たちの理性として、それは公衆の理性である。〔第二に〕この理性が主題とするのは、根本的な政治的正義の問題にかかわる公共的な善である。そして、この政治的正義の問題とは次の二種類、すなわち、憲法の必須事項と基本的正義の問題である[2]。〔第三に〕この理性の性質と内容が公共的である。というのも、当然に互恵性の基準を満たしていると考えられる、道理に適った政治的正義の構想群を用いた公共的推論＝理由づけというかたちで、この理性は表現されるからである」（LP: p.133＝一九五―一九六頁）。

本章は以下のように構成される。まず、この公共的理性の観念の基本的特徴が『正義論』における市民的不服従の議論を引き継ぐものであることを確認する（第二節）。次に、正当化やコンセンサスといった分析枠組の整理を行なう。そこでは、基本的にはコンセンサスが正当化の前提とされていること、政治的構想を二つに分節化可能であること、そして時としてコンセンサス自体が大きく問い直されうることが示される（第三節）。続いて、政治的リベラリズムを〈正統性の理想理論〉として捉えるべきこと、ならびに宗教的信念に代表される包括的価値にたいしていかなる態度が必要とされるかについて述べる（第四節）。そして以上を踏まえつつ、公共的理性と宗教との関係を考察する。その際、具体例として妊娠中絶をめぐる論争を取り上げ、公共的理性によって導かれる〈政治的護教論〉と呼びうる独自の論法に注目する（第五節）。これらを通じて、公共的理性が通常いわれているほどには宗教に対して厳格な要請を課すことではないことが明らかにされるだろう。宗教を抑圧するのではなく、信仰に適切な場所を空けておくこと。公共的理性が目指すのは政治と信仰の和解にほかならない。

二　市民的不服従と政治的正統性

◉5-2-1　市民的不服従

『正義論』における市民的不服従の議論を最初に考察しておきたい。本章の目的からすれば、市民的不服従の観念が公共的理性論の要たる正統性の理念を先取りするものであること、ならびに、公共的理性の有する潜在力を引き出すためには市民的不服従に認められる動的契機を確認しておくことがまず必要だと思われるからである。

市民的不服従は〈不正な法に従う必要はあるか〉という政治哲学の根本問題のひとつのコロラリーである。H・D・ソローのエッセイによって用語としての確立を見たこの観念は、それによって対峙しようとする時代状況に応じて論者ごとに様々な振幅を見せるが（川本 1995: 一六七―一八〇頁）、ロールズは以下のように定式化している。

「市民的不服従を次のように定義することからはじめたい。すなわち、通常は政府の法や政策に変化をもたらすことを達成目標としてなされる、公共的で、非暴力の、良心的でありながらも政治的な、法に反する行為（public, nonviolent, conscientious yet political act contrary to law）として。人はこのように行為することで、共同体の多数派の正義感覚によびかけ、また、その人のしっかりした意見からすると〈自由で平等な人びとの間の社会的協働の諸原理〉が重んじられていないことを宣言する」（TJ: p.364/rev.320＝四八〇頁）。

この定義は、「〈ほぼ正義に適った社会〉（nearly just soceiety）、つまり大部分に於いてよく秩序だってはいるが、それでもなおかなり深刻な正義の侵害が生じてしまう社会という特別なケースだけを対象とする」。この前提からして、ロールズの考える市民的不服従は非理想理論に属するが、革命のような現状に対する根底的な変革を訴えるものとはならない。それは「憲法の正統性を認め受け入れている市民たちを対象として生じる」ものである（TJ: p.363/rev.319＝四七八―四七九頁）。

それゆえ、市民的不服従は人びとに共有可能な価値に根ざした仕方で提起されることが要請される。「個人道徳の原理や宗教の教義はある人の権利要求と一致したりそれを支持したりするかもしれないが、当人は市民的不服従を正当化する際にそれらに訴えかけることはない。またいうまでもないことだが、市民的不服従を集団的利害関心や個人的利害関心にのみ基礎づけることはできない。その代わりに彼がもちだすのは、政治秩序の根底にある、共有された正義の構想（the commonly shared conception of justice）である」（TJ: p.365/rev.321＝四八二頁[3]）。

市民的不服従は公衆の面前で行なわれる公共的行動を通例的な形態としてとるのであり、それは翻って、「法への忠誠の範囲内での法への不服従（disobedience to law within the fidelity to law）を表現する」ものとなる（TJ: p.366/rev.322＝四八三頁）。そのため、市民的不服従は以下の特徴を有していなければならない（TJ: pp.371-374/rev.326-328＝四八九―四九三頁）。①その対象は深刻な不正に限定されること。②それ以前に通常的・合法的な訴えかけが誠実になされたが失敗しており、不服従以外の代替選択肢に期待できないこと。③市民的不服従が全体として持ちうるカウンターとしての力が、一定の閾値を越えないこと。

こうして、市民的不服従は正統性の問いと直結するゆえに一定の制約を課されるのだが、見方を変えれば、それゆえにこそ重要なものとして位置づけられていると解釈することもできる。[4] 実際それは、通常の立法過程や司法審査とは別のルートを通じて、（巨視的には）正義に適った憲法の安定性を高める行為であるとすらいいうるのである。「その役目は、法への忠誠の範囲内で不正義に抗うこと（resisting injustice within the fidelity to law）で正義からの退却を防ぎ、またそのような退却が生じた際それを矯正することにある。正当な市民的不服従を行使するという一般的な性向・構えは、秩序だった社会に、あるいはほぼ秩序だった社会に、安定性をもたらす」（TJ: p.383/rev.336= 五〇四頁）。

◉5－2－2　自然本性的義務と責務

続いて、以上の市民的不服従、ひいては公共的理性にまつわる議論が、義務（duty）と責務（obligation）と関連付けられていることにも注意を払っておきたい。この繋がりもともすれば見過ごされがちなものであるが、公共的理性の観念を十全に理解するためには、やはり欠かすことのできない論点だからである。後に確認するように、公共的理性はシヴィリティの義務だとされるが、その場合の義務とはいかなる性質を持つのかを明確化しておくことがここでの目的である。

ロールズは義務を基本的に自然本性的義務（natural duty）として捉えている。この呼称からも窺えるように、責務と異なる義務の基本的な特徴は、それが特定の自発的行為や制度上のルールとは無関係に妥当性を有するという点にある。また、自然本性的義務のなかでも基本的な正義の義務は、社会の基本構造が正義に適っている場合、その成員は理に適った範囲で自分の務め（part）を果たすことを要請する（TJ: pp.114-115/rev.98-99= 一五四―

一五五頁)。自然本性的義務はすべての人に一般的に適用される[5]。

これに対して、責務は公正の原理(principle of fairness)から発生する。「すなわち、ある制度が正義に適っているもしくは公正である——つまり正義の二原理を充たしている——という条件下で、人が制度枠組の便益を自発的に受け入れていたり、あるいはみずからの利益を増すためにその制度枠組が提供する機会を利用していたりしている場合にはいつでも、当人はその制度のルールによって特定された負担を負う責務がある」(TJ: pp.342-343/rev.301=四五三頁)。それゆえ、人によっては、正義の自然本性的義務に加えて責務をも負うことになる。具体的にいえば、公正の原理は、公職に携わる人びとや当該社会の中で恵まれた立場にあるゆえに成功を収めた人びとをより強く拘束する。「より恵まれた人びとは正義に適った制度の枠組に自分たちをさらに強く結びつける責務を負う傾向にある」(TJ: p.116/rev.100=一五六頁)。それは字義通り、一種のノブレス・オブリージュなのである。

それでは、この義務と責務の観念が市民的不服従や公共的理性の観念とどのように関連しているのかを論じていきたい。まずは、義務と市民的不服従との繋がりについて。正義の義務はすべての人びとに一般的に適用されるが、それは社会の基本構造が正義に適っていることを前提にするものであった。もちろんその場合、「正義に適っている」ことをめぐる争いが生じざるをえない。ただし、実際の社会の制度編成やその下で採択される政策が自分からすれば最善のものでなくても、それらが大まかに正義に適ったものである限り、自然本性的義務はなお妥当する。多数決ルールの遵守はその一例である(TJ: p.354/rev.311=四六七頁)。しかしながら、社会の基本構造の正しさが著しく毀損されている場合、人びとはまさしく、〈未確立の正義に適った制度編成を推進せよ〉という正義の義務の実現を目指して、市民的不服従へと立ち上がるのである[6]。

続いて、公共的理性との関係について。ここでは、人によっては義務のみならず責務をも負うという論点が公共的理性に関してどのように適用されることになるかを確認しておきたい。くりかえすならば、正義の義務は正義に適った社会の基本構造の存立自体から生じるが、公務就任は自発性を前提とするものであって責務を新たに生じさせる（TJ: p.344/rev.302＝四五五頁）。それゆえ、あらゆる人びとに適用される義務を超えて、公共的な政治フォーラムにおける討議に従事する人びとは責務をも負う（LP: pp.133-134＝一九六頁）。特に司法審査を伴う立憲デモクラシーにおいて、最高裁判事は、公共的政治文化の一環をなす憲法典や先例との整合性に配慮せねばならないゆえに、最も強い責務を負う。またそれゆえに、最高裁は公共的理性の範例とされる（PL: pp.215-216）。その職務の重要性とそれに付随するコミットメントの要求度に応じて、責務の程度も変動すると考えられる。

この点を言い換えると、市民的不服従とは区別された良心的拒否を行なう者は、その一種のデタッチメントのゆえに、特定の公務への就任が制約されることになる。たとえば、絶対平和主義を信奉するクエーカー教徒は、もちろん重なり合うコンセンサスを是認する理に適った市民でありうる（PL: p.393）。だが彼は、政治的価値に照らして正統な自衛戦争を肯定することができないゆえに、リベラルな政体において最高官職を目指すことはできないとされる（LP: p.105＝一五三頁）。

◉5-2-3　シヴィリティの義務としての公共的理性

ここでは、以上の考察を踏まえたうえで公共的理性がシヴィリティの義務であることを改めて確認する。なぜならば、この点が見過ごされてしまうと、公共的理性は討論に対する不当な制約であるとみなされてしまいがちだからである。そうではなく、公共的理性はむしろ正統性に準拠した政治的議論における必要不可欠な前提であるのを論証することが、本項の主たる目的である。

確認してきたように、シヴィリティの義務という観念は、すでに『正義論』の段階においても政治的正統性の問題に則して入念に分節化されたものであった。『政治的リベラリズム』においては、〈リベラルな正統性原理〉という新たな定式化を踏まえることによって、こうした繋がりはより明瞭化される。この原理によるならば、すべての市民が共通の理由を基盤として是認すると理に適った仕方で期待しうる憲法のみが、公共的正当化の基礎として機能することが可能である（PL: p.137）。ここから即座に導かれるのが、公共的理性の観念にほかならない（Freeman 2007a: p.200）[7]。

「政治権力の行使そのものが正統でなければならないため、シティズンシップの理念は、法的義務ではないが、道徳的義務——シヴィリティの義務——を課す。これは、市民たち相互が根本的問題について、〈自分が主張し投票する原理や政策がいかにして公共的理性の政治的諸価値によって支持されうるのか〉を説明可能であるようにする義務である。またシヴィリティの義務は、他者にすすんで耳を傾けること、ならびに、彼らの見解に対する便宜的措置（accommodations）が理に適った仕方で下されるべき場合を決定するに際して公正な心持ちであることを含む」（PL: p.217）。

ここには公共的理性の重要な特徴が示されている。まず、注意すべきこととして、シヴィリティの義務の一部として、公共的理性はあくまでも人びとの市民としての側面のみに適用される。それは背景的文化においては適用されない。また、シヴィリティの義務はあくまでも道徳的義務であって、法的強制力を伴うものではない。さらに、シヴィリティの義務は他者の意見を誠実に受け止めることを含むとされるが、これは、互いを善の構想と正義感覚を有する人格として承認しあう相互尊重の義務（duty of mutual respect）に由来すると思われる（TJ: p.337/rev.297＝四四六頁）。それは他者とともに内的視点に立とうとする試みにおいて示される。

それゆえ、シヴィリティの義務は「特定形態の公共的言説を採択する義務」（PL: p.242）をただちに導く。このことに関連して、ロールズは晩年に受けたインタビューで興味深いことを述べている。「公共的理性の観念は、案件をどうやって解決するかという方法（how）とは結びつかねばならないものの、充分な理由や正しい意思決定とはどんなものか（what）を教えてはくれないのです」（CP 1998: pp.618-619）。

しばしば誤解されるが、公共的理性は直接的に内容を規制するものではない。「特定形態の公共的言説」が意味するのも、公共的討議の実質的内容ではなく、むしろそうした討議自体を可能にさせる論理的・文法的前提なのである。この文脈においては、シヴィリティの義務は形式的・副詞的前提なのであり、それを踏まえてともに行動することによってはじめて、一群の行為が「公共的討議」として新たに認証されることになる。[8] シヴィリティの義務に裏づけられた公共的理性は、討議の内容を一義的に決定するメカニズムではなく、むしろ適度なコンフリクトを包含しつつ討議が継続するのを可能にする。[9]「討議にとって、合意を産出する以上に重要なのは議論の継続（再審の可能性）を保証する手続きを維持することである」（齋藤 2000: 三五頁）。

もっともロールズのいう公共的理性は互恵性の基準を満たす必要があるため（LP: pp.136-137＝一九九―二〇一頁）、完全に形式的なものではなく幾分かは実質的な道徳的内容を含むものとなる。[10] 具体的にいえば、公共的理性は〈自由かつ平等な市民〉に固有の推論形式でもあるので、この地位を保持するための実質的原理も必要とする。[11] すなわち、①基本的諸権利と諸自由の保護、②これらへの優先性への付与、③適切な汎用的手段の提供である（LP: p.14＝一九―二〇頁）。とはいえ、これだけではまだ抽象性が高く、その内実をさらに詰めていくにあたっては、〈市民としてのニーズ〉がどのようなものであるのかをめぐる議論が必要となる。それはまさしく、公共的理性の議題にほかならない。

公共的理性はこのように実質的考慮を必要としないわけではないが、それが誰もが受容可能な最小限度にその程度が設定されているかぎり（Larmore 1996: p.137）、その制約の要諦は実質的（名詞的）ではなく形式的（副詞的）なものだといってよいだろう。このことを達成するためにも、公共的理性は特定の包括的な善の構想ではなく誰もが共有できる政治的諸価値（＝基本財）に照準しなければならない（Freeman 2007a: 224）。

本節の議論を約言して述べるなら、公共的理性は「市民的」（civil）な活動や関係に相応しい推論形式だといえよう。通常それは相互への尊重や礼節を示す穏当なものとなろうが、しかし時として現行の多数派に対する実行的な異議申し立てとなる可能性を排除しない。公共的理性の観念に認められる忠誠と反逆というこの相剋する契機を、政治と宗教との関係において探っていくこと。これが次なる課題である。

三　公共的理性とコンセンサス

◉5-3-1　正当化とコンセンサス

本項では、従来指摘されていない、正当化にまつわるロールズ独自の用語法を確認する。以下、順に三点を論じてゆきたい。①コンセンサスと同意（agreement）は区別されねばならないこと。[12] また、これに応じて政治的構想を二つに区分しておくのが有益であること。②コンセンサスは公共的討議の前提とされていること。③ただし、安定性の問題においては、正当化の対象としてコンセンサスは想定されているということ。[13]

まず指摘しておかなければならないのが、コンセンサスと同意の違いである。よくある誤解のひとつは、重なり合うコンセンサスを公共的討議における意見の一致という意味で捉え、それを個別政策レベルの同意と等値させるというものだ。このように考えると、重なり合うコンセンサスの焦点部たる政治的構想を受け入れる時点で、相当な同意への負荷がかかってしまう。そのような同意は仮に達成されたとしても論争的なものとなるだろう。またこう考えてしまえば、公共的討議の意義自体がなくなってしまう。

しかし、公共的理性はむしろ一定の異論の余地を積極的に認める。政治的諸価値を受け入れることは、個別政策についての議論を提起することと矛盾しない。「つまり、政治的リベラリズムは、公共的理性の理想により諸々の見解の一般的同意（a general agreement）がつねに導かれるはずだなどと主張するものではないし、また、こうした同意に至らないことが悪いなどと主張するものでもないということである」（LP: pp.170=二四四頁）。コンセンサスを構成する政治的諸価値の是認こそ、公共的討議の前提である。換言すれば、公共的討議において、重なり合うコンセンサスは公共的理性に先行している[14]。コンセンサスは同意と同時に不同意を確認し、私たちの関係の親しさと隔たりをともに再記述する。適度なコンフリクトの保持は、むしろ維持されるべき条件である。公共的理性は常に複数の政治的構想の構成可能性を担保する。

それゆえ、細かくいえば、政治的構想という言葉も二通りの用法があると思われる。①重なり合うコンセンサスにおいて、包括的教説に対比されるものとしての政治的構想。②公共的理性を通じて同意された政治的構想。この場合も①が②に先行する。あるいは、①からは複数の②を導くことができる。より精確ないい方をすれば、①は政治的諸価値を完備（complete）したものとしての政治的構想、②は同意された正統な基本的政策パッケージとしての政治的構想だと、それぞれ述べることができるかもしれない。以下では、必要に応じて、①をC政治的構想、②をA政治的構想と呼んで区別する場合がある[15]。

C政治的構想：重なり合うコンセンサスの文脈において論じられる政治的構想。多種多様な包括的諸教説に対して、その単一性が強調される。公共的討議の前提をなすユニット。

「すべての人びとにとって、たとえそれがいかなるものであれ、自分自身の包括的見解の見地から政治的構想を、真もしくは理に適ったものとして受け容れることが可能になること。私たちはこのことを願うのである」(PL: p.150)。

「政治的構想は、最高でも、熟議と内省を導く枠組にすぎない。それは、私たちが少なくとも憲法の必須事項と正義の基本的問題についての政治的同意にいたる助けとなるものである」(PL: 156)。

A政治的構想：公共的理性の文脈において論じられる政治的構想。コンセンサスを経て同意(agreement)のレヴェルにおいても是認されたもの。公共的討議に応じて多様な形態が成立しうる。

「私たちは、正義の諸原理の特定内容について意見を異にするかもしれないが、〔リベラルな政治的〕構想のより一般的な特徴については依然として同意しているのである。……私が〈公正としての正義〉とよんだ見解は、リベラルな政治的構想のほんの一例にすぎない」(PL: p.226)。

「したがって、公共的理性の内容は、正義にかんする一群の政治的構想によりあたえられるのであり、ただひとつの構想だけがそれを規定するわけではない。数多くのリベラリズムとこれに関連する数多くの見方が存在しており、したがって、一群の道理に適った政治的構想により特定される、数多くの形態の公共的理性が存在するのである。〈公正としての正義〉にしても、その利点が何であるにせよ、これらの公共的理性のなかのひとつに過ぎない」(LP: pp.140-141＝二〇五頁)。

続いて、以上の議論とも通じるものであるが、コンセンサスが公共的討議(正当化)の前提として想定されていることを確認しておきたい。ロールズによれば、正当化(justification)はたんなる証明(proof)と異なる。なぜならば、正当化は人びとの間での不一致から生じるものであって、理由による調停を試みるならば、それは何らかの仕方で共有された判断や熟考と結びつくものでなければならないからである。[16]「したがって、正義の原理を支持する論証は何らかのコンセンサスから発するものでなければならない、という要求は適切きわまりない。これこそが正当化の本質をいい当てている」(TJ: p.581/rev.508＝七六五頁)。

この『正義論』での正当化論は、『政治的リベラリズム』においてもはっきりと受け継がれている。「正当化は他者に宛てられたものであるがゆえに、それは、共通に保持されたもの(あるいは、されうるもの)から進まなければならない。そこで私たちは、公共的政治文化に潜在する共有された根本的諸観念からはじめるのである」(PL: p.100)。この意味でのコンセンサスは、正義の原理に関する議論の最終的な帰着点ではなく、より細かな討議のために必要とされる論理的・文法的前提にほかならない。[17]

かかるコンセンサスは、かなりの程度は歴史的に形作られてきた伝統によって形作られているといってよい。ただがもちろんそれは修正を必要としないわけではない。「道徳哲学の達成目標のひとつは、どのような同意も存在しないと思われるところに、同意のための可能な基礎(possible basis of agreement)〔＝コンセンサス〕を探し当てることにある、と。道徳哲学が試みなければならないのは、ある既存のコンセンサスの範囲を拡大することと、さらに私たちの熟考のために識別力のある道徳の構想を構成することである」(TJ: p.582/rev.509＝七六六頁)。

伝統や実践がそうであるように、コンセンサスは正当化の前提であると同時に、その正当化を通じて絶えず分節化し直される（反省的均衡）。この意味でのコンセンサスは、学問研究におけるパラダイムに準ずるものと考えることもできるであろう（TJ: pp.389-390/rev.341＝五一一頁）[18]。

最後に、安定性の問題においては、コンセンサスは正当化の対象とされる。安定性の問題は『正義論』第三部の主題をなす中心問題であり、政治的リベラリズムにおいては重なり合うコンセンサスの議論がそれを担うことになる。というより、〈単なるコンセンサスではなく〉重なり合うコンセンサスの議論がなされている場合、基本的に安定性の問題が論じられていると想定してまず問題ない。〈重なり合うコンセンサス・安定性の問題・C政治的構想〉と〈公共的理性・公共的討議の問題・A政治的構想〉の各ペアは、理論上、ひとまずは区別可能であり、そうしておくことが有益である。

理に適った多元主義の事実を前提とするならば、人びとはみずから固有の価値観によって、コンセンサスの焦点部たる政治的諸価値＝C政治的構想を、それぞれ異なった仕方で是認することになる（R: p.32＝五五頁）。ただし、そこで正当化の対象とされるコンセンサスは、「ハーバーマスへの返答」（一九九五年）において、さらに細かく、容易にミスリードを誘いかねない仕方で議論されている[19]。以下では、これについてさらなる考察を行なう。

◉5-3-2　重なり合うコンセンサスと三つの正当化

ロールズは、重なり合うコンセンサスをよく理解するためには、三つの正当化を順に見てゆくのが有益だとする。これは、第二章で論じた正義の構想の二段階論証をさらに補足したものといってよい【2-5-2】[20]。

「第一に、政治的構想の〈当座の正当化〉（*pro tanto* justification）。第二に、社会における個別の人格による（by an individual person）、政治的構想の〈完全な正当化〉（full justification）。最後に、政治社会による（by political society）、政治的構想の〈公知的正当化〉（public justification）」（PL: p.386）。

これらはすべて重なり合うコンセンサスについての議論であるので、主題とされているのは安定性の問題であり、正当化の対象とされるのはC政治的構想である。

まず、〈当座の正当化〉について。これは、政治的諸価値が完備するような仕方で、政治的構想をまず導いておかなければならないとする要請である。「すなわち、政治的構想によって特定化される政治的諸価値は、以下のように適切な仕方で順序づけ・比較考量をされていなければならない。つまり、この諸価値のみによって、憲法の必須事項と基本的正義の問題にかんする（ほとんど）すべての問いに対して、公共的理性による理に適った解答（a reasonable answer by public reason）を与えるように、である。これが〈当座の正当化〉の意味である」（PL: p.386）。

この文章は詳しく見られる必要がある。誤解のひとつは、この「公共的理性による」という表現を、市民たちが実際に公共的理性を行使するという意味でとってしまうというものだ。しかし、コンセンサスの焦点部たる政治的諸価値（C政治的構想）を最初の段階で公共的理性の対象（A政治的構想）とすることは、明らかにロールズの基本的主張に背く。繰り返すならば、重なり合うコンセンサスは公共的理性の実践に先行する位相を異にする議論である。[21]

それゆえ、私独自の解釈になるが、この「公共的理性による」という表現は、政治的諸価値の完備性という性質を説明する形容詞的表現として読まれなければならない。〈当座の正当化〉の段階においては、公共的理性の実践が政治的諸価値を定めるのではなくて、その逆に、政治的諸価値が公共的理性の適切な対象となるように、ひとまずC政治的構想として範域を画定されなければならないのである。つまるところ、〈当座の正当化〉は政治的構想が自立的な（freestanding）構想であることを要請するものだと思われる。

続いて、〈完全な正当化〉について。まず重要なのは、「個別の人格による」ものだとして、正当化の主体が明示されていることである。[22] この段階において、人びとは〈当座の正当化〉によって暫定的に練成されたC政治的構想を自身の包括的な価値観と整合させるように試みる。その際、人びとはこの正当化をあくまでもみずからの独自の善の構想の観点内部から行なう。基本的に私人として、個人内（intra-person）において内省するのである。注意すべきこととして、この個人レヴェルにおける反省的均衡において、用いられる推論は公共的な価値に根ざしている必要はない。むしろ、公共的理性ではなく非公共的理性こそが〈完全な正当化〉においては主に用いられると思われる。[23]

最後に、〈公知的正当化〉について。まず、この訳案自体の説明が必要だろう。public justification は公共的正当化と訳すのが自然だからである。だが、公共的正当化という言葉は、今日では一般に、人びとの間で妥当な理由を提示・探求しあうという意味で政治理論や道徳理論において広く用いられるようになっている。ロールズの場合は公共的理性がこれに相当するが、繰り返すならば、公共的討議の問題と安定性の問題は峻別されなければならない。その意味で、この文脈において「公共的正当化」という表現を用いるのは不適当である。より積極的な理由としては、内容から判断して、この正当化で言わんとされているのは公知性（publicity）のことだと推察されるからである【4-3-2】。[24] この最後の段階において重なり合うコンセンサスは決定的な役割を果たす。

「ここで決定的に重要な点はこうである。政治社会のための政治的構想の〈公知的正当化〉は諸々の理に適った包括的教説に依拠したものであるが、この正当化は間接的な仕方によってのみ（only in an indirect way）行なわれる、ということである。すなわち、〈公知的正当化〉において、諸々の包括的教説の表現内容（express contents）はいかなる役割も果たすことがない。市民たちは他者の教説の内容を覗き込むことはなく、それゆえ〈政治的なるもの〉の境界内にとどまる（remain within the bounds of the political）。むしろ、市民たちは理に適った重なり合うコンセンサス（存在）の事実のみを考慮に入れ、それにいくらかのウェイトを与えるのである」（PL: p.387）。

重なりあうコンセンサスの存在それ自体によって、互いの包括的教説の内部に立ち入ることなしに、基本的諸自由と諸権利の相互尊重が示され、正統性の次元を承認できることになる。裏からいえば、「理に適った重なり合うコンセンサスがなければ、〈公知的正当化〉は存在しえない」（PL: p.388）。

相異なる包括的教説を抱く人びと（あるいは同じ包括的教説を抱く者同士であっても）は互いの内面を詮索することから免れており、しかも同時に、理由づけは異なるが同一のC政治的構想を誠実な仕方で支持していることへの信頼が成立している。重なり合うコンセンサスという理念的実在は政治的和合が面従腹背でないことを保証する。リヴァイアサンは内側から食い破られはしない。彼我の差異を一階の世界観のレヴェルにおいて所与のものとしたうえでメタレヴェルでの相互承認を可能とすること。重なり合うコンセンサスが拓くのはそうした政治的協働の可能性にほかならない。

人びとは全人格的にではなくあくまでも市民という地位においてのみ、公知性が要求する何も隠されていない透明な関係に立つことになる。それは決して嘆くべき消極的なものではなく、今日の世界の境遇においては積極的に肯定すべき事態なのである。この〈公知的正当化〉は、理に適った多元主義の事実下での安定性問題への応答、つまりは差異に感応的な〈正と善の合致〉の最終的な定式化にほかならない[25]。

◉5-3-3 コンセンサスと理想理論／非理想理論

本項では以上の分析を踏まえて、あらためてコンセンサスと公共的理性の関係について論じてゆきたい。まず、理想理論においては、重なり合うコンセンサスの議論（安定性の問題）はひとまず問題がないものとされる。前述の三段階の正当化のプロセスを踏まえることによって、人びとは各々独自の仕方で同一のC政治的構想を是認しており、しかも自分以外の人もそうしているのだという公知性の条件も充たされている。

ここでは、正当化の前提としてのコンセンサスが成立しているため、公共的理性がスムーズに順接することができる。すなわち、共有されたC政治的構想を討議の出発点としながら、人びとは公共的理性の実践に携わることをつうじて、より実質的なA政治的構想を認証し合うのである（R: p.27＝四六―四七頁）。

この場合でも、結果として導かれるA政治的構想に、人びとは完全に満足するわけではない。たとえば、ロールズの議論を全面的に受け容れる人びとは〈公正としての正義〉を最も理に適ったA政治的構想と考えるであろう。しかし、適切な公共的理性の実践を通じてそれ以外のA政治的構想が認証されたとしても、彼らは、それがC政治的構想から導かれた互恵性を充たすものであるゆえに、依然として理に適ったものであるとして支持することができる。このことは、他のA政治的構想を支持する人びとにも当てはまる。

理想理論的な状況下では、公共的理性はつねに重なり合うコンセンサスの焦点内部で行使されることになる。この場合、公共的理性のプロセスは〈純粋な手続き上の正義〉としての性格をもつものとなり、導出されるA政治的構想は、いかなるものであれ受容可能だと想定される。それは規範的な政治的正統性の理念を充たす（Nagel 1991: p.8）。

以上の議論をまとめると、理想理論においては、安定性の問題は重なり合うコンセンサスによって解決されており、そのコンセンサスの内部で公共的討議が行なわれることになる。あるいはこれを、重なり合うコンセンサスは公共的理性に先行するといってもよい。では、こうした事態は、公共的理性の観念にどのような性質として反映されることになるだろうか。ここでは、クォンによる政治的正当化に関する三つのモデルを参考としつつ、公共的理性による理由づけの性質について論じておきたい。彼はコンセンサスと（公共的討議に関わる）正当化の関係についてこうまとめている。

「〈強いコンセンサスモデル〉（*strong consensus* model）は、各人が決定をまさしく同一の理由によって受け入れなければならないと主張する。〈弱いコンセンサスモデル〉（*weak consensus* model）はたんに、決定を受け入れるための各人が用いる理由が（他人にとっても妥当な理由として受容可能な）公共的・共有された理由であるべきだと主張するのみであって、異なる人びとが異なる公共的理由によって（for different public reasons）決定を承認することもできる。……最後に、〈収斂モデル〉（*convergence* model）が存在する。これは、異なる人びとが皆、異なる非公共的理性によって決定を承認した場合でも、当の決定は公共的に正当化されうるのだという のを認めるものだ」（Quong 2011: p.264）。

クォンによれば、ロールズはしばしば〈強いコンセンサスモデル〉を是認しているとして批判されるが、彼は実際のところ〈弱いコンセンサスモデル〉を提唱しているにすぎない。この評価は妥当だと思われる。なぜならば、公共的理性は重なり合うコンセンサスを経由するゆえに、A政治的構想への承認は、各々の包括的教説からの様々な仕方での理由づけを介したものであることが可能だからである。(26)

対して、〈強いコンセンサスモデル〉は、重なり合うコンセンサスを媒介としない（むしろその必要性を否定する）タイプの公共的正当化論に認められる。そこでは認知的妥当性や真理性がすべてである。というより、このモデルにおいては端的にコンセンサスが存在すべきなのであって、わざわざそれが重なり合う必要はない。仮に重なり合うコンセンサスが成立していたとしても、〈強いコンセンサスモデル〉はそれが単なるコンセンサスになってゆくことを要求するであろう。

最後に、〈収斂モデル〉はいわゆる暫定協定（modus vivendi）にとどまろうとするものだといえる。そこでは複数の当事者が同一の決定を受け容れるか否かのみが問われ、その理由づけは考慮の外におかれる。このモデルは、コンセンサスの抑圧性・欺瞞性を認め、デモクラシーを討議ではなく闘技の観点から考察する試みとも親近性をもつ。しかし、ともすれば問題意識が先行するあまりにそうした試みが規範理論的には不明瞭なものにとどまりがちであるのに対して、〈収斂モデル〉の代表的理論家であるG・ガウスは建設的な見解を打ち出すことに成功している（Gaus 2011）。ただし、ガウスの仔細な議論にここで踏み込むことはできないが、〈収斂モデル〉が一定の利点（包摂しうる見解の拡張）をもっているのは確かだとしても、それは、私的ではなく公共的な理由だと自分が誠実な仕方で信じる理由を提示する、という公共的理性の基本的要請に背く（Quong 2011: p.265）。正しい理由による安定性を支持しようとするならこのモデルは棄却される。

政治的リベラリズムは、まさしく包括的な道徳的教説と暫定協定とのあいだに進路をとるものとされていた【2-1】。その試みは、理想理論においては、重なり合うコンセンサスと公共的理性についての〈弱いコンセンサスモデル〉として反映されるのである。しかしながら、そのコンセンサスが不明瞭となる場合、すなわち非理想理論においては、公共的理性はコンセンサスの境界線自体を問い直す性格を帯びざるをえない。人びとは市民であると同時に私人として公共的なアリーナに登場する。[27] この状況では、例外的に、安定性問題のコンセンサス

と公共的討議のコンセンサスとが、後者から前者という通常とは逆の方向において接続されうる。(28)

理想理論における重なり合うコンセンサスが共有されうる焦点内部にもっぱら関連するものであるのに対し、非理想理論におけるそれは共約可能な焦点部と不可能な周縁部との関係づけをめぐる訴えかけをも含む。別の文脈におきかえていえば、人びとは前者においては市民として相互に正当化可能なものを追求するのに対して、後者においては市民かつ私人として共約可能な価値と不可能な価値とを各々独自の仕方で再解釈することによって公衆へ訴えかける。

公共的理性は、理想理論においてはコンセンサス内部での正当化であるが、非理想理論においてはコンセンサス自体を問い直す試みとなる。この意味で、公共的理性はコンセンサスの内にありつつそれを超える契機を有する。それはまさしく、法への忠誠の範囲内で――とりわけその外縁部分において――法への不服従を表現する、という市民的不服従の契機を引き継ぐものにほかならない（TJ: p.366/rev.223= 四八三頁）。コンセンサスはひとつの境界線であるほかはない。ただしそれは不断に引き直される境界線なのである。

公共的理性の観念は、それを発展史的視点から捉えようとする有力な先行研究においても、もっぱらロールズの道徳理論的側面ないしは正当性（justification）の側面から説明がなされてきた。(29)もちろんそのこと自体は誤りではない。だが、公共的理性は道徳的であると同時に政治的なものとしても捉えられなければならない。

これまで本章では、あえて理想理論ではなく非理想理論に属する市民的不服従の観念に注目することによって、従来の研究では見過ごされてきたロールズの政治理論的側面ないし正統性の側面と切り結ぶ公共的理性の観念の姿を明らかにした。このことは、以下でみる「公共的理性の包摂的見解」を検討するにあたってさらなる知見を提供する。次節ではこのことについての検討を行ないたい。

四　公共的理性とその但書

◉5-4-1　理想理論と正統性

ロールズは公共的理性の観念を基本的には理想理論の観点から論じている。しかしそれは同時に非理想理論の観点からも論じられている。公共的理性の広い見方や包摂的見解と称されるこの議論も、すでに様々に論じられてきているが、おそらくそれが市民的不服従論の再論でもあることは注目されていない。本節ではこの知見をもとにして、非理想的状況における公共的理性を主題とした考察を行ないたい。

最初に、これまでにも用いてきた言葉であるが、〈理想理論〉／〈非理想理論〉という分析枠組について改めて確認しておきたい。〈理想理論〉は正義の理論を統制づけるものであって、論理的に〈非理想理論〉に先行する。それは政治的活動のあるべき全体的な方向性を指し示す（PL: p.285）[30]。

ロールズは、公共的理性についても、まず理想理論を提示した上で非理想的状況にすすむという彼の流儀で議論を進めている。『政治的リベラリズム』においては、各人が包括的教説に根ざす政治的諸価値の基礎とみなすものを公共的なフォーラムに導入することをめぐる、排除的見解（exclusive view）と包摂的見解（inclusive view）との対比として、それは描かれている（PL: pp.247-249）。

秩序だった社会が安定している理想理論的な状況下においては、排除的見解が選択される。この場合、人びとはみずからの包括的教説を公共的フォーラムに導入してはいけない。そうすることは市民間の尊重を挫き、社会の安定性を損なうと想定されるからである。これに対して、非理想理論的な状況下においては、包括的教説の導入を支持する包摂的見解が選択される。ただし、その非理想性の度合に応じて議論は異なってくる。

まずは、理想理論からの逸脱が比較的小さなケースである。たとえば、公正な機会均等原理について議論が生じており、政府は公立校のみを補助すべきか、それとも宗教団体の私立校をも補助すべきかが争われているような場合である。この場合、それぞれの代表者が公共的フォーラムにおいて、みずからの世界観を提示しつつ討議することが事態の改善に繋がると期待される。

しかし、憲法の必須事項に関して深刻な分裂がある場合、非常に異なったケースが生じる。念頭に置かれているのは南北戦争や公民権運動であり、先のケースがあくまでも公共的理性の内部にとどまっていたのに対し、こちらのケースはそれを超えて市民的不服従（あるいは内戦！）にまで至ったものである。ロールズによれば、その置かれていた歴史的制約からするならば、公共的理性の理念は奴隷廃止論者や公民権運動のリーダー達の行動は包摂的見解として許容される（PL: pp.250-251）[31]。

ところで、こうした議論からも明らかなように、ロールズは公共的理性の観念に理想理論の次元があることを否定していない。ここでも彼はあくまでも理想理論をベースにして議論をいつも通り組み立てている。しかし、論者によっては、政治的リベラリズムと理想理論とは本質的に相容れないではないかという解釈をする者もいる。これは重要な論点であるので、詳しく触れておきたい。

実はフリーマンがこの立場を打ち出している。私が彼と最も意見を異にするのは、この政治的リベラリズムあるいは正統性の観念の位置づけの仕方である。彼は政治的リベラリズムを「非理想的な、部分的遵守理論の最も基礎的な部分」としている。なぜならば、理に適った多元主義の事実のもとでは、実現可能な最善の状況においてさえも〈公正としての正義〉が全員一致で選ばれることはないからである（Freeman 2007b: p.379）。理に適った多元主義の事実の認識は、ロールズが抱きつづけてきた秩序だった社会――すべての人びとが〈公正としての正義〉という同一の構想を是認している――の観念の妥当性を弱めざるをえないのではないか、と彼はいささか消極的な評価を政治的リベラリズムに下している（Freeman 2007a: p.256）。

さらに、ワイスマンも似たような解釈を行なっている（Weithman 2015）。彼は正統性の観念を認めはするが、私とは異なり、それを適度なコンフリクトを積極的に包摂するものとしては捉えない。正統性の原理はあくまで憲法と立法レヴェルでの不同意を調停するものにすぎず、正義の二原理の地位は揺るがない。彼にとってもまた、ロールズの到達点は『正義論』に帰せられる。これに応じて、政治的リベラリズムが掲げる理に適った多元主義との和解は、ワイスマンに言わせれば、理論的にはむしろ低下（a lowering）を示唆するものとされる（Weithman 2010: p.265）[32]。

しかし、〈公正としての正義〉が必ずしも選ばれないことをもって、政治的リベラリズムを非理想理論として位置づけることは適切ではない。おそらく彼らは、〈公正としての正義〉を認知的な道徳原理の観点を重要視しつつ捉えようとしているのだと思われる。だがそのような解釈をしてしまうと、畢竟、政治的リベラリズムはひとつの基礎理論ではなく応用理論となってしまう。あるいは、『政治的リベラリズム』は『正義論』に従属する著作になってしまう。

もちろん正義の構想は認知的要素を含むものでなければならない。しかしながら、特定のA政治的構想が全員一致で選ばれることはない――これは政治の本質の一側面と考えて問題ないであろう――ことをもって、それを非理想的状態とみなすのは不適切である[33]。理に適った多元主義の事実という前提においては、理想的状態自体に不同意の契機が組み入れられている[34]。政治的構想は包括的教説が適用されるにすぎない主題のひとつではなく、相対的な独立性をもった固有の主題にほかならない。「政治哲学も、〈公正としての正義〉もどちらも、そのような応用道徳哲学ではない。政治哲学は、それ自体の独自の特徴と問題をもっている」（R: p.14＝二四頁）。

フリーマンやワイスマンの解釈は、政治哲学ではなく道徳哲学の側面を強調してロールズを読み込むものだといえるかもしれない。だが私は、政治的リベラリズムへの展開を果たしたロールズ理論は第一義的には政治哲学として読まれる必要があると考えている【2-5-2】。『政治的リベラリズム』は『正義論』の応用理論（あるいは後退戦）ではなく、それ固有の主題を有したもうひとつの magnum opus にほかならない。それは道徳原理の正当性ではなく政治体制の正統性を理念的に把握しようと試みるものである。

公共的理性を道徳哲学ではなく政治哲学の主題として捉えるならば、そして、そこで想定される政治社会には理に適った多元主義の事実が成立しているのだとすれば、次のように考える方が精確だと思われる。すなわち、公共的理性に端的に現れる政治的リベラリズムの主題は、〈正当性の非理想理論〉ではなく、むしろ〈正統性の理想理論〉として考えられるべきなのである[35]。正統性をめぐる政治において適度のコンフリクトが孕まれるのは常態であって例外ではない。

ここまで本章では、市民的不服従と公共的理性が正統性の観念を媒介として連続したものであることを見てきた。一般的にいって、正統性が第一義的に照準するのは、最も妥当性を有したルールの在り方ではなく、むしろ、様々な価値観の間でコンフリクトが生じることを所与とした上でなお最終的な決定が相互に受容可能であるための手続きやメカニズムにほかならない。一定の紛争を前提とすること。そして、問題となる決定は典型的には統治の根幹に関わる類いのものであること。この意味で、正統性は際立って「政治的な」概念であり、それはまさしく『正義論』の市民的不服従と『政治的リベラリズム』の公共的理性の双方に認められるものである[36]。

こうして〈正統性の理想理論〉をベースにすることは、より多様な善の構想を充全に承認することにも繋がると思われる。非理想理論ではなく理想理論として構成されているので、そこで承認される善の諸構想は、いずれ克服されるべき対象ではなくそれ自体として肯定されるべき事態として把握されるに至るからである。これは本書の基本視座である〈差異の神義論〉にも沿うことになる。政治的リベラリズムはしばしば批判されるように現実に迎合するものではなく、むしろ現実を理想的次元において把握しようと試みる点において、依然としてひとつの――しかも差異によりセンシティヴな――理想理論なのである。

◉5-4-2 包摂的見解と但書

ロールズが公共的理性について最終的な定式化を行なったのは、論文「公共的理性の観念 再訪」(一九九七年)である。『万民の法』にも収録されるこの論文は、実質的にロールズが著した最後の論考といってよい。そこでは様々な論点が提示されているが、本章の問題関心からして重要なのは、公共的理性の但書(proviso)の議論である。これは先述した包摂的見解の発動条件に関わる。

「宗教的なものであれ、非宗教的なものであれ、道理に適った包括的教説はいつ持ち出されてもかまわないが、ただしそれは次の条件を満たす場合に限られている――つまり、そうした包括的教説が支持するものが何であれ、これを支持するのに充分であるような(包括的教説だけによりあたえられる理由ではない)適切な政治的理由が、やがて適当な時点で(in due course)提示されなければならないということである。適切な政治的理由を提示せよというこのような命令のことを、但書と呼んでおこう」(LP: p.152=二二一―二二二頁)。

すなわち、誠実な仕方で後に適切な政治的理由に翻訳されるという条件を受け容れるならば、包括的教説の導入は積極的に認められるものとなる。しかし、ロールズも認めているように、但書がいかにすれば満たされたものになるかについて明確に述べることは難しい。但書の期日は同日中または後日なのか、あるいはその義務を遵守するのは誰かについて、先立ってはっきりと語ることはできない。「この但書をどのように満足させるかということの詳細は、実践のなかでなんとか答えを出さなければならないものであって、あらかじめ存在する明確なルール群によって規律するなど、そもそも無理な話なのである」[37]（LP: p.153＝二二二頁）。

先述した社会的分裂が非常に深刻なケースについてはあらためてこう言われている。「また、奴隷制廃止論者たちや公民権運動に加わった人びとについて考えてみよう。たとえ彼らが自分たちの教説の宗教的根幹をいかに大きく強調したにせよ、これらのケースにおいては但書が満たされていた。なぜなら――彼ら自身が主張したように――こうした教説は基本的な憲法的諸価値を支持するものであり、したがって、理に適った政治的正義の構想を支持していたからである」（LP: pp.154-155＝二二四頁）。明らかにこのケースにおいては、但書の期日はかなりの長期に渡るものであり、その義務を受け継ぐ者も後世の人びとにまで及んでいる。社会的分裂が深刻であればあるほど、但書の履行期日や認定は幅広い観点からの評価を必要とする傾向にあるだろう。

これは一見したところ、深刻なケースであるほど包括的教説導入の閾値を下げることによって、容易に社会的分裂を昂進させるように思われるかもしれない。だがそれは正しくない。包括的教説の包摂が促進されるのは事実であるが、それはあくまでも誠実な仕方によってなされなければならない。政治的リベラリズムは暫定協定ではないのだから。また、但書の期日が長期に渡るようなケースにおいても、事態の収束につれて秩序だった社会の安定性が快復してくる。その場合、包括的教説の方が修正を被ることも多いにありうるだろう（Weithman 2010: pp.310-311）。

以上のことを踏まえて、但書に関連して二点述べておきたい。ひとつは、それが信託契約の趣きを帯びるということである。但書はその性質からして、その宣言と履行にズレを生じさせる一種の契約行為として現れざるをえない。とある宗教的言説が適切な政治的理由に翻訳されるには、場合によっては長期に渡る時熟を必要とする。時としてそれは世代を超えるものである。その中には現時点で生きているすべての人びとの寿命を超えるものもあるだろう。[38]こうした限界事例においては、いわば、今日の社会の礎となった過去の無数の人びと（特に憲法制定者）を信託者、現在の人びとを受託者、そして未来の潜在的他者を受益者とする信託契約が成立しうると想定できる。世代を超えるものでなくても、但書は常に未来完了形の時制としてしか語りえない。ただしそれは、消極的な判断停止ではなく、未来の人びとに対する責任を構成する積極的なコミットメントなのであり、時間軸の入った契約論なのである。これはともすればプラグマティックな次元に押し流されがちな公共的討議に、適切な仕方で理念的契機を導入可能とする論法として評価されるべきであろう。[39]

もうひとつは、包括的教説と公共的理性の言説としての性質の違いについてである。但書は前者を後者に翻訳することを要求するが、そのことによって両者は融合するのではなく、理想的には互いの性質自体は保持される。「また、次の点に注意を払うことも重要である。但書が満たされるなら、宗教的教説や世俗的教説を公共的政治文化のなかに持ち込んでも、公共的理性それ自体における正当化の性質や内容は変化しない。こうした正当化は依然として、一群の理に適った正義の政治的構想の言葉でなされるからである。一方、宗教的ないし世俗的教説がどのようなかたちで表現されるかにかんしていえば、そこには何の制約も要件も存在しない。たとえば、これらの教説は何らかの基準に照らして論理的に正しいものである必要もなければ、合理的評価にさらされる必要もないし、証拠による立証可能性も必要としないのである」（LP: p.153＝二二二―二二三頁）。

注目すべきは、公共的理性が正当化理由である一方で、包括的教説はそうではなく、一般的な合理的評価を必要としないとされることである。「そうしたものであるか否かということは、その教説を提示する人びとが決めることであり、さらには、そうした人たちが自分たちが語ることをどのように受けとめて欲しいと思っているかで決まるのである。通常、そういった人びとは、自己の見解がさらに広範な聴衆に受け入れられるよう、様々な実践的理由を持っているものである」（LP: p.153=二二三頁）。むしろ、宗教的預言を典型とする包括的教説に基づく言説は、豊かなイマジネーションによる訴えかけをこそ眼目とする。メッセージの合理性ではなく遂行性が問題なのである。(40) この意味で包括的教説の包摂は動機づけを促すことが期待される。

まとめるならば、但書は理念や動機づけの点で公共的討議を補強しうる。というより、包括的教説に根ざした政治的構想への積極的なコミットがなければ、政治的リベラリズムの安定性は極めて脆いものとなってしまう。時として政治的構想は、理念へのコミットの媒介を経た、内部からの更新の試みを必要とする。さもなくばそれは形骸化を免れえない。包括的価値と政治的価値とは、どちらかのみが一方的に優越するのではなしに――政治的価値を無視した包括的価値は容易に抑圧の教説へと転化し、包括的価値からの支持を欠く政治的価値は硝子細工のように脆くも崩れ落ちるだろう――動的に結合していなければならない。普遍性への意識が複数性の感覚に媒介されてあるとき、正しい理由による安定性はより強固なものとなるように思われる。

◉5－4－3　why be political?

ここから導かれることのひとつは、公共的理性の観念、とりわけその包摂的見解がいわば両面作戦を展開するものだということである。それは一方では信仰深い人びとが政治に積極的に参加することを求めるが、他方では彼らが理に適った多元主義の事実を承認するのを要求する。これらの要求はいずれも信仰深い人びとにとって少なからぬ心理的コストを課す。この問題を〈why be political?〉――どうして政治的でなければならないのか――の問いと呼ぶことにしたい。

この問いは、倫理学上で争われてきた〈why be moral?〉という問いと重なる部分とそれを超える部分を含むものである。〈どうして道徳的でなければならないのか?〉という問いで想定されているのは、道徳の存在を否定しそれに誠実な仕方でコミットするのを拒む人びとである。フリーライダー問題はその典型だといえよう。ただし、ここでは道徳自体に全面的にコミットする態度は通常問題とされない(むしろ、ある種の道徳的教説では、それはまさしく道徳の要請だとされる)。だが、〈why be political?〉においてはこのコミットの仕方について新たな問題が生じる。すなわち、仮に政治をみずからの奉じる宗教的見解で置換しようとするならば、それは容易に抑圧的な態度へと転化してしまう。〈why be political?〉においては脱政治的態度のみならず過政治的態度も問題となる。とりわけ、宗教的な包括的教説はその性質からして後者の問題を生じさせやすい。

これは正統と異端という問題にも関わるが、ロールズはこの難問に関して並々ならぬ関心を抱いていたと言われている(BI: pp.264-265)。政治的リベラリズムは、一方では信仰深い人びとが社会から雪崩を打って撤退しないように配慮しつつも、他方では先鋭化した政治的諸党派による凄惨な異端審問を防がなければならない。誰もが受容可能なリベラルな正統性(legitimacy)をめぐる討議が信仰告白を強いる正統教義(orthodoxy)をめぐる闘争へと転化するとき、社会はもはや協働のシステムとして存続することができない(分かれたる家は立つこと能わず)。理に適った多元主義の事実のもとで社会的協働が成立するためには、政治的正統性の領域が独立した価値を有するものとして弁証されなければならない。(R: p.189=二三三頁)。それゆえ、次なる課題は、この意味での〈政治的なもの〉に固有の領域が独自の重要な内在的価値を有することの論証である。

政治の領域と宗教の領域との関係において端的に現れる、政治的構想と包括的教説との関係をいかに首尾よく接合できるか。両者の遠心的/求心的な作用にともに注意を払いつつ、それを適切に方向づけること。これはまさしく、公共的理性の包摂的見解と但書、いやむしろ、外ならぬ政治的リベラリズムの第一の問いにほかならない。

五　政治の領域と宗教の領域——政治的リベラリズムの護教論

◉5-5-1　政治的護教論

政治的構想と（宗教的教義を典型とする）包括的教説との関係について、ロールズは一見意味の取りづらいことを述べている。一方でロールズは、政治的構想に体現される政治的諸価値が立憲デモクラシーの存続にとって重要な公共善であり、優先されるべき社会の政治的資本の一部であることを強調する。「それゆえ、正義の政治的構想やそれを支える価値と衝突する価値は、通常は凌駕される（outweighed）ことになるだろう。なぜなら、そのような価値は、相互尊重を支えとする公正な社会的協働を可能とする根本条件と衝突するものだからである」（PL: p.157）。

しかし、他方で彼は、政治的諸価値の優先性に慎重な留保を付している。「私たちは、政治的正義の主張と何らかの包括的見解の主張とを対抗的に考える必要はない。同じく、政治的諸価値は他の価値よりも内在的により重要なものであって、それゆえ後者の価値は覆される（overridden）と述べる必要もないのである」（PL: p.157）。政治的構想の価値論上の優位性までを論証しようとはせず、ただ事実上の優位性のみを説くにとどめるのである。

ロールズの立論は両面的な込み入ったものである。すなわち、彼は一方では政治的諸価値が重要なものであって優先性を持つとするのだが、他方ではそうした優先性があくまでも限定されたものにとどまるとする。換言すれば、政治的諸価値を必要以上に高めたり、基礎づけたりはしない。これは〈why be political?〉問題に対する応答としても解釈できよう。ここでは、このロールズの意識的な叙述方法を〈政治的護教論〉という観点から捉え、それが政治と宗教との関係を論じる際にどのような役割を果たすことになるかを明らかとしたい。

護教論（apology）とはみずからの信仰を擁護するための方策であって、その特徴は、批判者に対して必要なかぎりで反論を試みるところにある。すなわち、当の信仰が完全無欠なものだというのではなく、少なくとも信じるのが不合理ではないと示すことを目的とする（LHMP: p.107＝一七二頁）。またこれのコロラリーとして、護教論はみずからの正しさを確信しつつも、自他の関係を正統・異端の関係として描くことを周到に回避する。

ロールズは、バトラー、ライプニッツ、カントの中に護教論を読み取っている。とりわけカントはここでも第一の範例となる。周知のように、彼は一方でニュートン的世界観を理論理性の領域において基礎づけるが、それをもって実践理性の領域たる道徳を否定しない。科学を道徳を害するまでには高めないこと。そこにカントの偉大さがある。「カントはこう信じている。根本においてはひとつの理性しか存在せず、それは、適用の仕方に応じて様々な観念や原則となる。……この統一性の一側面が、実践的なものの優位にほかならない。そしてこれを論じることが、擁護論としての哲学（philosophy as defense）という観念へとつながる。[41]ライプニッツと同様に、カントは科学と実践的信仰とを和解させたいと――すなわち、それぞれを他方から擁護したいと（to defend each against the other）――考える」（LHMP: p.16＝四四頁）。

ロールズの場合、弁護の対象となるのは、リベラル・デモクラシーという政体ならびにこれに照準する政治的リベラリズムである。〈政治的護教論〉は、政治的構想と包括的教説とを分節化することによって、それぞれを他方から擁護しようと試みる。それは政治的リベラリズムへの異論に対して必要なかぎりで反駁するものとなるだろう。「いい換えるならば、哲学に対抗するには、哲学によって、それも必要最小限の哲学によって闘わなければなりません」(LHPP: p.417＝七五八―七五九頁)[42]。

◉5-5-2　定理と公理

〈政治的護教論〉の成否は政治的構想の提示の仕方にかかっている。「政治的構想の諸々の基礎的な概念・原理・徳性は、いわば、彼らの包括的な見解の定理(theorems)なのである」(R: p.33＝五七頁)。おそらくここでは意識的に、政治的諸価値が公理(axioms)ではなく定理のレヴェルにあることが強調されている。

「政治的諸価値はなにかその下支えとなるものをもつ、と考えることは、われわれが政治的諸価値を受けいれないことを意味しないし、公共的理性を尊重するための条件を肯定しないことも意味しない。それはちょうど、私たちが幾何学の公理を受け入れることが、定理を受け入れないことを意味しないのと同じである。さらにいえば、私たちは定理が公理から導かれるがゆえに定理を受け入れるのであるが、それとまさしく逆方向に、公理が定理を導くがゆえに公理を受け入れるともいえるのである」(PL: p.242)。

政治的構想と包括的教説との関係は、定理と公理との関係として提示される。そして反省的均衡の考えからすれば、一方向的な演繹ではなく、帰納を含む両者の双方向的な関連性こそ重要である。「〈公正としての正義〉は、私たちの判断をすべて、それらの一般性のレベルがどのようなものであれ――個別的な判断であれ、高いレベルの一般的確信であれ――道理にかなう合理的である私たちにとって、一定の内在的な道理性をもちうるものとみなす」(R: p.30＝五二頁)。価値の正当化に則していえば、政治的諸価値は基礎的ではあるが基礎づけ主義的なものではない(Freeman 2007b: p.33)。リベラルな価値が重要であるとしても、それが至高の内在的価値を有すると想定する必要はない。包括的リベラリズムと異なり、政治的リベラリズムはそのように主張することができる。

時に哲学的考察の不徹底だとして批判される、回避の方法（method of avoidance）という政治的リベラリズムの基本的スタンスもこうした観点から理解されるべきだろう。この方法は論争的な包括的教説を可能なかぎり脇によけておくべきだとするが、その眼目は以下のようなものである。「これらの〔包括的価値に関わる〕問いが重要でないとか無関心的にみなされるがゆえに、私たちは回避を行なうのではない。そうではなく、こうした問いは非常に重要であってそれを政治的に解決する方法は存在しないと認識するがゆえに、そうするのだ。寛容の原理への唯一の対案は国家権力の権威的使用である。それゆえ、哲学的にいえば、〈公正としての正義〉は意識的に表層へととどまる（justice as fairness deliberately stays on the surface, philosophically speaking）[43]」（CP 1985: pp.394-395）。

人びとは市民としては意識的に定理のレヴェルにおいて関わり合う。すなわち、政治的諸価値からなる公共的理性を行使する。そしてそのことを通じて、互いの公理（＝包括的教説）を直接批判することなしに政治的決定の正統性を承認することが可能となる。政治的リベラリズムは、意識的に〈政治的なもの〉の領域から出発しそこにとどまりつづける。「あらゆる事柄が考慮された上で（all things considered）いかなる道徳判断が真であるのかは、政治的リベラリズムが決める問題ではない。なぜなら、政治的リベラリズムはそれ固有の限定された視点の内部から（from within its own limited point of view）あらゆる問いにアプローチするからである」（PL: xx）。

◉5-5-3　妊娠中絶と胎児の人格性をめぐる争点

本項では、妊娠中絶という具体的争点を通じて、〈政治的護教論〉としての公共的理性の性質をさらに解明することを試みる。この争点を取り上げるのは、これがロールズが実際に考察を加えている貴重な事例だからである。ただし通例の議論とは異なって、以下の考察の眼目は、妊娠中絶の権利の是非や胎児の人格性の有無を明白にすることにはない。そうではなくて、こうした問題を議題とする場合、公共的理性はどのような仕方で議論をしなければならないか、ということに注目する。公共的理性のいわば文法的要請を解明することが以下の主題である。

ロールズはこの問題を、『政治的リベラリズム』の長い脚注で論じている（PL: pp.243-244 n.32）。理想理論として述べると前置きをした上で、彼は妊娠中絶を次の三つの重要な政治的諸価値の観点から考察する。①人間の生命に対するしかるべき尊重。②何らかの家族形態を含む、世代を超えた政治社会の秩序だった再生産。③対等な市民としての女性の平等。彼によれば、これら三つの価値の考量はどのようなものであれ、理に適ったものであるとしたら、妊娠最初の三半期において女性にその是非を決する適格な権利を与えるだろうとする。

これは一見したところ、公共的理性は常に胎児の生命（pro-life）ではなく妊婦の選択（pro-choice）を支持するものと解されるかもしれない。だがこれは精確ではない。この論点は「公共的理性の観念・再訪」にて再び取り上げられている。そこでは、『政治的リベラリズム』での主張の意図は中絶の是非を問うものではなかったと断りが入れられている。「私は中絶の問題それ自体にかんする検討は行なわない。というのも、私の関心は中絶問題ではなく、次のことを強調することにあるからだ。つまり、政治的リベラリズムは、公共的理性の理想により諸々の見解の一般的同意がつねに導かれるはずだなどと主張するものではないし、また、こうした同意に至らないことが悪いなどと主張するものでもないということである」（LP: p.170=二四四頁）。

たしかに、理に適った憲法であるならば一般に中絶の権利を認めるであろう。もちろん重要なのはその論拠が政治的価値に根ざして構成されることである。③女性の平等は、明らかに重要な政治的価値であることは動かせない。それゆえ、この論点は中絶の権利派に優位に働く。ただしこれをもって常に中絶の権利が認められるわけではない。①生命の尊重の観点から反論を行なうことは論理的には可能だからである。だが、その反論は包括的価値ではなく政治的価値に則して構成されねばならず、しかもその上で②と③の価値との比較考量がなされねばならない。現行の社会的状況においては、少なくとも通例的な妊娠初期のケースで中絶の権利を認めないことは著しく理に適っていない。挙証責任はそれを覆そうとする陣営に課せられる。だとすると、公共的理性は結局のところ〈妊婦の選択派〉に与するものであって、〈胎児の生命派〉は理に適っていないことになるのだろうか。

そもそも問われるべきは、中絶の権利が法的に承認されることがたとえばカトリックの信仰に不可避的な制約を課すのかどうかである。もちろん、そうした事態はカトリック教徒にとって望ましいものではないだろう。だが問題となっているのは権利であって義務ではない。「ローマ・カトリック教徒が、中絶の権利を認める決定を拒絶することがあるように、正統な決定であっても、これを拒絶する人びとが当然でてくることだろう。そうした人びとは決定を拒絶する理由について、公共的理性における議論を提示するのであるが、過半数を獲得することはできないかもしれない。だが、彼ら本人は中絶の権利を行使する必要はないのである。その権利が正統な政治制度と公共的理性にしたがって制定された正統な法であるということを、彼らは認めることができるのであり、そしてそれゆえに、これに力ずくで抵抗することは許されないこととなる」(LP: pp.169-170＝二四三頁)。

ただし見方を変えていえば、カトリック教徒に代表される人びとの心理的抑圧が必要最小限となるような仕方で、中絶の権利は定式化されねばならない。仮に胎児の人格性を端的に否定するなら、妊娠中絶の権利を擁護することは容易となる。だが、政治的リベラリズムの観点からすれば、もし他の論法によって裁定可能であるならばそちらを優先すべきだということになる。

それゆえ、〈政治的護教論〉としては、中絶の権利と胎児の人格性の有無とを切り離しておく方が賢明である。

両者は別の論点であって、前者の是認は後者に無差別である。切り離さないとしたら、中絶の権利の法的承認はある種の包括的教説を奉じる人びとに対して不必要なメッセージを送るものとなる。政治的リベラリズムは政治的価値の領域から出発し意識的にそこにとどまる。

この論点は、公共的理性と類似した互恵性に基づく熟議デモクラシーの構想を提示している、A・ガットマンとD・トンプソンの主張との比較によって明らかとなる（Freeman 2007a: pp.245-247）。彼女たちは、互恵性の原理が充たされたうえでもなお根本的な熟議の不同意（deliberative disagreement）があることを認めるため、公共的理性〈政治的諸価値〉を完備したものとしては考えない（Gutmann and Thompson 2004: p.73）。そのこともあって、彼女たちの構想する熟議デモクラシーはより積極的に論争を導き入れるものとなる。

両者のいずれが望ましいのかは価値判断の問題であって、一概に評価を下すことはできない。ただし、胎児の人格性の有無という争点に関して次のように述べられているのは指摘しておく価値がある。「この争点を欠くならば、中絶の合法化をめぐる意義深い公共的討議がなされることはないであろう」（Gutmann and Thompson 2004: p.68）。彼女たちはやはり中絶の権利を認めると思われるので、みずからの論法に照らし、包括的な理由づけをもって〈妊婦の選択派〉に立ち、翻ってカトリック教徒のような人びとの価値観の一部を批判することにならざるをえない。もちろん、そうした切迫した討議の中からこそ優れた政治的認識と公共的承認がもたらされることはありうるし、彼女たちの狙いもそこにあるのだろう。しかし、こうした試みは同時に社会に不和と分裂をもたらしうる。そのいずれが妥当するかは社会的状況にもよるのだろうが、〈政治的護教論〉はより慎重な途を選択するであろう[44]（谷澤 2000: 三九三―三九九頁）。

◉5-5-4　(not) indifferent――無差別であって無関心ではない

最後に、以上で考察してきた〈政治的護教論〉や寛容の精神といった政治的リベラリズムの中核に位置する論点を、「無差別」(indifference) という視点に重ね合わせる議論を提示して、本節を締め括ることにしたい。

まず断っておけば、以下の議論には、私独自の政治的リベラリズム解釈が入るものであって、テキスト上の裏づけが必ずしも存在しない。本書全体のキー・タームでもある〈差異〉の否定形たる indifference およびその形容詞形 indifferent は、時にネガティヴな含意を伴うが、それはロールズにおいても踏襲されている。たとえば彼は、まさしく寛容の精神を論じる段において以下のような表現を用いている。「さらに、良心の自由および思想の自由は、哲学上もしくは倫理学上の懐疑論 (philosophical or ethical skepticism) を根拠とするべきではないし、宗教および道徳上の利害関心に対する無関心性 (indifference) に基礎づけられるべきものでもない。正義の諸原理は、〔1〕独断論および不寛容と〔2〕宗教や道徳をたんなる選好の問題だと見切ってしまう還元主義、以上二つの極論の中庸を行こうとするに際して、適切な理路を定めてくれる」(TJ: p.243/rev.214＝三二八頁)。

この『正義論』での論法ならびに用語法は『政治的リベラリズム』にも引き継がれている。「それゆえ、適切に理解されたならば、寛容の原理が宗教における真理に対して無関心でないのと同様、正義の政治的構想は政治や道徳における真理に対して無関心ではない」(PL: p.151)。この箇所を含む節 (第四章第四節) のタイトルはまさに、「重なり合うコンセンサスは無関心でも懐疑的でもない」と題されている。だとすると、indifference/indifferent は否定的にすぎないもののように思われる。

しかしながら即断は禁物である。なぜなら、indifference/indifferent には、「無関心」とは区別される「無差別」というニュアンスも含まれているからである。両者はともに一種の中立性を標榜する態度であるが、ここで私が念頭に置く用法からすると、「無関心」は他者に関わること自体を厭ったり懐疑論に基づくがゆえにそうするのに対して、「無差別」はむしろ自分が信じるものとは別様の価値観にリアリティを認め尊重するがゆえにかく振舞う。いわばそれは、コミットメントゆえのデタッチメントをひとつの作法とする態度にほかならない。「無関心」はいかなる場合にも傍観者的立場に終始するのに対して、「無差別」の中立性は作為的なものであり時と場合に応じてその立場を変容させることを否定しない。

以下本節では（これまでもそう用いてきたが）、差異に対して端的に無頓着な立場を否定的に「無関心」、その逆に、差異に対して感応的であるがゆえにあえて評価を差し控える繊細な立場を肯定的に「無差別」と名指すことにしたい。これから論証したいのは、政治的リベラリズムがこの意味で（not）indifferent な性質をもつことである。すなわちそれが旨とするのは、無差別であって無関心ではない。

この「無差別」に体現される寛容の精神はいかなるものか。石川健治は法学における「無差別」というカテゴリーの特質、ならびにそれが自由や寛容という観念に対してもつ重要性を強調している(45)。彼によれば、刑法学においては「適法行為」や「違法行為」と並ぶ「放任行為」、憲法学においては自由権・受益権・社会権・参政権と並ぶ「国法との無関係」として定式化される「単なる自由」という独立したカテゴリーの存在が時に名指されている。

そして、こうした放任行為や単なる自由こそ、「法的に空虚な空間」において観念される、法的に無差別なものにほかならない。「適法と違法の評価は、問題となる生活事実が「法の領域」（Rechtsgebiet）と連関している（rechtsrelevant）ということを、前提としています。適法と違法の境界は、あくまで法の領域内部での境界線です。そして、「法の領域」に属している以上、生活事実に対する法的な評価は、適法か違法かの二値論理に服するのであって、中間はない。そこにはインディフェレンツはあり得ません。当該生活事実に対する「法の無差別」「法のインディフェレンツ」が存在し得るとすれば、それは「法の領域」とは異なる領域においてであろう。したがって、そのためには、「法的に空虚な空間」の存在を承認する必要がある、というわけです」（石川 2009: 一五一頁）。

すなわち、法的に無差別な行為や事態とは、そもそも法の領域に意識的に包摂されていないものであって、それらは法的に禁止されていないが同時に法的に許可されてもいないとされる（許容）。なおここでは、ある行為が禁止されていないとして、それが直接的に法的に認められている場合を「許可」、間接的に法的に無差別なものとして認められている場合を「許容」と、それぞれ区別することにしたい。具体例に考えられている事例は、単なる自由としては「散歩をする自由」[46]、放任行為としては「緊急避難」[47]といったようなものが想定されている。

それでは、なぜ、こうした〈法的に無差別〉という観点やカテゴリーが重要であるのか。石川は多岐にわたる議論を展開しているが、ここでは本章との関連性が高い妊娠中絶上の論点をとりあげたい。石川が注目するのは、ドイツの刑法学者・法哲学者たるA・カウフマンの議論である。彼はまさしくこの論点を〈法的に無差別〉の観点から論じたとされる。

「特にカウフマンが問題にしたのは、人工妊娠中絶を処罰していないという現状について、人工妊娠中絶がただ単に「許容されている」にとどまると評価すべきなのか、それとも、「法がそれを適法と考えている」と評価すべきなのか、ということです。カウフマンは、こういう問題はもともと様々な思想信条によって意見が区々に分かれるのだから、むしろ、これは法的に適法だと決めてしまうべきではなく、「放任」された領域だと説明したほうが良い。その方がむしろ、多元的な価値が乱立する現代社会において必要な、「寛容」（Toleranz, tolerance）という原理を支えることになるのだ、と主張しました。ここには、「寛容」とは〈他者〉

の選択に対する無差別の立場を採ることであり、「寛容」の原理を説明するのに最も都合のよい「自由」観は、法的インディフェレンツとしての自由である、という事情がよく示されております[48]」（石川 2009：一五五頁）。

仮に妊娠中絶が〈法的に無差別〉なものとして捉えられるとして、その許容は法的許可を意味しない。それはそもそも法的評価の外側にあるものとされる。これは先ほどみた〈政治的護教論〉による妊娠中絶擁護論と並行性を有している。これらの論法によるなら、たとえば中絶を禁じる宗教的教説の是非について国家が直接判断を下すことなしに、妊娠中絶を認めることが可能となる。もちろんこの場合、妊娠中絶を行なわない立場もまた許容されている。それは法的に無差別な事例なのである。妊娠中絶の権利が政治的諸価値に基づいて認められたとすれば、それはカトリックの教説の否定を必ずしも導くものとはならない。

さて、この〈法的無差別性〉についての着想は、妊娠中絶の事例にとどまらず、政治的リベラリズム一般にも敷衍できるように思われる。ロールズが明確に定式化しているわけではないが、その理論においてはいわば〈政治的無差別性〉が明らかに意識されており、またこれに照らすことによってこそ、政治的リベラリズムの最も精妙な論点をより明晰に解釈することができるように思われるからである。

ここで今一度〈回避の方法〉を振り返っておきたい。政治的リベラリズムは、寛容の原理を哲学それ自身に適用することによって、論争的な哲学的・宗教的教説からできるかぎり独立した正義の構想に照準する。繰り返すならば、回避の目的はこうである。「これらの〔包括的価値に関わる〕問いが重要でないとか無関心的にみなされるがゆえに、私たちは回避を行なうのではない。そうではなく、こうした問いは非常に重要であってそれを政治的に解決する方法は存在しないと認識するがゆえに、そうするのだ。寛容の原理への唯一の対案は国家権力の権威的使用である。それゆえ、哲学的にいえば〈公正としての正義〉は意識的に表層へととどまる」(CP 1985: pp.394-395)。

いうならば、包括的価値は〈政治的に無差別〉な領域とされるのである[49]。それゆえ、政治的リベラリズムは、政治的問題に対して、それ固有の限定された視点の内部からアプローチするのであった(PL: xix-xx)。政治的リベラリズムは、包括的価値に無関心ではないからこそ、それを無差別に取り扱う。政治的リベラリズムが用いる理に適った/理に適っていないという価値評価は、彼のいう意味での〈政治的なるもの の領域〉に固有のものであって、その外部に位置する〈政治的に無差別な領域〉に、直接的には適用されない[50]。

もちろん政治的リベラリズムは政治的構想が重なり合うコンセンサスを得られることを求める。ただし同時に、それは〈政治的なるもの〉の領域にとどまらねばならない(Freeman 2007a: p.250)。「なかには、反省的な同意に到達したこと自体がこの構想を真(あるいは高度の蓋然性を有したもの)とみなすことの充分な理由になると、主張する人もいるかもしれない。だが、私たちはこの更なる一歩を差し控える。それは、同意に根ざした正当化の公共的基盤を見出すという実践的な目標にとって不必要であり妨げとすらなりうる。なぜならば、多くの人びとにとって、〈真なるもの〉あるいは〈宗教的・哲学的に充分基礎づけられたもの〉は〈理に適ったもの〉を超えるからである(the true, or the religiously and the metaphysically well-grounded, goes beyond the reasonable)。重なり合うコンセンサスの観念は、市民たち個々が自身固有の包括的見解にそって踏み出すように、この一歩を委ねておく」(PL: p.153)。

重なり合うコンセンサスならびに公共的理性の観念、あるいはそれを基軸とする〈回避の方法〉や〈政治的護教論〉といった論法は、まさしく寛容の精神の適用から反射的に導かれる〈政治的無差別性〉の領域を弁護するためにこそ必要とされる。私たちは、基本的なカテゴリーであり、そして同時に、固有の道徳的価値たる正義の政治的構想をカバーするものとしての〈政治的なるもの〉の観念を堅持しなければならない。政治的価値は即時的には完全なものとされないし、されるべきではない。リベラリズムは包括的な観点からこれを基礎づけてはならない。それを行なえば、今ひとつの「リベラリズムという党派的教説」の誕生を招くことになるだろう。

　最後に付言しておけば、〈政治的護教論〉は繊細ではあるものの依然として消極的なものにも感じられるかもしれない。それは結局のところ、洗練された無関心という――重要ではあるが限界をもった――リベラリズムの徳を超えるものではない。そのように思われるかもしれない。いうまでもなく、差異をめぐって呟かれたか細き声を聴き取る回路が閉ざされるとき、無差別は無関心へと転化し、それは字義通り差異を抹消するものとなる。だが〈政治的護教論〉は、決して現実への黙認や諦念ではない。それは積極的には理念への〈政治的擁護論〉としてその姿を現わす。これについては次章で考察する。

六　小括

　政治的リベラリズムが重視するのは政治的構想（に体現される政治的諸価値）であるという主張は間違いではない。だが、より入念ないい方をするならば、政治的リベラリズムが何よりも重視するのは、政治的構想と包括的教説とを分つ境界線にほかならない。この境界線は、断絶のためではなく両者がしかるべき位置を占めるためにこそ引かれるものである（そして時として引かれ直される）。

　さらに、公共的理性や重なり合うコンセンサスは単純な正しさではなく多元的価値に感応的な正統性の観念に照準するものであった。政治的価値と包括的価値は矛盾しないし、それどころか両者が分節化されているからこそリベラルな公共的理性はより強固なものたりうる。ロールズはこのことを示そうとしてきたのだった（LP: pp.179-180＝二五七—二五八頁）。本章の議論に則していえば、『正義論』がカント的教説という公理から〈公正としての正義〉という定理を導出する試みであったのに対して、『政治的リベラリズム』は政治的構想という定理自体に照準しようとする試みであったともまとめることができよう。

このことは、あたかも後期ロールズが当事者ではなく理論家としての高みから、理に適った多元主義の事実という新たな根本的な政治的境涯を把握しえたとの印象をあたえる。この印象は同時に疑問でもあって、はたしてその認識は妥当なものなのか、彼はいかにしてこの視点に立つことができたのか（あるいはできていなかったのか）という問いが即座に浮かぶ。この大きすぎる問いに完全には答えることはできないかもしれない。現代が黄昏時であるかどうかが判明するには、今しばらくの時間が必要とされるのだろうから。

しかしながら、もしこの認識が妥当なものであるとしたら、政治的リベラリズムは、単一の包括的教説に基づく社会統合という長らく一般的であったヴィジョンを、理論的に把握しつくすことによって、過去のものとすることになる。それは、政治的構想を導入することによって、リベラルな見解を一歩先へと導こうとするものにほかならない。「社会の統一性はもはや（共通の宗教的信仰や哲学的教説によって与えられる）善の構想にもとづくのではない。そうではなく、自由かつ平等な人格としての、民主的国家における市民の構想に相応しい、正義の共有された公共的構想にこそもとづくのである」（PL: p.304）。

ロールズのいう〈政治的なるもの〉は、理に適った多元主義の事実を受け容れた上での、友敵の紛争ではなく互恵的な協働をめぐる関係性であり、政治的構想は私たちが市民の地位において友愛を取り結ぶ必須要素となる。そしてこの関係を介してのみ〈差異〉に感応的な政治は成立可能なのである。こうしたいささかスィーピングな主張に対しては、確かにその飛躍と危うさを指摘することもできるだろう。しかし依然として、政治的リベラリズムのヴィジョンが魅力的であるのもまた確かである。それは——少なくとも私には——賭けるに値するプロジェクトだと思われるのである。

注

（1）最終的な定式化を行なった「公共的理性の観念・再訪」（一九九七年）においては、公共的理性が正統性にまつわるものであり、さらに立憲デモクラシーの観念と不可分であることが一段と強調されている（LP: pp.131-132＝一九三―一九四頁）。公共的理性と立憲デモクラシーの観念との関連性は、『コモンウィール』誌インタビューでも終始強調されている（CP 1998）。

（2）際立った範例とされる最高裁判事の推論や言説はもとより、政治家の弁論、ひいては一般市民の投票行為にまで公共的理性の範囲は及ぶ（PL: p.215）【3－4－1】。

（3）この特徴は、まさしく、公共的理性の対象（正義の政治的構想）は憲法の必須事項と基本的正義の問題に限定されるという形で受け継がれる（R: p.41＝七三頁）。

（4）フリーマンは『正義論』においては正統性の観念はいささかも明示的に論じられていないとしているが（Freeman 2007a: p.221）、市民的不服従の議論を鑑みるならばこの主張は強すぎるものだと思われる。後に見るように、正統性についての彼の捉え方には疑問の余地がある【5－3－3】。

（5）なお、自然本性的義務は、相互尊重・扶助の義務という自尊にかかわる重要な要素と関連するゆえに、原初状態で採択される（TJ: p.338/rev.297-298＝四四七―四四八頁）。

（6）誤解の無いようにいえば、たしかに正義の義務は〈未確立の正義に適った制度編成を推進せよ〉と命じるものではあるが、それには「少なくとも私たちが耐えられないコスト（too much cost）を払わずとも実現できる場合には」という但書が付されている（TJ: pp.114-115/rev.99＝一五五頁）。一種の自発的コミットメントである市民的不服従自体は義務ではなくむしろ責務と親和性をもつ（TJ: p.377/rev.330-331＝四九六頁）。市民的不服従は、それゆえ、ロールズが用いる別の言葉でいえば「義務を超える義務」に準ずるとも考えられる。この性質ゆえに、正統な市民的不服従は、それへの参加／不参加のいずれもが理に適っていなくはない（not unreasonable）ものとなる。

（7）この繋がりを、クォンは簡潔にこうまとめている。「公共的理性の観念は〈リベラルな正統性原理〉から導かれる実践理性＝

理念としてみるのが最善である。……それゆえ、公共的理性の実践は市民たちにとって、〈政治権力の行使はすべての理に適った人びとに対して正当化可能でなければならない〉という一般的テーゼに対するコミットメントを表明するための具体的方法なのである」(Quong 2011: p.43)。

(8) 一般に文法規則や発音上の制約が発話をむしろ成立させるように、副詞的制約として捉えられた公共的理性は人びとが〈市民としての言説〉を語ることを可能にならしめる。そうした働きは制約ではなく権能付与的な機能を果たすものであって、人びとの間の新たな関係性や自由を構成するものであるとすらいいうる。オークショットに関連させつつこの論点について述べられたものとして、中金 1995: 二一一—二一二頁。

(9) ネーゲルはこの点を正確に把握している。「ロールズは、公共的理性が同意を産出するように保証された実効的な決定手続と考えられてはならないと強調している。そうではなく、公共的理性は特殊な形の不同意・論拠・反対論拠からなるものとして捉えられるべきなのだ。これは、コンセンサスを生むか否かにかかわらず、相互に認知された評価と証拠を用いるように試みる。たとえば、対抗者による分配的正義への論拠に説得されなかったとしても、私たちみなが共有する推論能力によって、私たちは彼らが〈相手にとって受容することが理に適っているであろうと自分が考える根拠〉を提供していることを認識することができる」(Nagel 2002: p.99)。

(10) この場合の「互恵性の基準」は、自分の提示する公正な協働の条項が他者にとっても理に適った仕方で拒絶しえないものであることを要求する。その意味で、この基準はカントの根源的契約の原理と類似性をもつとされている(LP: p.135 n.16= 三一〇頁, 注16)。

(11) ロールズはこのことを、公共的理性は二つの部分を持つとも表現している(PL: p.224)。すなわち、社会の基本構造のための実質的原理ならびに共通に受け入れられた探求の方法と推論様式とであって、シヴィリティの義務は後者の側に列挙されている。

(12) agreement は「合意」という訳語の方が適切であるかもしれない。ただし、本書では「コンセンサス」表記を当てている consensus が先行研究では「合意」と訳される場合が多いので、混同を避けるためにも「同意」と訳出する。なお、いわゆる契約論的な議論と直接関連するのは、同意であってコンセンサスではない。

(13) ②と③の関係は厄介なものであるが、後述するように、公共的討議/安定性の問題のどちらの文脈においてコンセンサスが論じられているかということが重要である。

（14）より精確にいえば、重なり合うコンセンサスが関わる安定性の問題と、公共的理性が関わる公共的討議の問題とは区別されており、しかも理想理論としては両者が問題なく順接する。このことは以下で詳しく論じられる。

（15）なお、C政治的構想の中でも憲法の必須事項については、A政治的構想においてこれを変更することはできない。具体的には、第一原理ならびに第二原理の中の、形式的な機会の平等・社会的ミニマムの保障・政治的諸自由の公正な価値が該当する。「憲法の必須事項の然るべき内容については、もちろん、そのあらゆる詳細にわたってではなく、その概要についてであるが、同意（agreement）を得ることは可能だと思われる」（R: p.49= 八五頁）。ここで「同意」が用いられていることからも窺えるように、憲法の必須事項については具体的な社会状況を超えた妥当性が想定されており、その都度の政治的決定によって棄却されうる対象としないことが要請される。

（16）この証明と対比された正当化は、岩田靖夫の整理を参照していえば、アリストテレスの『トピカ』における、論証（apodeixis）と対比された対話的推論（dialektikos syllogismos）の考えを、おそらくは踏まえている。後者はまさに公共的な合意（endoxa）から発するものとされる（岩田 1994: 一〇―一七頁）。ロールズの用いるコンセンサスというタームは、いわばエンドクサの英語訳なのである。

（17）それゆえ、コンセンサスはあまりに負荷が大きいものであってはならない。公共的政治文化から自立的なものとして練成される政治的構想は、A政治的構想ではなくC政治的構想のレヴェルにとどまらなければならない。S・ムルホールとA・スウィフトは、政治的リベラリズムは実際のところ強い（包括的とさえいえる）公共的正当化へのコミットメントを伴っており、そうであれば、わざわざ公共的政治文化に正当化の基点を求める試みは余分であると批判している（Mulhall and Swift 1996: pp.242-245= 三〇〇―三〇四頁）。だがこれは以下の点から不充分であると思われる。彼らはC政治的構想とA政治的構想とを分節化できておらず、政治的リベラリズムに実質的なA政治的構想を要求度の強い形で端的に読み込んでしまっている。しかし、あらゆる人びとが受け入れ可能な公共的正当化は、より負荷の低い、C政治的構想のレヴェルにおいてひとまず捉えられねばならない。公共的政治文化に正当化の起点が求められるのは、おそらくそのためである。そこで要請される要求は、リベラルではなくとも理に適っている人びとならば受容可能な程度にまで負荷が抑えられたものでなければならない。

（18）野家啓一は、Th・クーンのパラダイム論の特質を、それが歴史的に形成されたものでありつつも世界経験の可能性の条件をなすという点に着目しつつ、「歴史的アプリオリ」という用語でいい表している（野家 2008: 二八〇―二八八頁）。野家自身も反省的均衡に言及している箇所があるが、この言葉はロールズのコンセンサス論、あるいはロールズ理論全体に対しても非常に示唆的である。

(19) たとえば、安定性の文脈における「正当化」という用語から、ハーバーマス的な公共的討議のようなものをイメージしてしまうと、ロールズの主張はとたんに不整合なものとなる。

(20) 第二章での整理に則していえば、第一段階（正義の構想の導出）が〈当座の正当化〉、第二段階B（正と善の合致）が〈完全な正当化〉と〈公知的正当化〉として述べ直されることになる。ロールズの目的は、認知的観点からすると重なり合うコンセンサスは余分なものではないかというハーバーマスの批判に対して、〈公知的正当化〉（＝重なり合うコンセンサス）が固有の重要な役割を果たすことの論証にある。なお、第二段階A（道徳心理学）は、ここでの論証の必要性からして論じられていないが、基本的にそのまま引き継がれていると思われる（R: p.184＝二三四頁）。

(21) たとえばクォンも安定性の問題に属する〈正と善の合致〉を公共的討議の問題に（いくらかの留保をつけてはいるが）直接繋げて解釈してしまっている（Quong 2011: pp.164-165）。他方で彼は〈コンセンサスは公共的討議の前提である〉ということを正しく認識しており、これに基づいて、重なり合うコンセンサスを公共的理性の前提として位置づける解釈を「代替的見解」として提示している（Quong 2011: pp.180-187）。この見解は説得力があるが、しかしそれは、代替的見解ではなくロールズ自身の見解に近いと思われる。

(22) このことは、正当化の主体が記されていない〈当座の正当化〉を公共的理性の実践として捉えてはならないという先ほどの私の主張を、補強するものであると考えられる。

(23) 福間聡は、〈正当化はコンセンサスから発するものである〉という理解を正しく踏まえた上で、重なり合うコンセンサスにいたるこの三段階の正当化のプロセス自体にあえて公共的理性の契機を読み込む解釈を示している（福間 2007: 七〇—七三頁）。彼の表現によるなら、この〈完全な正当化〉の段階では、限定的な反省的均衡に対応する限定的公共的理性が行使されるとされる。しかし、重なり合うコンセンサスのプロセスに「限定的」という形容詞を付してまで公共的理性を読み込むよりも、両者を切り離す方が解釈としてシンプルで精確だと思われる。〈完全な正当化〉においても〈当座の正当化〉と整合をつけるために、公共的な価値にむけての一種の収斂が生じるのは確かであるが、それは基本的には、個人間的な対話としてではなく個人内的な内省として行なわれる。

(24) 〈公知的正当化〉について詳しくは、R: pp.26-29＝四四—四九頁。この正当化の論法はその性質上、重なり合うコンセンサスと切り離すことができない。

（25）この差異性の強調はたしかに『正義論』からの変化であるが、より巨視的にみれば、〈人格の個別性〉という彼にとっての根本的確信・前提をむしろ補完するものとなっている。私たちは端的にひとつになるのではなく、相異なる個性と観点を有した別個の存在者として共通の正の構想を是認するのである【1-5-3】。そのとき正の構想は、善の諸構想の基礎づけや置換を行なうものでも、ましてや批判・毀損するものでもなく、むしろ私たちが互いの差異性を尊重するためには欠かすことのできない共通の視座になっている。ひとたびこのことを理解するならば、私たちは善の諸構想を成立せしめている正の構想の重要性を積極的に受け入れ、そしてこの立論のそもそもの前提であった理に適った多元主義の事実という新たな歴史的境涯と和解することができる。私の理解では、以上が〈正と善の合致〉についてのロールズの最終的な考えであると思われる。

（26）なお、精確を期すならば、引用文中の「異なる公共的理由によって」というのは、共通の論拠が様々な仕方で肯定されうるという意味であろう。

（27）市民／私人は様々な仕方で分節化されうるが、本書では基本的にロールズの用法にしたがう。念頭におかれている原語はcitizenとpersonである（Dreben 2003: p.325）。リーズニングの観点からいえば、市民は公共的理性を、私人は非公共的理性（nonpublic reasons）をそれぞれ用いる。ただし、私人は私化された人格ではないこと、そして非公共的理性が使用される背景的文化は多種多様なディスコースが積極的に認められる場であることには注意せねばならない。むしろこの用法においては、いわゆる市民的公共圏におけるアクターは私人にほかならない。これに応じて、市民ではなく私人（あるいは市民かつ私人）こそが市民的不服従の主体となる。ここには止むを得ぬいささかの用語上の混乱があるが、論旨自体は明確だと私は信じている。

（28）『正義論』の市民的不服従の議論において重なり合うコンセンサスというタームは初めて用いられるが、それはこの事態に照準しているとも解釈できる（TJ: pp.387/rev.340= 五〇九頁）。

（29）たとえばフリーマンは以下のように整理している。「公共的理性の観念は、〈公正としての正義〉を導く原初状態論において非常に重要な位置を占める社会契約の観念と公知性条件の詳述ならびに発展である。政治的諸原理が公共的な仕方で知られかつ受容されることは、あらゆる社会契約論の本質にほかならない。ロールズはこの公知性の観念を政治的リベラリズムにおいて発展させ、その結果、この観念は彼の鍵概念の多くにおいて中心的役割を担うに至っている」（Freeman 2007a: pp.196-197）。公共的理性を契約論的論法や公知性の要求に連なるものだとして捉えること自体は誤りではない。だが彼は道徳理論的側面を重視しすぎており、それゆえ、次節で見るように公共的理性について問題含みの解釈をしてしまっているように思われる。

（30）この分析枠組については近年盛んに論じられているが、ロールズ内在的に議論を組み立て、以後の研究の先がけをなしたものとして、Simmons 2010。

（31）ただしこの議論はいかにも性急である。そして実際、次項でみるように、非理想的状況における公共的理性の働きについては再述されることになる。

（32）政治的リベラリズムへの展開を主題とするにもかかわらず、ワイスマンの大著において「和解」というタームがこの箇所でしか用いられていない（しかも否定的な文脈で）のは驚くべきことである。私の考えでは、これはロールズの政治哲学のキータームとなる【6－2－3】。

（33）とりわけ、『万民の法』においては、品位ある人びとについての考察さえもが理想理論の範疇内で行なわれていることに注意すべきである。理想理論／非理想理論という分析枠組は論者の問題関心によってある程度柔軟な使用が認められるべきかもしれないが、少なくともロールズの内在的理解という観点からは、フリーマンの解釈には問題があると言わざるをえない。

（34）本章で分節化した二つの政治的構想の観点からは次のようにいえる。すなわち、A政治的構想レヴェルにおける複数の解釈の成立可能性は、C政治的構想レヴェルにおける非遵守と峻別されなければならない。後者はたしかに正統性の非理想理論に属するが、前者は依然として理想理論の範疇に属する。フリーマンは両者を混同しているのである。

（35）政治的リベラリズムを、何らかの道徳理念についての後退戦ではなく、政治体制の正統性についての理想理論として捉える方が、規範理論上のプログラムとしても挑戦的かつ有益であると思われる。私見では、英米圏中心の今日主流の政治理論は過度に分析哲学や（メタ）倫理学の影響を受けてしまっている。もちろん、分析的政治哲学と言われるこうした潮流は多くの優れた成果を生み出しているし、私も基本的にこの立場にコミットしている。しかし同時に、政治理論を考察する者はその「政治」の部分が有する固有性に意識的であらねばならない。おそらく正統性の観念は、政治哲学に固有の主題としてさらなる考察が必要である。

　この論点はB・ウィリアムズによっても提起されている（Williams 2005: pp.1-17）。ただし政治の契機を重視する彼は、その逆に、正統性についての考察は理想理論としては行ないえないと考えている。彼は、ロールズの立場を政治的モラリズムであると批判しつつ、みずからの立場を政治的リアリズムとして打ち出しているが、これは過度に現実主義的な態度であると思われる。私の考えでは、あくまでも正統性は独立の主題として、かつ理想理論的に考察されなければならない。

（36）ただし、両者はともに正統性の観念をベースにするが、市民的不服従が非理想理論の範疇に、公共的理性が理想理論の範疇にそれぞれ基本的に属するという点では異なっている。当初は補助的なものだった正統性は鍵概念へと高められる。

（37）これこそがロールズの最も哲学的な主張であるという評価について、Dreben 2003: p.343。なおここで用いられている「実践」は後期ウィトゲンシュタイン的な意味での「ゲーム」に類推可能であろう【4－4－1】。

（38）いささかメタフォリカルないい方をすれば、仮に人間が不死の存在者であるとしたら、本質的な意味での倫理や責任は存在しない。なぜならその場合、何らかの負いがあったとしてもその修復可能性が担保されるからである。しかしもちろん人間は有限の存在者であり、とりわけ未来の潜在的他者に対しては、絶対的に応答不能であることにおいて絶対的な責任（倫理）を負うことになる。

（39）公共的理性について述べられた文脈ではないが、ロールズは次のような議論を展開している。格差原理は（正当にも）憲法の必須事項から除外されている。しかし、このことは、格差原理のような理念的かつ現実の社会状況に依存する原理が憲法と完全に切り離されることを意味しない。「とはいえ、格差原理への充分な同意が存在しているならば、この原理は、（合衆国憲法の場合のように）法的効力を欠いた前文のなかで、社会の政治的希求（society's political aspirations）の一つとして取り入れられるかもしれない」（R: p.162＝二八四頁）。こうした理念のひとつとして、戦争放棄を謳う日本国憲法第九条を想定できる。この条文をめぐっては、それが包括的教説かどうかをめぐる論争がある。だが仮に、その包括性を認めた場合でさえも、但書の観点からすれば、その理念が長期的に与える影響を鑑みつつこれを公共的討議の場に導入することは充分に認められると思われる。

（40）上野修がスピノザに即して述べているように、宗教的言説に関して重要なのは、「預言の真理条件ではなく、預言の主張可能性条件を問題にする」ということである（上野 2006: 四七頁）。

（41）付言しておけば、この文脈においては、ライプニッツとカント、あるいは護教論と擁護論は並列的に用いられているが、ロールズは他方で両者を対比させて擁護論の方をより積極的に位置づけることがある。これについては次章で説明する【6－5－3】。

（42）これはバトラーの護教論について述べられたものだが、その特徴は以下のようにまとめられている（LHPP: pp.416-417＝七五七―七五九頁）。①誰も否定しない真理をわざわざ証明しようとはしないこと。②もっぱら自分が危険だと考えるものだけを攻撃の対象とすること。③つねに敵対する陣営と共有している前提から考察をはじめること。ロールズが定位するのは宗教的信仰ではなくリベラル・デモクラシーを下支えする政治的諸価値であるが、政治的リベラリズムはまさしく護教論の形式に沿って論述されている。

（43）この引用の最後の表現は後期ウィトゲンシュタインを思わせる響きをもっているが、彼やカントといったロールズが強く影響を受けた哲学者には、認識がそもそも成立する条件自体を批判的に問うことによって、袋小路に陥ってしまいがちな抽象的思弁を戒める超越論的発想が認められる。ロールズもこの哲学的気質を受け継いでいるといってよい。興味深いことに彼らはみな豊かな宗教的センス――超越的なものへの感覚――の持ち主であった。というより、おそらく語りえぬものへのコミットのゆえに、彼らは語りうる領域を反射的に理論化したのである。

（44）付言しておけば、ロールズは一九九七年に共同署名者の一人として尊厳死の権利を認めるべきとする弁論趣意書を連邦最高裁に提出するが、そのことに触れたインタビューの中で、妊娠中絶問題についての画期的判断が下されたロウ対ウェイド判決に対して慎重な態度を示している（CP 1998: p.618）。つまりロールズは、論争的であればただちにその議論を民主的プロセスから除くべきだと主張しているわけではない。本来今しばらくの政治的議論が必要とされる論題を司法過程に委ねてしまえば、それはたとえば、宗教右派のような毀損された情念に満ちた草の根運動の勃興を招くことになる（愛敬 2012: 四二―四三頁）。

（45）本節は「無差別」（indifferent）という価値評価を鍵概念とするものであるが、その着想の多くを彼の論考に負う（石川 2009）。石川の論文は主にドイツ憲法学上の論点に準拠するものであって（それゆえ彼が第一に念頭におくのはドイツ語の Indifferenz である）、特段ロールズが言及されているわけではない。その内実については以下本文でも考察してゆくが、これは本書の用語でいえば、とりわけ〈自由のリベラリズム〉において重要な〈道徳的空間〉に相当する【4－4－2】。石川によれば、「ポスト身分社会における多元性・相互性の論理として登場した寛容の論理とは、むしろ強烈な精神態度を有するもの同士が共存するための、積極的な論理として主張された」（石川 2009: 一七九頁）とされるが、まさに彼の議論は、寛容の精神に基づく政治的リベラリズムの極めて重要な論点にとって示唆に富むものである。

（46）これは、公法的に無差別な領域における価値評価（の非存在）に関連した自由である。この領域においては愚行とみられる行為も認容されるが、もちろんこの許容は法的許可とは異なる。法的許可・禁止という法的評価自体の外側に位置するという意味での許容である（石川 2009: 一五二頁）。また、これを愚行権としていい表す場合、法外に位置する行為をいかにして権利＝主観法と関連づけるのかという込み入った問題が発生するが、これについては石川 2009: 一五六―一五九頁。政治理論的には消極的自由に大まかに対応するこの領域（放任領域）は、簡単にいえば、公法によって囲繞された客観的な法領域からの引き算によって、一種の陰画像として示されるとされる。

（47）一般には刑法上違法とされる攻撃行為であっても、錯誤、自傷行為、被害者の同意の存在、緊急状態などを理由として、国家の刑罰権を発生させない場合に相当する（石川 2009：一五四頁）。さらに、妊娠中絶を放任行為の観点から捉える議論があるとされるが、これについては本文中で取り扱う。

（48）ただし、このカウフマンの議論は連邦憲法裁判所判決によって実際には明確に否定された。なぜならそれは、「国家の基本権保護義務を前提に胎児の保護を優先」する判決だったからである（石川 2009：一五五頁）。

（49）より精確にいえば、包括的教説のなかで政治的構想と直接関係しない部分のことをさす。ロールズも強調しているように、正義を完全に免れている領域は存在しない（R：p.166＝二九〇—二九一頁）。しかし、可能なかぎり包括的教説を〈政治的に無差別〉なものとして捉えようとしていると述べることはできると思われる。参入・離脱の自由が確保され、適応的選好形成への注意が充分払われているとするならば、包括的教説をそれ以上反駁する必要はない（もちろん実践的には容易なものではないとしても）。なおこうした特徴は、可能なかぎりの支配の不在を目指すリベラルな共和主義と政治的リベラリズムとの微妙な距離感としても反映されることになるだろう。

（50）このことを踏まえるならば、理に適った多元主義の事実を認めない宗教的教説に対して、政治的には理に適っていないが宗教的信念としては真でありうると述べることは矛盾しない（PL：p.153）。

終章　現実主義的ユートピア

一　問題の所在

『政治的リベラリズム』を公刊した時点でロールズはすでに七〇歳を超えていたが、とりわけ一九九五年に心臓発作を患った後の論考には、すでに自分に残された時間が限られたものであるのを悟ったかのように、慎ましさのなかにも、ある種の秘められたパセティックな表現がみられるようになる。宗教や人間本性といった若き日の彼が没頭した問いともそれは無関連なものではない。

これまで本書では、ロールズの政治社会論がいかにして生成・発展してきたのかをみてきた。本章は、その知見を踏まえた上で、再び〈差異の神義論〉という視角に立ち返ることによって、ロールズ理論の暫定的総括を試みる。それは現実主義的ユートピアという晩年のロールズが提示した、彼の最終的なヴィジョンをめぐるものとなる。まず、〈万民の法〉に則してこのヴィジョンが国際社会にまで拡張されることを確認する（第二節）。次いで、ロールズ理論のうちに、格差と差異とを――友愛の精神と寛容の精神とを両立させつつ――積極的に弁証する理論的ポテンシャルが含まれていることを示す（第三、四節）。これと並んで、〈差異の神義論〉という前提のゆえに、ロールズ理論がどのような特徴をもつことになったのかを、他の代表的理論家との比較をつうじて描き出す（第五、六節）。本章をつうじて、ロールズがその生涯を賭していかに彼自身の根本問題に応えようとしたのか、また私たちはそこからいかなることを読み取りうるのかが示されることになるだろう。

二　立憲デモクラシーの拡張――〈万民の法〉

◉6-2-1　〈万民の法〉の成立史

いわゆる国際化の進展とともに、国家間レヴェルにおける正義の理念を主題とするグローバル・ジャスティス論は規範理論研究の確固たる一角を形成するに至っており、『万民の法』はその中で同時代的な古典としての地位をすでに確立している。ただしここでは、今日盛況をみせているかかる議論の内実に踏み込むのではなく、もっぱら彼の思想において〈万民の法〉（the Law of Peoples）がいかに形成されてきたのか、ならびにいかなる役割を担うとされているのかを考察の対象としたい。

まず、一九九九年に最終的に単行本として出版される『万民の法』の来歴を簡単に確認しておきたい。一国内における正義の理念を国際レベルに拡張しようとする試みは、すでに『正義論』においてその萌芽が示されている。「〈諸国民の法〉（the Law of Nations）の達成目標のひとつは、国家の運営を通じて自然本性的な義務が確実に承認されるようにするところにある」（TJ: p.115/rev.99＝一五五頁）。続いて重要であるのは、一九八九年の論文「〈政治的なるもの〉の領域と重なり合うコンセンサス」に付された長文の注である。ここでロールズは、カントの『永遠平和について』にも言及しつつ、〈万民の法〉の基本的方針――原初状態の観念を繰り返し用いることによって〈公正としての正義〉を国際レベルへと拡張すること――についての覚書を記している。

注目すべきなのは、この試みが、正義の政治的構想が相対主義的でも歴史主義的でもないことの論証の一環として位置づけられていることである。「おそらくここで、このようにして得られた政治的構想が適用されない社会が存在することについての簡潔な説明を述べておくべきだろう。というのも、そうした社会のケースでは、想定してきた一般的事実が適切に成り立ってはいないからである（にもかかわらず、こうした事実は現代世界において広範に成立しており、ゆえに政治的構想は〔大体のケースで〕適用されるけれども）。しかしながら、いくらかのケースにおいては適用されないとしても、このことによって政治的構想が相対主義的・歴史主義的（relativist or historicist）になってしまうわけではない。この政治的構想が、異なった様々な社会の基本構造とその政策を判断するための根拠を提供するかぎりはそうではない。それゆえ、ある構想の普遍性（a conception's universality）の適切なテストは、当の構想が様々な国民国家からなる国際社会のための理に適った正義の政治的構想へと拡張（もしくは発展）されうるか、ということになる」（CP 1989: p.492 n.46）。

これは明らかに〈万民の法〉を予告する文章である。もちろんかかる試みが、現実社会におけるグローバリゼーションの進捗や、Ch・ベイツやTh・ポッゲに代表されるロールズ理論の応用から刺激を受けていることは疑いえない(1)。ただし同時に、ここに認められるのは、正義の構想の普遍性を示すという当初からの一貫した問題関心にほかならない。だが確認したように、政治的リベラリズムへの展開を遂げたこの時期において、問題はさらに複雑なものとなっている。そもそも包括的教説としての〈公正としての正義〉を使用可能ならば、普遍性の問いは一種の応用問題にすぎず、主要な問いとはならないであろう。だがいまやそれは禁じ手である。

理に適った多元主義の事実を理論的起点とするならば、もはや逞しき正義の構想を声高く語ることには慎重であらねばならない。しかしこのことは、単純な相対主義や歴史主義への後退を意味しない。リベラリズムはみずからの立場の特殊性について反省的でありつつ、なおも普遍性を志向せねばならない。この特殊性と普遍性（あるいは、現実と理念）との二律背反的な緊張関係の統合が政治的リベラリズムにおいては前景化する。この問題意識が〈万民の法〉の議論の背景にはある。

この考察が具体的な形をとったものが、一九九三年のオックスフォード・アムネスティ・レクチャーズを基とする論文版「万民の法」である。この論文では先の問題意識を受けて、リベラルな構想の拡張可能性、あるいは理に適った寛容の境界はいかに設定されるべきかという問いが前面に打ち出されている。それは契約論的発想の射程を構成主義的手続きによって拡張する試みである（CP 1993: pp.530-533= 五三二—五八頁）。グローバル・ジャスティス論においてその是非が問われているロールズ的主張（国際レベルにおける分配的正義の否定、援助義務のあり方、分配的正義と社会的協働との内的連関）は、この一九九三年の段階で基本的には出揃っているといってよい。

最後に、先述したように『万民の法』は単著として出版される。実質的な最後の著作となったこの著作は、〈万民の法〉をめぐる論考と一九九七年の論文「公共的理性の観念・再訪」とからなる。この事実からは〈万民の法〉が公共的理性の観念と何らかの仕方で関連していることが示唆されよう。実際それは、正義の政治的構想の拡張（その射程が普遍的であることの論証）という共通の特徴をもっている。(2)

以下では、〈万民の法〉をリベラルな政治的構想の普遍性についての問いに限定して考察することにしたい。なぜならば、この普遍性をめぐる問題意識こそが政治的リベラリズムの中核にある問いのひとつだったからであり、またそれは、現実主義的ユートピアというヴィジョンにも深く関わるものだからである。

◉6-2-2　リベラリズムの境界をめぐって——範囲において普遍的

リベラルな政治的構想が普遍的であることの論証はいかなるものであるべきか。リベラルな社会はそうではない社会にいかなる態度をもって臨むべきか。この問いは、一九九三年の論文版「万民の法」に明確な形で示されている（CP 1993: p.530= 五二二頁）。ゆえに以下ではこの論考を主に参照することにしたい。

〈万民の法〉の導出にみられる最も顕著な特徴、すなわち原初状態を複数回用いるというアイディアは、まさしくこの普遍性の論証のために導入されたものにほかならない。①原初状態の対象範囲はまずはリベラルな単一の社会に限定される（国内的正義＝〈公正としての正義〉の導出）。②次に、これを基としつつリベラルな国際社会レヴェルでの原初状態論が展開される（〈万民の法〉の導出）。③最後に、この国際社会レヴェルにおける正義の構想が、今度はそれ以外の人びとをも対象とした原初状態において再度テストされる（〈万民の法〉の追認[3]）。

裏からいえば、かかる諸段階を経ないグローバルな原初状態は想定されてはいない。この主張をめぐっては多くの批判があるが、なぜロールズはこうした複雑で論争的に思われる立論をしたのか。それはまさに、彼が〈リベラルの普遍性〉の問題に意識的であったからである。「すべて〔の当事者〕を算入する包摂的な原初状態、つまりグローバルな原初状態に伴う難点とは、リベラルな理念の使用法がとりわけやっかいである、ということなのです。なぜなら、この場合、私たちはすべての人びとを、彼らの社会や文化を度外視して、自由かつ平等で、道理的かつ合理的な存在であり、ゆえにリベラルな諸構想に従うものと見なすことになります。これでは、〈万民の法〉の基礎は、あまりに狭隘なもの（too narrow）になってしまいます」（CP 1993: pp.549-550＝八一頁）。

もちろん固有の利点を有してはいるこの論法の難点は、それが社会的・文化的差異を適切に斟酌できない点にある。とりわけリベラルとは区別される品位ある（decent）人びとに対してこの問題は妥当する。寛容の問題を考えた場合、グローバルな原初状態の想定は端的な論点先取である。この文脈において、ロールズの議論は明らかに多文化主義的な配慮を含む。だが同時に、彼が最も理に適うと考える構想はもちろんリベラルなものである。一見するとこれは整合性を欠く立場のように思われるかもしれない。

ここで重要なのは、〈リベラルな構想の妥当性を端的に前提すること〉と、〈それが結果として受容されうるとの想定にたつこと〉との違いである。そして、複数回の原初状態による正当化のプロセスが必要とされたのは、この後者の立場をとるがゆえである。これによって、〈リベラルではないが品位ある人びとが、リベラルな性質をもつグローバルな正義の構想を彼ら自身の仕方で受容しうる〉という余地を理論構成上で確保しておくことが可能となる。(4)

〈万民の法〉におけるリベラルな構想の拡張に関するこの議論は、品位ある人びとの観点に立った護教論を〈推測的に〉展開したものともいえよう【5-5-1】。すなわち、品位ある人びとはみずからの価値観がリベラルな構想とは異なるがそれを傷つけるものでないことを示しうるなら充分なのである。(5) 政治的リベラリズムは、リベラルなものにとどまらず、できるかぎり幅広い善の構想についても、護教論を展開する余地を担保するよう試みる。仮にこの護教論に認められる彼我の隔たりの感覚が失われれば、グローバルな正義をめぐってまたしても一種の正統と異端をめぐる紛争が生じうる。リベラルの普遍性についての論点先取は、翻って、行き過ぎた拡張主義的な介入への道を開きかねない。グローバルな原初状態の使用にはそれゆえに慎重であらねばならない（LP: pp.82-83＝一一九頁）。

リベラルな体制は、みずからとは異なる体制への絶えざる介入・転換ではなく、むしろ品位ある社会との〈万民の法〉を通じた相互尊重を通じて、グローバルな正義をよりよく実現することができる。「帝国が滅びるのは大食（gluttony）のため、すなわち、絶えず増長しつづける力への渇望のためである。リベラルで民主的な各国民衆のあいだの平和を可能とするのは、立憲民主制諸国としての「民衆」の内的性質、および、その結果として生じる市民たちの動機の変化なのである」（LP: p.29 n.27＝一七二頁、注27）。

まさしくこうした文脈において、リベラルがリベラルたるために必須なのが寛容の精神――とりわけ非リベラルな人びとに対するそれ――にほかならない。ロールズのいう寛容は専制的・独裁的な体制（不法国家）を認めるものではない。しかし、リベラルではなくとも人権への一定以上の配慮を払う品位ある階層社会は積極的に是認されなければならない。それに失敗するなら、リベラルな社会は自文化中心主義的なものとなってしまう。

「状況は、国内における善についての他の構想に対する寛容と同じようなものです。包括的なリベラリズムに固執する人は、もし誰もが同様の見解を持っていたら自分たちの社会はもっとよい場所になるだろうに、といいたがることでしょう。こうした判断は彼ら自身の見地によるとしてさえも間違っていると思われます。その他の教説も、より大きな信念と確信が背景にあれば、緩和や均衡の役割を果たしうるものであるし、社会の文化に一定の深みと豊かさを与える場合があるからです。重要な点は、〈特定の包括的見解の優越性を確信すること〉と〈優越性を押し付けることのない正義の政治的構想を堅持すること〉とは完全に両立し、したがって政治的リベラリズムそのものとも完全に両立するということです」（CP 1993: p.563= 一〇〇頁）。

ここにはいくつかの重要なことが述べられている。まず、寛容に関して国内社会ならびに国際社会における問題が同型的に捉えられていることである。これはのちに、「公共的理性の観念・再訪」と加筆された〈万民の法〉が同一のモノグラフに収められることにも対応するだろう。[6] 次に、社会的・文化的差異（の承認）が価値を有するとされるが、この論点については本章全体を通して考察を深めることにしたい。そして最後に、リベラリズム独自の寛容原理、すなわち、みずからの価値観に信を置きつつもそれを閉じずに開いておく態度が謳われている。

いうまでもなくこの寛容の態度には緊張が孕まれている。品位ある社会においては、その定義からして、完全かつ公正な良心の自由は認められていない。だとすれば、この社会で多数の支持者をもつ包括的教説は理に適っていない（unreasonable）ものにほかならず、やはり寛容の対象から外れるほかはないのではないか。この疑問にロールズはこう答える。

「しかし私は、そうした教説が理に適っているといったのではなく、理に反してはいない（not unreasonable）といったのである。思うに、〈完全かつ公平な良心の自由を条件とする、理に適ったことないし完全に理に適ったこと〉と、〈そうした自由をことごとく否定する理に反したこと〉とのスペースを、私たちは認めるべきである。良心の自由をある程度認めても、そのすべてを認めるとは限らない伝統的な教説は、このスペースに位置する見解であって、理に反してはいないのである」(7)（CP 1993: p.547 n.28= 二六七頁、注28）。

これは単純な相対主義への後退ではない。なぜならば、リベラルな社会も品位ある社会もともに同一の〈万民の法〉の妥当性を認め、それについてのコンセンサスが得られているからである。国内社会において公共的理性が完備（complete）したものであったように、〈万民の法〉は国際社会レベルにおけるすべての重要な政治的主題に応じることを目的とする。しかもそれは、リベラルな性格を有しつつも、リベラルな社会を超える射程を合わせ持つ。

リベラルは、リベラルではない（けれども、全く正義に反するものでもない）価値観を承認しつつ、普遍性を目指すことができる。「こうして、〈万民の法〉が完成するならば、私たちはそれを「射程において普遍的なもの」（universal in reach）と呼ぶことが可能となる。なぜなら、それは、政治的な意味で重要となるすべての主題について諸々の原理を提供するよう拡張することができるからである」（LP: p.86= 一二五頁）。政治的構想としての性格をもつ〈万民の法〉は、包括的であることなしに普遍的であることを志向しうるのである。

◉6-2-3　現世的な理想としての〈諸目的の国〉――和解

最後に強調しておくべきこととして、寛容をめぐるこうした議論は決して消極的・防衛的なものにとどまらない。それは同時に、理に適った多元主義の事実という私たちの時代の境遇に対する積極的・擁護的な試みでもある。

カントの〈諸目的の国〉こそは秩序だった社会の嚮導観念であった【1-5-3】。可能なる〈諸目的の国〉としての秩序だった社会という理念は、政治的リベラリズムへの展開を経てなお彼の理論を導くものとしてある。カント的理念は高度に反現実的なものとして解釈される場合もあるが、本書の基本的テーゼたる〈差異の神義論〉からすると、ロールズは当初からあくまで此岸の世界を問題にしていた。道徳的世界は彼岸にあるのではなく、かなりの程度までこの現実世界において実現可能なものとして考えられている。「〈諸目的の国〉とはひとつの現世的な理念（secular ideal）なのである」（LHMP: p.312＝四五一頁）。そして、カントの『永遠平和のために』を導きとする〈万民の法〉は、この現世的な理念としての〈諸目的の国〉に、道徳哲学ではなく政治哲学の側面から接近する試みにほかならない（LHMP: pp.312-313＝四五一頁）。

この現世的な理念が照準するのは、単純な現実的なるものではなく可能性の相に媒介された現実的なるものである。たとえ現状において成立していなくても、より幸運な条件に恵まれた来るべき時分において、しかも自然本性に則したかたちで実現可能な世界のことである。また、ひとたびこうした理念が把握されれば、それは翻って、現実的なものに対する私たちの視線を変容させうるものともなる。「通常は政治上実現不可能であると考えられている限界を押し広げ、それによって、われわれをとりまく政治的・社会的諸条件とわれわれを和解させるとき、政治哲学は現実主義的ユートピア主義の色合いを帯びることになる」（LP: p.11＝一五頁）。

これまでも見てきたように、『政治的リベラリズム』と『万民の法』において、とりわけ現実上の政治的・社会的諸条件として意識されているのが、理に適った多元主義の事実である。ロールズはヘーゲル的な和解(reconciliation)を踏まえつつ次のように述べる。

「結局、各国人民内の、ないしは各国人民間の理に適った多元主義が、私たちが和解すべき歴史的条件であるのか、あるいはそうでないのかということを問いかけたいと思う。たしかに、いまよりもっと幸福な世界だろうと考えられるもの――つまり、すべての個人、あらゆる諸国の人民がわれわれと同じ信念を共有するようなひとつの世界を想像することは可能である。しかし、これは自由な諸制度の性格や文化により除外されなければならないものであり、問題とはならない。理に適った多元主義が決して嘆くべきではない事態でないということを示すためには、社会的に実行可能な諸々の選択肢が存在すれば、理に適った多元主義の存在は、さらに大きな政治的正義と自由を許容するということを示さなければならない。これを説得力あるかたちで論証するならば、私たちは現代の政治的・社会的状況と和解することとなるであろう」(LP: p.12= 一七頁)。

かくして〈差異の神義論〉は〈差異との和解〉というプロジェクトとしてその姿を現わす。もちろんロールズ的な神義論とヘーゲル的な和解は異なった観念であるが、世界を肯定的に把握しようと試みる点で相通じる。しかもその肯定は単純なものではなく、一見否定的に思われる契機を根拠として行なわれる。分裂や不和は単に除去されるのではなく理論的に把握されるべき対象であって、その仕方が適切ならば、ネガを転じてポジとなすことができる。それは、理性的なるものが現実的であるのみならず、現実的なるものが理性的であることを弁証する試みとなるだろう。眼前に広がるこの世界こそが肯定されなければならない。現世的な〈諸目的の国〉はこれを実現しなければならない。以下では、この〈差異との和解〉を、格差原理と公共的理性ならびに友愛と寛容の精神に即して考察する。

三　格差原理による和解——格差と友愛

◉6-3-1　格差と（不）平等——互恵性の深い観念

一見否定的に見えるものこそを肯定のための足がかりとすること。これはまさしく格差原理の背後にある発想にほかならない。ここで問題とされるのは、社会的・経済的不平等という意味での差異（difference）、すなわち格差である。格差原理は単純な平等を求めるのではなくて、格差を認めた上でそれが最も不遇な人びとの利益に資することを意図するものであった。

だが格差原理は、不平等の存在を認めるからといって、恵まれた者と（最も）不遇な者との関係を非対称的に捉えようとするものではない。それはむしろ、近視眼的には「施しを与える者／受ける者」として捉えられがちな関係性を、互恵性の観点から把握しようとする試みである（R: p.64＝一一〇頁）。さらに、互恵性の観念には、すべての人びとが何らかの仕方で相互利益に与っていること以上を意味する、より深い構想のものが存在する。人びとの生の見込は以下の三種類の偶然事によって左右される（R: p.55＝九五—九六頁）。①生まれついた社会階層。②生来的な能力や資質ならびにそれを発達させる機会[8]。③生涯を通じて見舞われる幸運と不幸（病気や事件、不況や失業等による影響)。格差原理に特有な互恵性のより深い観念とは、これら三つの偶然事がすべての人びとの利益になるよう試みるものにほかならない(R: p.126=二二一頁)。

私たちの生は様々な偶然性に媒介されているのだが、格差原理の観点を経ることによって、この事態は積極的に捉え返されることになる。なぜならそれは、まさしくその偶然性が社会全般の善に資するものとなっていることの公共的認識を通じて、人びとの相互信頼を促進するからである。(9) それは一種の共通善であるとすらいいうる。

もちろん格差原理もまた論争を免れていない。通例それはあまりに平等主義的であるとして批判されるが、ここで言及しておくべきなのは、その逆に、より厳密な平等主義を標榜する立場からなされる批判である。代表的論者であるG・A・コーエンによれば、格差原理はあまりにも容易に現実との妥協をはかってしまっている。とりわけ彼は労働インセンティヴを根拠とする格差の正当化を厳しく批判し、より徹底した平等主義の実現ならびにそれに資する平等主義的エートスの涵養を説いている(Cohen 2008: pp.80-86)。

ただし、コーエンによるロールズ批判の詳しい内実や是非については、すでに盛んに論じられているため本書では扱わない(Scheffler 2010: pp.138-157; 井上 2014: 一五五―一六一頁; 松元 2015: 一一四―一三一頁)。かわりに以下では、ロールズがほかならぬ格差原理を友愛(fraternity)の理念を体現するものと位置づけていることに注目し、そこから見えてくる平等主義の内実にあらためて光を当てることにしたい。

◉6-3-2 格差原理と友愛

格差原理に秘められた友愛の精神はいかなるものなのか。ロールズによれば、友愛とは社会から得られる尊重の平等を表すものであり、それにはさらに市民間の友情(civic friendship)および社会的連帯(social solidarity)

が含意されている。これらを正義の原理を通じて把握するのは容易ではないが、まさしく格差原理こそは、不遇な人びとに資する限りにおいてより大きな利益を望むという理念によって、友愛をいい表している。それはあたかも、理想的な家族というものが利益の総和の最大化ではなく他の成員のさらなる利益を目指すようなものであるとされる（TJ: p.105/rev.90＝一四一―一四二頁）。

このように考えるならば、正義の二原理は自由と平等のみならず友愛の理念をも包摂することができる。「ひとたびこのことを受け入れるならば、私たちは〈自由、平等、友愛〉という伝統的な理念群を、正義の二原理のデモクラティックな解釈と次のように関連づけることができる。すなわち、〈自由〉は第一原理に、〈平等〉は第一原理における平等の理念と公正な機会均等とに、〈友愛〉は格差原理に対応するのだ、と……。友愛の他の側面は見落とされるべきではないにせよ、格差原理こそが社会正義の見地からする友愛の根本的な意義を表現している」（TJ: p.106/rev.91＝一四三頁）。

だが注意すべきは、格差原理に表現される友愛はあくまでも正義にかかわるものとして観念されていることである。友愛や連帯はしばしば特定の善の構想や同質性との関連において語られるが、ここではあえてそこから距離をとった、正義と結びついた構想として示されている。[10] 格差原理の是認は特定の善の構想の共有を必要としない。またこの友愛は具体的他者への愛着をメディアとする親密圏における友愛でもない。[11] 格差原理が示すのは、同質的な善の構想に基づくのではなく、社会制度に媒介された政治的友愛あるいは市民間の友情の成立可能性である。特定の善の構想を共有せずとも〈互いのことを思っていること〉が公知的なものとなりうることが重要なのだから（TJ: p. 474/rev.415＝六二一―六二二頁）。

この政治的友愛の考えを踏まえつつ、政治的リベラリズムへと目を転じてみたい。政治的リベラリズムにおける格差原理の位置づけをめぐってはロールズ自身も揺れ動いているように思われる。しかしこのことは、格差原理がそもそも照準している互恵性の理念の放棄を意味しない（R: p.49＝八五―八六頁）。互恵性の基準は、人びとが公正な社会的協働の条項を互いに提示し合う心構えがある場合に充たされるものとして定義されている。

「こうした条項を提供する市民たちは〈提供される側の市民たちもまたこの条項を理に適った仕方で受け容れるだろう〉と理に適った仕方で考えていなければならない。この定式化においては「理に適っていること」が双方で生じていることに注意されたい。すなわち、私たちは公正な条項を提供する際、これを提供される市民も同様に理に適った仕方で受け容れるだろうと、理に適った仕方で考えなければならない」（PL: p.xlii）。

この互恵性の基準は、社会制度に媒介された政治的友愛の考えを受け継ぐものだと思われる。政治的リベラリズムにおいては、重なり合うコンセンサスの下でこの機制はさらに高められることになる。なぜならそれは、時に根本的な価値観を異にする者同士が、それにもかかわらず同一の正義の構想を共有していることを保証するものだったからである。特定の善の構想を前提とせずとも（しないからこそ）、双方向的な〈理に適っていること〉を意志することは可能であり、その場合にかぎって、制度に媒介され奪人称化された政治的友愛が可能となる。(12)

たしかに理に適った多元主義の下においては、偶然事をめぐる解釈も多様化するため、成立する互恵性の観念が最も深いレベルのものとなるのは容易ではない。しかし、双方向的な〈理に適っていること〉の真摯な追求はその実現を可能とするかもしれない。少なくともその可能性は否定されていない。格差原理あるいはそれに準ずる平等主義的な原理が採択されるとしたら、それは政治的な連帯の承認を意味する（R: p.126＝二二一―二二三頁）。政治的リベラリズムにおいては、とりわけ、市民間の友愛は同質性ではなく差異性こそを基盤とする。特定の善の構想をもつ者ではなく、多種多様な善の構想をもちうる者として市民は連帯するのである。それは差異により感応的な互恵性の観念だといいうるだろう。

◉6-3-3　格差原理による和解――〈リベラルな平等〉対〈民主的平等〉

最後に、格差原理と和解との関係についてより具体的にみてゆきたい。ここで注目したいのは〈リベラルな平等〉と〈民主的平等〉との比較である。両者はともに正義の第一原理ならびに公正な機会均等原理を肯定するが、〈民主的平等〉が格差原理を支持するのに対して、〈リベラルな平等〉はパレート最適と親和的な効率性原理を選ぶ（TJ: p.66/rev.58= 九二頁）。ロールズが支持するのは〈民主的平等〉の方である。もっとも〈リベラルな平等〉も一定以上の平等を志向するものであり、次のような内実を備えている。「もっと明確に説明するならば、生来の資産の分布が定まっているものと想定して、才能と能力が同一水準にありそれらを活用しようとする意欲も同程度にある人びとは、社会システムにおける出発点がどのような境遇にあったとしても、同等の成功の見通しを有するべきなのである」（TJ: p.73/rev.63= 九八―九九頁）。

ここに謳われているように、〈リベラルな平等〉は社会的な偶然性へは充分な配慮を払っている。たとえばそれは、優れた資質を持ちながらも不遇な境遇のもとに生まれた人びとに資することによって、当人のみならず社会全般の善を向上させるだろう。しかし、〈リベラルな平等〉は生来的な偶然性（いかなる資質を持って生まれたか）に介入することはない。対して、先述したように、より深い互恵性の観念に根ざした格差原理は生来的な偶発事にも配慮を払う。

〈リベラルな平等〉と〈民主的平等〉との対比は、それゆえ、文字通り平等の構想をめぐる対立でもある。人によっては〈リベラルな平等〉の方がより妥当な平等の構想だと考えるかもしれない。なぜなら、〈リベラルな平等〉は公正な機会均等原理からするとより一貫した立場であるのに対して、〈民主的平等〉は生来的な偶発事を考慮するゆえに、時として（辞書的優先性にもかかわらず）機会均等と完全には整合しない不平等なめぐり合わせをもたらしうるからである。また（それが同定可能だとして）生来の資質に優れた者は、〈民主的平等〉に対して一種の割りを食わされた感覚をおぼえるかもしれない。

さらに、生来的な資質が所与のものとした上で機会均等の理念だけをとりあげるならば、たとえばそれは家族制度とも矛盾する。この文脈で意識されているのは、子どもが享受しうる家庭内教育の質の相違である（TJ: p.301/rev.265＝四〇一頁）。すなわち、仮に優れた生来の資質を有した子どもであっても、親の経済力や文化資本が低い場合、それを充分に開花させることはより難しくなる。これはとりわけ〈リベラルな平等〉からすると不公平なものとなるだろう。

この問題に対する根本的解決策は、プラトンが『国家』で述べているような徹底的な集団教育、すなわち家族制度の解体なのだろうか。ロールズはもちろんこれを退けるが、以下のように応じている。

「機会均等の理念それだけを取り上げて、これが有するある種の優位・至上性を鑑みるならば、この理念は家族廃止の方向に傾く。しかし、正義の理論全体の文脈におかれた場合、そうした方針を採用する切迫性はかなり低い。格差原理を承認することを通じて、〈リベラルな平等〉のシステム内部で構想されてきた社会的不平等の諸要因が再定義されることになる。すなわち、友愛と矯正（正義回復）の原理〔＝格差原理〕に対して相応しい重要性が付与されるならば、生来の資産の分配・分布および社会的情況の偶然性は、より容易に受け入れられるものに変わる。今や〔〈民主的平等〉の構想に準拠して〕種々の格差（differences）が〔最も不遇な人びとの〕相対的利益に資するよう再編されているため、私たちは自分たちの幸運にいっそう深く思いを馳せるようになる。〔〈民主的平等〉の構想とは異なって〕すべての社会的障壁が取り除かれさえすれば、私たちは他の人びとともに平等なチャンスを享有することになり、私たちの暮らし向きはもっと向上していただろうにと反実仮想して意気消沈することもあるまい。この正義の構想は――この構想が真に実効的であり、そうしたものとして公共的に認められているとすれば――その競争相手よりも、実社会を眺望する私たちの視座を変容し、自然秩序の配列や人間の暮らしの条件と私たちとを和解させる（reconcile）可能性がはるかに高いように思われる」（TJ: pp.511-512/rev.448: 六六九―六七〇頁）。

ここには、〈リベラルな平等〉と〈民主的平等〉との違いが端的に現れている。〈リベラルな平等〉が公正な機会均等に体現される平等をそれ自体として求めるのに対して、〈民主的平等〉はむしろ格差を内的要素とする平等の構想を提出する。生来の資産の分配・分布および社会的情況の偶発性は、消去されるのではなく、転じて平等の基盤とされるべきなのである。

それは、この世界において不可避的に存在する格差との――理論的把握を通じた――和解にほかならない。このような理路に照らしてみた場合、格差原理の承認は、まさしくひとつの和解の観点を提供するものとなる。「この問題を解決するために、私たちは……原初状態というものがひとつの視点であって、その視点から、自由で平等な市民の代表者たちが格差原理に、したがって、才能の分配をいわば共同資産として利用することに、同意するだろうということを立証しようと試みる。もしその立証が成功すれば、格差原理は、自然本性と実世界をもはや〈民主的平等〉に敵対するものとはみない、そのようなものの見方を提供することになる。したがって、〈公正としての正義〉は、そのような原理の定式化を通じて、和解という政治哲学のひとつの課題を果たしていることにもなる」（R: p.76= 一三三頁）。

ここにおいては、原初状態の議論は、何らかの仮定から演繹的に正義の原理を導出するという発見法的なプロセスではなく、むしろ、ある特定の正義原理〈格差原理〉を前提とした上で、それが仮想的な追体験の結果より受け入れるに値するとの確信を深めるプロセスとして位置づけられている。そして、この正当化が説得力をもつとすれば、私たちは格差――ならびに格差を不可欠な前提とする自然本性上の不均衡と社会的状況――と和解することができる。格差こそはそれが消去されてしまえば不可能となるような相補性を可能としているのだから。こうして格差原理は〈格差との和解〉を可能とする。

四　公共的理性による和解――差異と寛容

◉6-4-1　政治的リベラリズムと寛容

ロールズはさらに、社会的・経済的不平等という意味での格差のみならず、各人のアイデンティティや価値観と深く関わる差異（difference）をも和解の観点から捉えようとしている。この〈差異との和解〉は後期ロールズにおいて顕著になってくる問題関心である。とりわけ、政治的リベラリズムの理論的起点である理に適った多元主義の事実がその主題となる。

何らかの包括的な善の構想に根ざした社会統合が通例的であったことを歴史は物語っている。この伝統的な見地からすれば、特定の善の構想が共有されない事態は災厄であり、あるいはそもそも社会統合自体を不可能とするものであって、それは何としても避けられねばならなかった（皮肉なことに、しばしばその試みは残虐で苛烈な内戦や宗教戦争へと至るものであったが)。しかしながら、政治的リベラリズムはこの伝統から敢然と距離をとろうとする。「理に適った宗教的・哲学的・道徳的教説によって深く分断され続けている自由で平等な市民たちからなる、正義に適い安定した社会が時代を越えて存続することは、いかにして可能なのだろうか」(PL: p.4)。

社会統合の仕方について政治的リベラリズムはかくしてラディカルな転換を試みる。だが、これは伝統的価値観を抱く人びとからの反論を招きよせるだろうことは当然に予想される。特に、宗教に代表される包括的価値観の持主からすれば、政治的リベラリズムは誤った途を歩もうとするものに思われるだろう。それゆえ、ロールズには、この理に適った多元主義の事実という想定が災厄ではないこと、さらにいえば積極的な側面をさえ有しうることの論証が課せられることになる。

ロールズは、かつての宗教戦争ならびにその余波において生じた政教分離を念頭におきつつ、この政治的リベラリズムのプロジェクトを考察している。ここでは特にヘーゲルが意識されている。「国家は教会の分離によってのみ、おのれの使命であるところのもの、すなわち自覚的な理性的状態と倫理態になりえたのである」(『法の哲学』第二七〇節 注解)。これは和解としての哲学の典型だとされる (LHMP: pp.347-348= 五〇〇頁)。

政教分離は、まずは災厄であるように思われ、次いで暫定協定として認められ、しかるのちに充分な是認の対象となった[13]。つまりは和解が果たされた。彼が試みるのは、この論法を理に適った多元主義の事実にも適用することである。「理に適った多元主義は災厄ではなく永続する諸制度の下での人間の理性という活動からの自然な帰結として考慮される。理に適った多元主義を災厄としてみるとは、自由の条件の下での理性の行使そのものを災厄としてみることにほかならない。実際、リベラルな立憲主義の成功は新たな社会的可能性の発見として到来した。すなわち、理に適った仕方で調和しかつ安定した多元主義的社会の可能性である」(PL: p.xxiv-xxv)。

かくして、理に適った多元主義の弁証は、それが再帰的に構築され続けていくことを保証する分析枠組、すなわち重なり合うコンセンサスならびに公共的理性の観念の弁証を必要とする。

◉6－4－2　公共的理性による和解——自由な同意

ロールズは明確に問いかけている。「いずれ、理に適った多元主義の事実が嘆き悲しむべき歴史的宿命であるかどうかを問いたい。そうではないということ、すなわち、この事実は非常に重要な利点をもっているということを示すことによって、われわれは現在の条件と部分的に和解することになるであろう」（R: p.5＝九頁）。

理に適った多元主義の事実と和解を遂げようとするならば、その試みは、まずはこの事実自体を、次いでその条件下で可能となる政治的活動を概念的に把握することを必要とする。前者には重なり合うコンセンサスが、後者には公共的理性がそれぞれ対応する。両者の基本的特徴についてはすでに以前の章において論じられたので、以下の考察は和解の観念との関連に焦点を合わせたものである。それでは順に論じていきたい。

重なり合うコンセンサスが成立するには、完全な包括的教説に従う人びと、部分的にのみ包括的教説に従う人びと、いずれもが同一の政治的構想を是認し、しかもそれを互いに知り合っているという状態が創出し維持されねばならない。ここではまさに、先述したように政教分離の来歴を意識した議論がなされている。「立憲的コンセンサス（constitutional consensus）という第一段階において、リベラルな正義の諸原理は、始めは暫定協定として消極的に受け容れられ、憲法に採択されるのであるが、ともかくも市民たちの包括的諸教説を、少なくともリベラルな憲法の諸原理を受け容れるように転換させる。……単純な多元主義は理に適った多元主義へと進み、かくして立憲的コンセンサスは得られたのである」（PL: pp.163-164）。

ただし、これはいまだ重なり合うコンセンサスではない。たとえ、立憲的コンセンサスが僥倖によってもたらされたとしても、それが成立し継続していくためには、さらなる相互信頼が必要とされるからである。ここでロールズは、少なからぬ人びとの包括的教説が完全に包括的ではない点に注目する（PL: p.168）。理に適った多元主義の事実の下においては、少なからぬ人びとが絶対的な価値によって統べられたものではない世界観のもとに生きている（R: p.33＝五七―五八頁）。理に適った多元主義の事実が照準するのは差異が深く刻まれた世界にほかならない。

それは、ある意味では、神の後見を離れた個人が自ずから歩まねばならない世界であり、人びとはもはや安定したコスモスに全面的に踏みとどまることはできない。善の同質性に依拠する伝統的な社会統合の観念からすればこれはまさに災厄である。だがその後の歴史は、時に高い代償を払いつつも、政教分離の来歴が教えるように、差異に依拠する社会統合が不可能ではないことを示した。しかもそれは、決して消極的なものにとどまらず、異端審問に代表される極度の抑圧を必要としないという点で積極的な側面をもつものであった。それはまさに、多くの人びととの包括的価値が完全に体系的ではないがゆえに可能となった寛容の精神がもたらした僥倖である。「おそらく自由な信仰の教義が発達したのは、信頼と信用をもちつつ、長期にわたる有益な協働を正義に適った社会の維持においてともにした人びとの破滅（damnation）を信ずるのは、（不可能でないとしても）困難だからである」（PL: p.xxv）。

特定の価値によって世界がおしなべて充たされていなかったからこそ、予期しえぬ仕方で、かつてならば不可能であったかたちの相互信頼が育まれたのである。「こうしてひとつの新しい社会的可能性が発見される。すなわち、適度に調和し安定した多元主義的でデモクラティックな社会の可能性が、リベラルな制度のこうした成功から現れてくるかもしれないのである。リベラルな制度を備えた社会において寛容の実践が成功するまでは、この可能性を知るすべがなかった」（R: p.197＝三四七頁）。

いまや政教分離はリベラル・デモクラシーにおける基本的理念のひとつになっている。別の角度からいえば、政教分離という理念の把握によって、単一の包括的価値に基づく社会統合は過去のものとされた。ロールズが試みるのは、重なり合うコンセンサスの観念の把握をつうじて、政教分離に孕まれる寛容の精神をさらにすすめることにほかならない。そして、この把握が成功するならば、善の同質性に重きをおく社会統合はいわば対自化＝歴史化され、差異に対してよりセンシティヴな社会統合のあり方が導かれうるだろう。

こうした社会統合において、政治的意思形成の機能を担うのが、公共的理性だということができる。ただし、ロールズのいう意味での差異の肯定は、この意思形成のアリーナを差異による闘争に置き換えることを意味しない。もちろんそうした契機がすべて否定されているわけではない。だが、寛容の精神とともに捉えられた差異の肯定が意味するのは、むしろ、私たちは一方で多種多様な善の構想を抱きうる者であると同時に、他方で法権利関係においてはすべての人と対等な立場に身をおかねばならないということである。両者は矛盾しない。というより、どちらも欠けてはならない。

リベラルな憲法を中心とするリベラル・デモクラシーの諸制度は、その歴史的実践をつうじて、この両立可能性を同じく示してきている。公共的理性は憲法の必須事項ならびに基本的正義の問題を対象とする。これらの領域においては、まさにあらゆる人びとが対等な市民として関わりをもたねばならず、それに相応しい推論形式が要求される。「公共的理性とは要するに、平等な市民にふさわしい理由づけのやり方である。……探求の指針や推論方法の共有は理由を公共的なものとし、他方で、立憲体制における言論と思想の自由は理由を自由なものにするのである」（R: p.92＝一六三頁）。

この意味で、公共的アリーナに包括的価値を直接に導入することは禁じられるが、それはもちろん人びとの差異性を否定するからではない。このことは、寛容の精神を良心の自由という権利のかたちで相互承認することが人びとの信仰を否定しないことと同様である。むしろ、良心の自由を認めないとすれば特定の拡張主義的宗教が台頭するかもしれない。その場合、当該宗教の外側に救いはないとされ、その線引きをめぐる陰惨な認定、あるいは境界線の彼我における絶対的に異質な者同士による凄惨な闘争すら生じうるだろう。政治的構想を誰にとっても受容可能な価値によって理由づけすることは、それゆえ、包括的価値を否定することではない。むしろそうすることによってこそ、より一層の差異性が担保されるのである。「ここでの目的は、自由な同意、公共的理性をつうじた和解（reconciliation through public reason）にほかならない」（CP 1985: 395）。

理に適った多元主義は、単純な多元主義ではなく、ましてや暫定協定でもなく、まさに「理に適った」ものでなければならない。そうであるためには、まさしく自由な同意を保証する公共的理性のような機制が必要とされるのである。包括的価値の観点からみれば、一見したところ、公共的理性の観念はみずからの対極に位置するものと思われるかもしれない。しかし実際は、まさしく公共的理性の観念ならびに政治的構想こそがみずからを成立させているものだと判明する。これはまたひとつの和解にほかならない[14]。重なり合うコンセンサスならびに公共的理性を旨とする政治的リベラリズムは、かくして、理に適った多元主義の事実との、ひいては〈差異との和解〉を導くのである。

◉6-4-3　友愛の精神と寛容の精神の両立可能性

格差原理と公共的理性を通じた〈差異〉の弁証によってロールズが達成しようと試みたのは、連帯と寛容をともに達成するような正義の理論だと思われる。ネーゲルはこれを巧みにいい表わしている。「手短かにいえば、ロールズが成し遂げたことは、ヨーロッパの社会主義と関連する非情に強力な社会的・経済的平等の諸原理と、アメリカのリベラリズムと関連する同等に強力な多元主義的寛容と個人的自由の諸原理とを結合したことである。しかも彼は、両者を共通の基盤へと跡づける理論において、これを成し遂げたのである」（Nagel 2002: p.88）。

差異を認めつつも平等であること（different but equal）。ロールズが目指すのはいうならばこの理念である。だが、差異と平等を両立させることは理論的にも実践的にも容易ではない。承認と分配をめぐる論争の一部においても見受けられるように、両者はときに対立するものとして把握されてきた。リベラリズムの中にも、そのいずれかの契機を重視する構想が存在する。いわゆる暫定協定型リベラリズムは差異を、リベラル・ナショナリズムは平等をそれぞれ主導理念とするものといえよう。しかしながら、平等への配慮を欠いた差異は他者への無関心に、差異への配慮を欠いた平等は他者への抑圧へと容易に転化する。まさしく必要なのは、差異と平等をあれかこれかではなく、共通の基盤の下に把握するようなリベラルな理論にほかならない。

〈公正としての正義〉は、正義の二原理によって社会の基本構造を統べることによって、この理念を達成する。秩序だった社会において実現される正義は、人びとが相互に差異を認めつつ平等な関係性にあることを可能にするのである。

「ロールズは、多元主義ならびに個人的権利の保護と社会的・経済的平等の促進との両者を、単一の価値の表現として解釈する。すなわちそれは、共通の政治的・社会的諸制度をつうじた人びとの間の関係における平等（equality in the relations between people through their common political and social institutions）という価値である。社会の基礎構造がこの平等の理念から逸脱した場合、私たちは社会的に課された不公平の状態にあるのであり、ゆえに〈公正としての正義〉という名称が〈規範的な理念として〉導かれる。社会は、人びとの表現の自由を制限したり彼らが貧困のなかで育つのを認容する場合、その成員のなかの特定の人びとを対等者として処遇することに失敗しているのである」（Nagel 2002: pp.89-90）。

人びとは包括的な価値観を共有せずとも、正義に適った社会制度の設立・承認を通じて、同一の正義の構想を是認することができる。そして、その仕方が適切なものだとすれば格差・差異を認めつつ平等であることが可能となる。

もちろん現行においてこの状態は実現されてはいない。だが、自由に照準する第一原理と平等ならびに友愛を旨とする第二原理とからなる正義の原理は、単一の理念として、その達成地点を指し示す道標であることができる。〈差異の神義論〉としての正義論はこの理念の完遂を要求する。そして、秩序だった社会が充分に実現され対自的にもそれが把握されたとき、人びとは〈差異との和解〉を果たしうるだろう。

◉6‐4‐4　政治的友愛と個別的友愛――〈政治〉と〈非政治〉

最後に、寛容と友愛の相補性を〈政治〉と〈非政治〉という観点からあらためて論じておきたい[15]。ここでいう〈政治〉とは、アリストテレス以来の伝統に棹さすものであって、「対等者、それも奴隷ではない、つまり自由人たる対等者の相互支配による、彼らの間での秩序形成活動」を指す。そして、「この公共性は、通常は法という形で、そして、最終的には権力によって担保された、何らかの意味での境界（boundary）によって限局されたものである」（半澤 2003: 一二八頁[16]）。

これに対置される〈非政治〉は、同じく相互に対等な自由人の関係に関わるものである。それゆえ、複数の人びとのあいだに成立するロゴスを媒介した利害形成・意思決定の試みを、先述の〈政治〉にも備わったより基層的な特徴として、「政治」とよぶとすれば、〈非政治〉は没政治を意味しない。ただし、〈非政治〉は特定の境界に縛られることのない「政治」に照準する点において〈政治〉と区別される。この意味での〈非政治〉の原理は、何らかの私的関係に照準しつつも、あるいはそれゆえに、〈政治〉の有する境界を否定・超越しうる。私有財産を否定するある種の脱世俗的宗教コミュニティや、血縁や地縁を有意なものとしないコスモポリタニズムは〈非政治〉の事例だと考えられる。「また、その〈私〉が他者との交わりを持つ時、そこに作られる共同関係は、必ずしも法や権力によって担保されるものではなく、行為者の自由意志その他、それ自身の共同性の根拠を持つはずである」（半澤 2003: 一二九頁）。

ロールズの理論枠組においては、政治社会が〈政治〉に、アソシエーションが〈非政治〉にそれぞれ対応する集団となる。人びとは、前者においては市民として公共的理性を、後者においては私人として非公共的理性を行使することをつうじて、対等な関係を切り結ぶ【5-3-3】。ここまで論じてきた友愛は基本的に政治的友愛、すなわち人びとが市民としての地位において享受しうる友愛のかたちであった。これが重要なものであり、彼の社会観において適切に斟酌されていることは、以上に論じてきたとおりである。

しかし、友愛はその概念史上の来歴からしても、本来は特定の善の構想やアイデンティティを有するからこそ——私が私でありあなたがあなたであるゆえに——抱かれうる感情・関係性にほかならない。抽象的・同一的な法人格ではなく、具体的・個別的な差異性を有した個性こそが問題なのである。この意味での友愛（個別的友愛）は、それゆえ、政治的リベラリズムの第一義的な主題とされることはないし、直接的に語られることもない。それは政治社会ではなく各種のアソシエーションや親密圏においてこそ成立するものだからである。ただし、政治的リベラリズムは、個別的友愛をいわば間接的・反射的な仕方で尊重することができる。この尊重は、基本的には前章でみた〈無差別性の寛容〉に基づく【5-4-4】。すなわち、多様な善の構想や生の様式を可能なかぎり（無差別的な仕方で）容認することによって、価値の評価軸を可能なかぎり多様化することを目指すのである。

この主張は、自尊（self-respect）と自己肯定感（self-esteem）に関する以下の議論とも関連している（TJ: pp.440-441/rev.386-387＝五七八—五七九頁）。ロールズによれば、自尊は自分自身に価値があるという感覚を含むものである。すなわち、人びとはみずからの善の構想が追求するに値するものだと思い、かつ自分はそれを成し遂げうると信じることができなければならない。そして、他者からの具体的・継続的な承認をつうじてこのプロセスは実効的なものとなってゆくので、各人は利害関心が共有されたコミュニティに少なくともひとつは帰属することが必要とされる（TJ: p.442/rev.388= 五八〇頁）。このような仕方で自己肯定感を育む多種多様なコミュニティが存在することは、敵意に充ちた嫉み（envy）を低減させることにも資する。〈相互の比較が問題にならない諸集団〉（noncomparing groups）（TJ: p.537/rev.470= 七〇四頁）の多様化は、自尊と自己評価の養成に資すると考えられる（Scanlon 2003: pp.216-218）。

もちろん重要なことは、こうしたアソシエーションやコミュニティレベルで育まれる個別的友愛と、政治社会において尊重される政治的友愛を区別しておくことにほかならない。秩序だった社会は双方の友愛を含むが、〈平等なシティズンシップ〉という地位の相互承認の要諦は第一原理に照準する政治的友愛である。こうした政治的友愛こそ自尊を保証する（TJ: pp.545-546/rev.478= 七一五—七一六頁）。おそらく個別的友愛を欠くならば政治的友愛が育まれることはないだろう。それは自己肯定感なくして自尊が生じえないこととパラレルである。だが、政治的友愛をすべて個別的友愛によって置き換えてしまえば、そのとき政治社会は特定の善の構想に基づいたひとつのコミュニティとなり、〈特定の善の構想を有する人びとによる相互尊重〉とは区別される〈何らかの善の構想を有しうる人びとによる相互尊重〉は成立不可能となる。それはまた、さもなければありえたはずの差異による相補性の否定を意味しよう。

さらに、〈政治〉の領域における政治的友愛と〈非政治〉の領域における個別的友愛との峻別には、以上のような消極的なものにとどまらないより積極的な側面をも見出しうる。それは両者がひとまずは区別されているがゆえに可能となる相剋のダイナミズムである。すなわち、より妥当性をもった対等性を求めつつも〈政治〉はその性質からして何らかの境界＝共通性に準拠せねばならないが、〈非政治〉は時にそうした既存の政治的関係性を根底から問い直す原基となりうる。とりわけ〈非政治〉が何か普遍的な理念に媒介された関係性であるときにこのことは生じうる[17]。

政治的友愛と個別的友愛とは時に激しく対立し、その只中において、既存のアイデンティティは不可避的に問い直されてゆく。この高度に緊張に充ちた事態は様々なレベル——社会、コミュニティ、個人——において生ずるが、時としてそれとの真摯な対峙を通じて既存の境界は新たな相貌の下に現れる。そしてこうした彼我の関係性の問い直しこそは「政治」という営みの根底にあるものではなかったか。逆にいえば、〈政治〉と〈非政治〉との緊張関係が失われることは、長期的には「政治」そのものの平板化をもたらすように思われる[18]。

五　現実主義的ユートピアと政治的想像力

◉6-5-1　アイロニーを超えて

ここまで私たちは、現実主義的ユートピアにおける和解の観念を考察してきた。格差原理による和解は格差の弁証を通じて友愛の精神を、公共的理性による和解は差異の弁証を通じて寛容の精神を、それぞれ積極的に導くものであった。さらに、秩序だった社会において、友愛と寛容というときに緊張関係を孕む対概念は、理想的には両立可能かつ相補的なものとして把握される。正義の原理ならびに構想を通じた互恵的で対等な立場が成立している場合、私たちは互いにとって正義をなしているのであり、眼前の社会との和解をすら果たしている。

だが、こうして和解を寿ぐことに対しては、結局のところ現状追認に行き着くのではないかという懸念が示されるかもしれない。とりわけ神義論には否定的な意味での最善主義に傾斜する危険性がある。それは一歩間違えれば不正義を認容するイデオロギーと化してしまう。もちろん和解はそのようなものではない。「和解とは、現実にある人間世界が、いくつもの不幸な選択肢の中ではあたかも最善のものであるかのようだ、ということではない。むしろ和解ということが意味するのは、私たちは実世界を、政治的・社会的制度におけるひとつの生活形式であって、自分たちの本質を実現してくれる当のものだと理解するにいたったこと、いいかえれば、自由な人格としての自分たちの尊厳の基板だと理解するにいたったことなのである」（LHMP: p.331＝四七六頁）。

和解の観念は一方での現実の肯定とならんで他方での理念の把握を必要とする。ヘーゲルは自由の理念をみずからの理論の要請とした。眼前の社会が自由を実現するに充分な制度枠組を（少なくとも潜在的には）備えているからこそ、それを理性的に把握することによって和解が可能となる。本節では、現実主義的ユートピアにおけるこの理念的側面を考察したい。その主題は、現実主義的ユートピアの「ユートピア」の部分、すなわちひとつのヴィジョン、〈差異〉を媒介した自由の理念にほかならない。

最初に、現実主義的ユートピアの発想と類似点をもつが異なった考えとして、R・ローティのいうアイロニズムを比較例として取り上げることにしたい。ここでは彼の政治哲学上の主著である『偶然性・アイロニー・連帯』に注目する（Rorty 1989）。一九八九年という現代史を画する時分に公刊されたこの本において、まさしくローティは、彼の解釈によるヘーゲル的な考えに対して賛意を寄せている。すなわちそれは、超歴史的で特権的な理念など存在せず、あらゆる観念やヴォキャブラリーは歴史的で偶然なものとして創造されてゆくという発想である。ここからは、公共的なコミットメントと私的な自己実現を統合する超越的な理念を人間はそもそも有しておらず、むしろ両者を積極的に切り離すことが導かれる。そのことを通じてのみ、残酷さの回避を主眼とするリベラルな政治が可能となるからである。

ローティは、公共的なものと私的なものとに楔を打ち込むアイロニーの機制を、ロールズの政治的リベラリズムにも重ね合わそうとしている。また興味深いことに、彼も他方で「ユートピア」という語を積極的に用いている。「本書における私の目論見の一つは、〈リベラル・ユートピアの可能性〉を提唱することである。つまり、アイロニズムがその適切な意味で普遍的であるようなユートピアの可能性を、である。〔原文改行〕私のいうユートピアにおいては、人間の連帯は「偏見」を拭い去ったり、これまで隠されていた深みにまで潜り込んだりして認識されるべき事実ではなく、むしろ達成されるべき一つの目標だ、とみなされることになる。この目標は探求によってではなく想像力によって、つまり見知らぬ人びとを苦しみに満ちた仲間だとみなすことを可能にする想像力によって、達成されるべきなのである。連帯は反省によって発見されるのではなく、創造されるのだ」(Rorty 1989: pp.xv-xvi= 七頁)。

彼のいうアイロニズムは、一面では政治的構想と包括的教説とを区別する政治的リベラリズムと相通ずる側面をもつ。しかし、これまでみてきたように、重なり合うコンセンサスや公共的理性は両者を積極的に分離することのみに重点を置いているわけではない。たしかにこれらは、理に適った政治的構想の提示にとどめるのみで、当の政治的構想（正）と包括的教説（善）とを結合する唯一の仕方を示すことまではしない。しかし、正と善の合致自体が否定されているのではなく、合致の仕方を多元化していくことが目指されていたのである【3-5-3】。そのプロセスは個々人に委ねられている。

おそらくローティとロールズでは、包括的教説に認められる超越性に対するスタンスが異なっている。ポストモダニストたるローティはそこに硬直性・抑圧性を看取し、自己を脱中心化するべきだと主張する。真理への強烈な意志がときに異端排除を伴う凄惨な争いへと通じるのは事実であった。ローティの戦略の意図は真理や理念をより柔軟性をもったものとして捉えようとするところにある。こうしたプラグマティズムの発想自体はロールズにも認められる。だが、過政治とともに無政治もまた警戒されねばならない。断片化した社会においては想像力の涵養が必要とされる。詳しくは次項以下で考察するが、ロールズには超越性や理念に認められる絶対性に対するより積極的な評価が認められるように思われる。

また、ロールズが主に理想理論を考察しているのに対して、アイロニストを標榜し、さらにJ・シュクラーの〈恐怖のリベラリズム〉に依拠するローティは基本的に非理想理論の思想家であるといってよいだろう。これも両者に認められる相違点だと考えられる。シュクラー＝ローティ的な後向きの〈記憶の政治的リベラリズム〉と、ロールズ的な前向きの〈希望の政治的リベラリズム〉を対比することができるかもしれない。ローティが理念の暴走を懸念するのに対して、ロールズは理念へのシニシズムを警戒するのである。

さらに、ロールズとは異なり、ローティは時局に数多くコミットする論争家であったが、このこともあってか彼の政治哲学的著作は時代的・地域的文脈を前提とする。とりわけ往々にして彼は特殊アメリカ性を踏まえた主張を展開しているように思われる。この意味で、ローティをシリアスに受け止めるとは、場合によっては彼のいうアイロニズムをそれこそアイロニカルに捉えることだといえるかもしれない。

ポストモダニズムに対する評価を措くにしても、理念や超越性を性急に諫めることに終始するスタンスが賢明であるかは問われてしかるべきである[19]。とりわけ、ポストモダニズムが対峙せざるをえなかった超越的理念がそもそも根づいていない社会において、このことは妥当するだろう[20]。

◉6-5-2　無知のヴェールと可能性感覚

しばしば指摘されるように、無知のヴェールもまた偶然性の観念を表現するものである。ただしそれは、ローティのいう偶然性とはまた異なった側面をもつように思われる。アイロニーと結びつけられた偶然性の観念はみずからの信念の相対化によって他者との連帯を導こうとする。これはひとつの重要な着想であるが、いわば自己言及的なイデオロギー批判とでもいうべき試みであって、防衛的・消極的な側面が強いものである。これに対して、無知のヴェールと結びつけられた偶然性の観念にはそれにとどまらない積極的な側面をも見出しうるようにも思われる。本節では、イデオロギー批判とは逆向きの、むしろ理念と繋がりうる偶然性の感覚について考察したい。それはまた、現実主義的ユートピアがなぜ「ユートピア」であるかを示すものともなるだろう。

確認しておけば、無知のヴェールを被ることによって、当事者はみずからのアイデンティティを中心とした様々な事柄についての情報を剥奪される。この状態は公正の観念をモデル化したものであり、それゆえここから〈公正としての正義〉が導かれるのであった。この着想がカント的理念を導きとするものであること、ならびにその評価について賛否両論の激しい議論が戦わされたことはすでに周知の事実である。そのことについての本書の解釈はすでに論じた【1－5－2】。

そのためここでは、そうしたオーソドックスな解釈からは少し距離をとった、無知のヴェールならびに偶然性の観念について論じてみたい。この試みはいささかの類推と飛躍を含むかもしれないが、少なからぬ人びとが『正義論』の原初状態論から受けたであろう直観をいい当てることができると思われる。またそれは、おそらくロールズ自身の直観や立論とも矛盾するものではないと私は考える。

ここで導きの糸としたいのは、R・ムージルの小説『特性のない男』（*Der Mann ohne Eigenschaften*）ならびにその鍵概念たる可能性感覚（Möglichkeitssinn）である。特性のない男とはこの作品の主人公ウルリヒのことだとされるが、それは彼が、原初状態が全体として表象しようとするのがいわゆる負荷なき自我でないのと同様、いかなるアイデンティティをも欠いた透明な存在であることを意味しない。むしろ、特性のない男とは、現実感覚

(Wirklichkeitssinn) に対置される可能性感覚、すなわち「現実に存在するものと同様に現実に存在しうるはずのあらゆるものを考える能力、あるいは現実にあるものを現実にないものよりも重要視しない能力」を有する者の謂である(ムージル 1992: 一七頁)。

大川勇は可能性感覚を以下のように定義している。[21]「現にあるものを別様でもありうるものと見なし、現実の背後に可能性として潜在する無数の世界を呼びおこすことによって、現実という固定した枠組みからの超出をうながす意識感覚ないし思考能力のこと」。その上で彼は、この三つの文にそれぞれ対応するものとして、①偶然性の認識、②多元主義への傾斜、③ユートピア的思惟を、可能性感覚の主要契機として分節化している(大川 2003: 一五—一六頁)。

注目すべきことに、ここでは偶然性の認識や多元主義への傾斜による現状の相対化が、ローティ流のアイロニズムとは異なり、より理念的な状態への構想(ユートピア的思惟)と結びつけられている。このユートピアは可能性の相の下に見られた世界にほかならない。「ユートピアとはほぼ可能性と同意義のものだ。可能性は現実ではないということは、目下巻き込まれているさまざまな状況のために、可能性が現実になるのを妨げられているということにほかならない。もしそうでなければ、可能性はただの不可能性と同じものになるのだから。可能性をその束縛から解放して、それを発展させれば、ユートピアが現れる」(ムージル 1992: 三〇〇—三〇一頁)。

原初状態が偶然性の認識を含むことに異論はないだろうが、以上の議論を踏まえるならば、さらにそれを多元主義への傾斜、ひいてはユートピア的思惟に接続するものとして解釈することができると思われる。しばしば原初状態論は静的・独話的な性格をもつものとして批判される。だが、無知のヴェールが被せられるのは原初状態の契約当事者であって、それが最終的に目指すのは、原初状態という思考実験を行なう私たちの想像力を変容させることにほかならない。そして、多元主義ならびにユートピア的思惟までをも見据えた想像力の変容は、現状の価値観を前提とした上での公正性の担保（立場の交換可能性）のみならず、自分たちのものとは異なる価値観、さらには実現されてはいないが可能なる価値観への構想までをもその射程に収めうるものとなる。

これは高度に理念的な営みである。もちろん過剰な想像力はしばしば悪しき意味でのイデオロギーへと転化する。この機制を防ぐために、たえずみずからの立場を、あるいは既存の価値観を相対化する試みは一定の妥当性をもつ。これらの点にかんしてポストモダニズムがもたらしたプラスの側面は否定されるべきではない。しかし私たちは同時に想像力の枯渇にも留意せねばならない。確固とした理念を欠くならば、相対化の試みは容易に自己目的化する。そして、まさしくかかる虚しい空転の只中においてこそ、最も不条理かつ独断的なイデオロギーが回帰してくる皮肉を、前世紀の歴史は物語ったのではなかったか。

この意味で、原初状態は妥当性のテスト――アルキメデスの点を構想すること――としての意義を失ってはいない。ユートピア的思惟の契機までをも意識したそれは、一種の反時代的な考察であるとすらいえるかもしれない。しかしこれは、この現実を単純に否定するものではなく、私たちの想像力を変容させ動機づけをうながすためにこそなされる理念的なテストである。またそれは、まさしく原初状態（自然状態）という名が表している理念、すなわち私たちの想像力の基点かつ終点となるべきオリジナルな理念に照準するものにほかならない。「「自然状態」について語る者は――ルソーが『不平等起源論』の序文で言っているように――、もはや存在せず、おそらくは少しも存在したことのない、多分将来も決して存在しないような一つの状態、しかしながらわれわれの現在の状態を正しく判断するためにはそれについて適切な観念をもたなければならないような状態について語っているのである」（カッシーラー 1974: 一八頁）。

このように、無知のヴェールは、たんに現存するこの社会における人びとの立場の交換可能性を担保するものにとどまるものではなく、可能性感覚の想起をつうじて来たるべき社会への想像力をも育むものたりうる。[22]「可能性感覚とは、ありうるかもしれない「別の生」にむけて、こうしてたえずわたしたちを送り出すユートピア的思惟である」（大川 2003: 三八頁）。偶然性の認識と多元主義への傾斜がユートピア的思惟に繋がるものとして想起される場合、現実主義的ユートピアはまさしくひとつのユートピアたりうるように思われるのである。

◉6-5-3　理念への信——〈政治的擁護論〉

政治的リベラリズムに対してはしばしば現状肯定的・保守的であるという批判がよせられる。たしかに和解の観念を前面に出す以上、政治的リベラリズムはこの世界を離れることはない。しかし、それは同時に理想的なるものの追求を諦めたわけではない。政治的リベラリズムは防衛的な試みに終始するのではなく、より積極的な観点を打ち出すものでもある。

そのことを、ここではロールズ自身による護教論（apology）と擁護論（defense）との比較に則して考察したい。前章で〈政治的護教論〉に敷衍して論じたように、護教論は批判に対するひとつの防衛的なスタイルである【5-5-1】。すなわちそれは、批判に対して必要な限りでの反駁——みずからの信念が少なくとも信じるのが不合理でないこと——を試みるものであった。擁護論もこの基本的スタイルを共有するが、その場合、保持さるべき信念はより積極的な理念として位置づけられることになる。

「カントは哲学を擁護論だとみなすが、それはライプニッツによる伝統的な意味での護教論としてではなく、理性にたいする私たちの信仰の擁護、ならびにこれを支持する理性的信仰の擁護としてである。私たちは自由が可能であることについての理論的証明を与えることができないとしても、〔その逆の〕自由が不可能であるといった証明など存在しないと想定できるならば、それで充分なのだ。……理論理性と実践理性による正統な主張が単一の理性の機構において和解させられ、またこの機構のおかげで、数学と科学、道徳性と実践的信仰、そして道理的かつ合理的な人格としての私たちの他の根本的利害関心にたいして適切な場所が与えられるならば、カントにとって理性批判の目的は達成されたことになる」（LHMP: pp.324-325＝四六七頁）。

ロールズ自身が明確に分節化しているわけではないが、あえていえば、守られるべき信念が護教論では既存の価値であるのにたいし擁護論では来たるべき理念として想定されているように思われる。視線の向きに喩えるなら、護教論が過去志向的（retrospective）であるのに対して擁護論は未来志向的（prospective）であるともいえるかもしれない。そうであるとすれば、〈政治的護教論〉に対する〈政治的擁護論〉をもまた考案することができる。すなわち〈政治的擁護論〉とは来たるべき政治的理念を見据えた擁護の試みである。それは普遍的な規範原理への信念ないし信仰を導く。

そして実際、ロールズはまさしく重なり合うコンセンサスの観念の擁護をカント的な擁護論と並行するものとして考えていた【2－5－2】。「多元主義の事実に直面した民主的伝統をもつ社会における重なり合うコンセンサスの可能性を開示することにおいて、カントが哲学一般にあたえた役割を政治哲学は引き受けることになる。すなわちそれは、理性的信仰の擁護論（defense of reasonable faith）にほかならない。われわれのケースにおいては、これは、正義に適った立憲体制が現実に存立可能だということへの理性的信仰の擁護となる」[23]（CP 1987: p.448）。

重なり合うコンセンサスの観念によれば、リベラル・デモクラシーにおいて政治的構想と包括的教説は互いに適切な場所を占めることが可能である。理に適った多元主義の事実は、少なくとも包括的価値を害するものではないし、理想的にはそのおかげで政治的構想と包括的教説は相補的な関係に立つことができる。真摯な信仰者は同時に心底からリベラル・デモクラシーを支持しうる。〈政治的擁護論〉とはいわばロールズ流の理性批判にほかならない[24]。このように政治的リベラリズムにおいても理念ないし理性への信念は保持されている。それらは明示的に語られていない。というより、その性質からして積極的な仕方で語りえない部分を含まざるをえない。だが、理念について（部分的に）沈黙することと、理念に対する批判に応答することは矛盾するものではない。〈政治的擁護論〉は批判のための批判ではなく、むしろ否定の否定をつうじて、来たるべき理念への接近を志すものである。

こうした理念への信念はリベラリズムやデモクラシーの観念とも無関係ではない。一般にこれらの観念については、肯定的にせよ否定的にせよ、その世俗主義的・個人主義的性格が指摘される。またそこで想定される主体像はいわゆる自律的個人である。こうした指摘はそれ自体として間違っているわけではないし、一見するとこれらは理念や超越性と切断されているようにも思われる。しかし、そうした切断が仮に完全な没交渉を意味するとしたら、リベラリズムやデモクラシーは時代を越えて安定したものであることができない。理念や超越性の感覚を欠けば、和解の観念はたんなる迎合主義へと堕し、あらゆる実践が歴史主義へと埋没する。またそのとき自律的個人は内面の葛藤・相剋を欠いた機械的人間や幼児的人物と化すだろう。

理念や超越性との切断は、それらに「適切な場所を与える」という意味において捉えられなければならない。これらは現実から距離を隔てているゆえに一種の普遍性の契機を有するが、それを適切な仕方で媒介することで、リベラリズムやデモクラシーは正しい理由による安定性を増すことができる。重なり合うコンセンサスによる政治的構想と包括的教説の分節化はこのことを妨げるものではない。むしろ、ロールズは包括的教説に認められる普遍性を重要視していたようにさえ思われる。時として、超越性への被縛性の感覚こそが逆説的に能動的なコミットメントを導きうるからである。そうした実践をつうじてこそ自律的個人も育まれうる[25]。

あるいはロールズ自身に、これに関連した一種の宗教的エートスのようなものを認めることができるかもしれない。ロールズが終生にわたって（批判的なものを含む）数多くの人びとの関心を惹きつけた建設的な理論を提供しえた理由は、ひとつには、彼が向き合うべき問いと実現されるべき理念から決して眼を逸らさなかったことにあるのではないか。それはどこか、敬虔な信仰者や真摯な芸術家に時に認められる、超越的なものへの被縛性の感覚をさえ思わせるものである。

六　理性的信仰の対象としての政治社会――政治哲学と安定性

◉6-6-1　理性信仰と理性的信仰

ロールズにはこのように現実のみならず理念への強い信念が同時に認められる。これまで論じてきたように、とりわけ秩序だった社会を導く理念こそはカント的な〈諸目的の国〉であった。それは道徳法則の対象たる理念にほかならない。ところで、カント自身は道徳的法則の対象として最高善――正義に適うことが同時に幸福でもあること（正と善の合致）の完全なる実現――を考えていたとされる。無論、この現実の社会は最高善から遠く隔たった境遇にある。そこでその隔たりを埋め合わせるためにも、神と不死の観念が要請されることになる。この最高善ならびに神と不死の要請はカント研究上においても難解とされるテーマだが、ロールズもまたこれに注目している。

ここでは、あくまで彼が〈諸目的の国〉ならびに最高善というカント的理念をどのように解釈しているのか、そしてそこには理念に対するいかなる態度が含意されているのかという点に議論を限定したい。結論からいうと、ロールズは両理念を対比的にとりあつかうのだが、彼が是認する理念は、此岸志向であり自然本性の善性と親和的な〈諸目的の国〉の側である。

ロールズはまず、〈諸目的の国〉への信念を理性的信仰（reasonable faith）、最高善への信念を理性信仰（Vernunftglaube）とよんで区別する。[26]「実践的観点から私たちの知識がこのように拡張されるために要求されるのは、あるア・プリオリな目的、つまり、道徳法則によってそのア・プリオリな対象として与えられるある対象である（『実践理性批判』134）。私はそのような対象を二通りに区別することにする。ひとつは〈諸目的の国〉であり、『基礎づけ』と政治的な論考において見出されるものである。いまひとつは最高善であり、三つの『批判』書で見出されるものである。[27]これら二つの場合におけるカントの見解の性質と説得力の強さとは際立って異なるものだと私は思うので、それらに別の名前をつけようと思う。すなわち、私たちが〈諸目的の国〉を目指して働くのを支える信念を理性的信仰とよび、私たちが最高善を目指して努力するのを支える信念を理性信仰とよぶ」（LHMP: p.310=四四八頁）。

すでにこれまでの論述からも明らかであるが、説得力が際立って高いとされるのは〈諸目的の国〉と関連する理性的信仰である。「私が示唆したいのは、理性的信仰は神や不死という要請を要求しはしないが、私たちの自然本性や実社会についてのある特定の信念を要求するということ、これである。私たちが自由であることを確証し、すべての人格の自由を彼らの理性能力という点から認識するのでは十分ではない。なぜなら、この世界において〈諸目的の国〉が可能であると私たちが信じることができるのは、自然本性の秩序と社会的な必要物とが、この理念と不和をきたさない（not unfriendly）場合にかぎってのことだからである。この理念が可能であるためには、理性的信仰は、長期的にみてこうした〈国〉を実現（少なくとも支持）させ、この目的を推進するよう人類を涵養するような効力と傾向性とを含むものでなければならない」（LHMP: p.319＝四六〇頁）。

この理性的信仰の内実は〈差異の神義論〉を裏づけるものだといってよい。すなわち、ここでなされているのは自然本性の善性の肯定である。自然本性を超えるものへと訴えかけるならば、それは翻って、彼岸ではないこの世界を肯定することに失敗してしまう。救済は此岸において実現可能（接近可能）なものでなければならない。少なくともロールズにとっては、道徳法則の対象として想定されるべきは、実現可能な〈諸目的の国〉でなければならなかった。

理性的信仰は、この実現可能な〈諸目的の国〉という理念それ自体に照準するものである。それに比べると、道徳法則への献身を維持するために神と不死とを信じることを認める理性信仰はせいぜい動機づけに手段的に資するものにすぎず、道徳法則の対象たる理念そのものと内的連関をもつものではない。「カントの理性的信仰とは、私たちの道徳的統合性を維持するために必要とされるたんなる信念以上のものなのである」（LHMP: p.322＝四六四頁）。

理性的信仰が求める信念とは、私たちの自然本性が根本的な変化を被らなくともいつの日か到達可能であり（現実主義的）、しかも同時に道徳法則（正義原理）が充全に実現した対象として想定される来たるべき世界（ユートピア）にほかならない。「私たちがこれらの信念を肯定するのは、私たちの道徳的感受性と、道徳法則への献身と、実践理性のニーズへの私たちの応答とに由来する。カントの教説とは理性的信仰の擁護であり、もっと一般的にいえば、彼が人間性の根本的利害関心とみなすものの擁護なのである」（LHMP: p.325＝四六八頁）[28]。

◉6-6-2　正義の理念——誰がための／何のための

理性的信仰が照準する実現可能な〈諸目的の国〉はかくして現実主義的ユートピアでなければならない。すなわちそれは、自然本性を肯定し此岸志向という意味で現実主義的であり、単純な現状改善にとどまらない目的となるべき理念を想定するという意味でユートピア的である。そして、ロールズのいう秩序だった社会、あるいはそれを統べる正義の原理、ひいては彼の理論的スタンス一般においてこの特徴は認められるように思われる。以下ではロールズのいう正義の観念がいかなる性質のものであるのかについてより詳しい検討を行ないたい。

ロールズの正義の観念については、G・A・コーエンとA・センという現代の規範理論を代表する理論家による批判が提起された（Cohen 2008; Sen 2009）。興味深いのは両者の批判が正反対の方向からなされていることである。単純化していえば、ロールズ的な正義の観念を、コーエンが充分に理想的ではないとするのにたいして、センは過度に理想的であるとして批判する。この一見したところの食い違いは、現実主義的ユートピアの観念を下敷きとすることで、整合的に応じることができる。以下、両者の批判を簡単にみてゆくが、コーエン的批判に対しては現実主義的側面が、セン的批判に対してはユートピア的側面がそれぞれ対置されることになる。

コーエンの批判は主に二点である。ひとつは、格差原理は経済的インセンティヴを理由とする不平等容認論であって、利己主義へ譲歩してしまっているのではないかという批判である。もうひとつは、これを方法論に敷衍したものでもあるが、正義の原理は可能なかぎり事実や直観への依拠を排した理念として把握されねばならないとする、構成主義に対する概念分析の優位性に基づく批判である。

人間本性の善性を前提とするロールズからすると、人間が限られた利他心しか持たないことは、正義によって矯正されるべき事柄ではなくむしろ正義の前提とされる（正義の情況）。無論これは際限のない利己主義を認めるものではないが、人間が適切な相対的利益によって揺り動かされることはむしろ肯定される。また、直観から完全に切り離された正義の理念そのものという考えは単純なユートピア思想であって、ロールズにとっては同様に受け入れることができない。

それらは私たちから完全に断絶した理念そのものであって、現実主義的側面あるいは和解の契機を欠いている。「政治的構想は実行可能なものであって、〈可能性の技術〉（the art of the possible）の領分に属するものでなければならないということに同意しよう。これは、政治的ではない道徳的構想と対照的である。つまり、道徳的構想なら、その教えや理想によって動かすことができないほど腐敗してしまっているとして、世界や人間本性のほうを非難するかもしれないからである」[29]（R: p.185＝三二四―三二五頁）。

ロールズにとっては、正義の理念は、理想であると同時に人びとを動機づけうるものであり接近可能なものとして構成される必要があったのである。それはまさしく、実践ではなく理論のレベルにおける〈可能性の技術〉を志すものにほかならなかった。

対して、センはロールズ理論を「先験的アプローチ」とよんで批判する。センによれば、このアプローチは完全に正義に適った社会の理念に囚われすぎており、現実社会の不正義に対してあまり有効性をもちえていない。そうではなく、実際に存在する明白な不正義にまずは目を向け、それを現実的に改善してゆくような正義の理念やアプローチが必要なのだとセンはいう（Sen 2009: pp.400-401＝五六五頁）。この批判は理想理論に対する非理想理論の優位を説くものだともいえよう。

もちろんセン的なアプローチが有益なものであることは間違いない。貧困や剥奪は人びとの生を直接に収奪するし、それらが放置されている社会が正義に適いかつ安定的なものとなることは不可能であろう。しかし、これらの困難がクリアされ、ひとたび一応は正義に適った社会が設立されたとしてもそれで問題が終わるわけではない。一旦成立したはずのリベラル・デモクラシーが崩壊に至った事例を私たちは熟知している。

あえていえば、センは不正義から正義への移行を、ロールズは正義が不正義へと退行しないことを、それぞれ理論的主題としている。ゆえに後者は理想理論として構成される。「私たちは、事実上、完全に正義に適った、あるいはほぼ正義に適った立憲体制とはどのようなものであるか、また正義の情況のもとで、したがって、現実主義的だが適度な好条件（realistic, though reasonably favorable, conditions）のもとで、そのような政体が実現し安定したものとなるのかどうかを問うのである」[30]（R: p.13＝二二頁）。

不正義の除去には還元されない正義の安定性こそがロールズの主題である。それゆえ、ロールズは意識的に極端な不正が存在しない状態に焦点を合わせるのであり、正義に適った社会の再帰的な安定性（とりわけ正義感覚の涵養）こそを問うのである。そしてこの問題については、先述したような理念の要請が不可欠だと思われる。「立憲体制を構成する市民がそもそも、その基本的な政治制度を是認し、強化する根本的な構想や理想をもって民主的な政治に加わるのでないとしたら、立憲体制は長くは持ちこたえられないように思われます。さらにいえば、こうした政治制度は、市民が自分自身でそのような構想や理想を支えるときに最も強固なものになりなす」（LHPP: p.5＝九頁）。

三者三様の正義の理念はおそらく彼らの原体験や問題関心を反映したものだろう。マルクス主義者として自己形成をとげ、分析的手法をわがものとしつつなお平等主義や社会主義の弁証を試みたコーエン。ベンガル飢饉の記憶をもち、社会的選択理論の世界的大家でありながら現実的な開発政策に一貫して視点をむけるセン。そしてロールズにもまた固有の来歴があった。その若き日に強烈な宗教体験と戦争体験を経た彼にとってもまた、正義の理念は自身の経験に根ざすかたちで現れるほかはなかったのである。彼にとっては、現実主義的ユートピアの理念に結実するようなかたちでリベラル・デモクラシーを弁証することが、おそらくはその生涯にわたる問題関心であった。

この関心はまた、正義の理念のさらに背景にある、政治それ自体についての認識にも反映されているように思われる。ここで、政治的行為や思考についての抽象的・理論的反省の営みを政治哲学とよぶとするならば、それは政治の本質をいかなるものと措定するかによって大きく二分されるように思われる[31]。

ひとつは、政治を本質的に人びとの強制力を有した権力関係に根ざすものとみる考え方である[32]。これを〈権力としての政治観〉とよびたい。〈権力としての政治観〉によれば、人間はその本性からして悪への傾きをもち、この世界の常態は時に凄惨なまでの力と力との衝突として把握される。しかし、この権力は自立的な作動上のメカニズムを有しており、これを適切に認識し踏まえるならば、現実政治をかなりの程度まで制御することができる。この世界ならびに人間の本性を究極的には救いのないものと考えるが、その事実に居座るのではなく、力による力の馴致によって悪が逓減したよりましな世界の構想を試みるのが〈権力としての政治観〉である。

もうひとつは、政治を本質的に人びとの協働関係に根ざすものとみる考え方である。こちらは〈協働としての政治観〉とよびたい。〈協働としての政治観〉によれば、人間の本性は悪ではなく善であって、人びとは対立ではなく協力することによって、個人ではえられることのない関係性ならびにそれをつうじてもたらされる利益を享受することができる。しかし、この協働はけっして自生的なものではない。人びとの関係性に対する適切な相互認知がある場合にのみ協働（cooperation）は成立する。そうした認知上の機制を欠くならば、協働はたんなる行為パターンの恒常性＝協調（coordination）を越えるものではなくなり、安定したものであることができない。この世界ならびに人間の本性は本質的には善であるが、それが充全に実現されるためには、社会正義ならびに正義感覚が必要だと考えるのが〈協働としての政治観〉である。

いうまでもなくロールズは〈協働としての政治観〉の側に属する理論家である。さて、〈権力としての政治観〉は典型的な非理想理論であるのに対して、〈協働としての政治観〉は典型的な理想理論といえるだろう。そして理想理論と非理想理論とがそうであるように、両政治観はそのいずれかが決定的に優越した地位を占めるわけではない。時代状況ならびに論者の問題関心に応じて、両者は固有の意義ならびに重要性をもっている。それではなぜ、ロールズは〈協働としての政治観〉をとったのか。そしてそこにはいかなる事柄が含意されているのか。以下では、ロールズ自身が政治哲学の根本問題のひとつだとする「政治体制の安定性」に則しつつ、これを考察したい。

◉6-6-3 道徳心理学に根ざした安定性——リベラル・デモクラシーの擁護論

序論でも述べたように、ドイツ・ワイマール体制の崩壊とそれに引き続く破局的出来事は、当代の第一級の思想家達（とりわけドイツからの亡命知識人）に終世に及ぶ影響を与えた根本的問題であった【0-1-1】。ロールズもまたこの事例を意識している。「市民は、民主的な政治に参加する前に、その根本的な構想や理想をほかならぬ市民社会から最もよく学ぶのだと私は示唆してきました。そうでないとしたら、民主的な体制は、かりにそれが誕生したとしても長続きはしないでしょう。ワイマール憲法が破綻した多くの理由のひとつは、ドイツにおける主要な知的な潮流のどれひとつとしてそれを擁護する覚悟（prepared to defend）がなかったという事実です」（LHPP: p.6=一一頁）。

亡命知識人のなかには、良心の自由によってもたらされた相対主義の帰結として、これをリベラリズムの自滅として捉えた者もいる。しかしロールズはリベラリズムとデモクラシーの理念をそれ自体として手放すことはなかった。それは彼が正義に適った社会の安定性の問題にこだわりつづけたことからも明らかである。この問題こそはロールズの政治哲学の中心に位置するものにほかならない。

さて、『正義論』から『政治的リベラリズム』への展開は正義の政治的構想を必要とするものだったが、ロールズはこの変更について次のように述べている。「驚くべきことに、この変更は、翻って、多くの他の変化や以前には必要とされなかった一群の観念を必要とする。「驚くべき」といったのは、道徳哲学の歴史においては安定性の問題は非常に小さな役割しか担っておらず、この種の非整合性がかくまでに多岐にわたる改定を強いることになるだろうとは奇妙なことに思われるからである。しかし、安定性の問題は政治哲学にとっては根本的なものであり、そこでの非整合性は基礎的な再修正へとゆきつく」(PL: p.xvii)。

本書をつうじて明らかにされたように、この場合の安定性とはたんなる社会的・経済的要因のみならず、人びとの正義感覚や道理性の涵養をも含むものである。むしろロールズのいう安定性にとっては道徳的能力こそが肝要なものとなる。明言されてはいないが、ロールズの用いる体制(regime)というターム自体も、人びとの心理的性向の陶冶までをも含むものだと思われる。そこで、このロールズ的な安定性の観念を〈道徳心理学に根ざした安定性〉とよぶことにしたい。

こうした安定性の内実ならびにそこにはらまれる危険性について、ネーゲルは次のようにいい表している。「政治理論はそれ固有の安定性をもった心理学的条件を発生させるシステムをデザインすることにつねに関心を払ってきた。また、正統性の条件の探求はこの試みの重要な部分をなしている。しかし、適当な権力分配を所与とするなら正統性をもたないシステムもまた安定的でありうる。そしてこのことは、〔理に適っていない〕政治的安定性ならびに人間の社会化の増幅によって悪化させられる、大きな問題を提起する」(Nagel 1991: p.149)。まさにこれはロールズが考えていたことでもあるだろう。

「その大半の成員が、ルールに従い、法に服従し、(なされる事柄に同意するかを個別的に逐一判断することなしに) 定められた権威によって期待されることを行なうこと。複雑な現代国家の権力が、こうしたことに関する、成員の深く根付いた傾向性に依拠しているのは明らかである。私たちは高次のプロセスという機関に容易に身を委ねているのだが、現代の生活に特徴的な、複雑な機関上のヒエラルキーはさもなければ機能することはない。軍隊のみならず、あらゆる官僚制的組織はこうした心理学上の性向に依拠している。これは〈ドイツ問題〉(German problem) とでもよばれうるものを生じさせる。組織にめだって刃向わず、自分に気を引こうとさせるのではなく、独自の個人的判断によって代替することなしに己れの職分を果たし公式の指示に従うこと。こうした一般的には価値をもつ傾向性は怪物的な目的にも供されうるものであって、それは最も凄惨な体制を実際に維持しうる。人びとに収賄を禁じる手続き上の正しさは、同時に、組織づけられた——人種差別・国外追放・大量虐殺といった——公式政策に人びとを従順にするものでもありうる」(Nagel 1991: pp.149-150)。

ここで看破されているように、時として〈道徳心理学に根ざした安定性〉は悪しき権威への服従、あるいはそれを通じた相乗効果によって破局的な帰結を招きうる。もちろんロールズのいう〈道徳心理学に根ざした安定性〉はそうした事態を断じてみとめるものではない。それは「理に適った」ものであるし、またそうでなければならない。正義に適った社会としてのリベラル・デモクラシーが擁護されねばならないのである。

おそらく彼が〈権力としての政治観〉ではなく〈協働としての政治観〉に与する根底的な理由はここにある。〈協働としての政治観〉は一見あまりにも現実離れした理想論にみえるかもしれない。しかしそれは決して単純なものではない。少なくともロールズにとっては、語られざる〈権力としての政治観〉をいわばその陰画像とする、リベラル・デモクラシーの理念へのコミットメントにほかならない(33)。

ワイスマンはこの事態を適切に捉えている。「人間本性についてのこうした〔悲観的・宿命論的〕見解は、リベラル・デモクラシーへの潜在的脅威である。なぜなら、この見解を受け容れる者はリベラル・デモクラシーを実行不可能な理念だと——仮に理念なるものを彼らが想定するとして——考えるであろうから。私たちが支えることが可能な政治的自由の形態を同定することによって、ならびに秩序だった社会が内因的に（inherently）安定性をもちうることを示すことによって、ロールズは私たちの本性についての異なったより明るい見解の弁証を願ったのである。この見解の根底には互恵性の観念が位置している。原初状態によって実行される〈架橋の機能〉（bridge function）――原初状態が正と善を連結させるという事実――は、これの中心性を明らかなものとする」（Weithman 2010: p.231）。

ロールズが旨とする〈協働としての政治観〉あるいは〈道徳心理学に根ざした安定性〉からすれば、それゆえ、次の二点は少なくとも必須の課題となる。①悪しき権威的体制の樹立をもたらしうる、基本的諸権利を否定するような憲法上の変更は断固として拒否されなければならないこと。②正義の原理・理念・構想は、一方で抗事実的な妥当性を有しつつも、他方では人びとを実際に動機づけうるものとしても構成されなければならないこと。以下、これらを順に考察して締めくくることにしたい。

正義の第一原理に対する強いコミットメントは彼の著作の様々な箇所に認められるが、ここでは特に憲法＝国制（constitution）の擁護にかかわるものをとりあげたい。ロールズは、合衆国憲法第五条のみが正統な改正手続きではないとする点で、B・アッカーマンらと意見を同じくするが、たとえ第五条に従って改正されたルールであってもその内実によっては妥当性を認めないという、さらに強い立場をとっている。たとえば、宗教条項に代表される第一修正条項を撤廃しようとする試みは、たとえ正統とされる手続きに則していても、憲法＝国制の崩壊（constitutional breakdown）を招くものであるがゆえに認められない（PL: p.239）[34]。信仰の自由を含む第一条項は、政治的リベラリズムの基点たる理に適った多元主義の事実を成立させる根本的基盤にほかならないからである。

これはいわゆる司法審査の是認につうじるものであって、見方によれば、リベラリズムには親和的でもデモクラシーには敵対的な考えのように思われるかもしれない。しかし、デモクラシーは、より基底的なレベルにおいては、政体の分類や投票手続きではなく、自由な市民の対等な地位を特定化し保証しようする試みとして捉えられる。この観点からすれば、司法審査は必ずしもデモクラシーに反するものではない。ロールズは、特定の歴史状況と政治文化の条件を前提とするなら、立憲デモクラシーは司法審査を擁護可能だとする。またその役割には、基本的諸自由をはじめとする憲法の必須要素を維持するという消極的役割と、公共的理性の範例として政治文化を陶冶するという積極的役割があるとされる（PL: pp.236-240）[35]。こうした事柄は、リベラル・デモクラシーが権威体制へと崩壊していくのを妨げることに資する。

そして、これらの制度上のメカニズムが適切に機能するかは、最終的には人びとの心構えにかかっている。制度編成と心理学的機制は相互影響関係にあるが、それが悪循環ではなく好循環として現れるためには、人びとの抗事実的な理念へのコミットメントが不可欠である。かくして理に適った〈道徳心理学に根ざした安定性〉が要請される。

ここでは、ロールズの理論が一貫して熟慮された判断（considered judgment）こそをベースにするものであったことに注目したい。こうした判断は、一方で偏りをもった当初の信念からより妥当なものへと再編されたものであるが、他方で生活世界から完全に離脱するものではない。反省的均衡は抽象化・反省のプロセスを含むが、理念それ自体を追求するのではなく、人びとの直観につねに定位する。換言するなら、人びとのドクサは分節化されるべきだが捨て去られるべきではない[36]。様々な人びと（ないしは一個人内）のあいだに成立するパースペクティヴの交錯は基点であると同時に終点でもある。

こうした議論に対しては、先にもみたように、哲学的反省度の低さが批判されるかもしれない。しかし、たんなる理念ではなく、動機づけ可能な理念を追求するロールズにとって、熟慮された判断は直観と結びついたものでもなければならなかった。さもなければ、〈道徳心理学に根ざした安定性〉は不可能となるからである。リベラル・デモクラシーをめぐる理念もまたそのようなものでなければならない。「互いに自由かつ平等な者であり、公共的理性を行使し、投票を通じて政治的正義や共通善が要請する熟慮された意見を表明しうる者であるという市民の構想」（LHPP: p.5＝九頁）。この構想もまた、哲学的な抽象化・反省のプロセスを経つつも、最終的には人びとがそれを受容可能であるかどうかにかかってくる。その意味で、ロールズ的な政治哲学が第一義的に念頭においているのは、概念分析を試みる哲学者の観点ではなく、共生を志向する市民の観点にほかならない。

人びとはいかなる正義の理念が受容可能なのかを互いに論じ合う。そしてそのことをつうじて秩序だった社会が成立する。「アリストテレスによれば、正義および不正義の感覚は人間に特有のものであり、また正義に関する共通の理解を人間が分かち合うことによってポリスが形成される。本書の議論に照らせば、〈公正としての正義〉についての共通の理解が立憲デモクラシーを形成するのだと、同じくいえるだろう[37]」（TJ: p.243/rev.214＝三二八頁）。

いうまでもなく、こうした営みが妥当性をもつためには「正義および不正義の感覚」が適切に表現される必要がある。無論その試みは理に適った多元主義の事実を前提とするが、正と善の合致、あるいは政治と道徳の結合に依拠した秩序だった社会の成立可能性を否定するものではない。ロールズ的な〈協働としての政治観〉が目指すのは、いわば〈差異〉に基づくひとつの人倫にほかならない。そして、その実現を目指す真摯な営みが継続されるかぎりで、リベラル・デモクラシーは正しい理由による安定性を享受しうるだろう。

七　結語――救済と和解

ロールズあるいはロールズ的なリベラリズムは、時に、宗教的なものへの配慮を欠いた世俗的なものである、ないしはリアリズムを考慮しない理想論にすぎない、と批判されることがある。だが、本書での考察を通じて今や次のように述べることができる。

すなわち、ロールズはむしろ宗教的なものを重視しているがゆえに政治的・実践的な理論を提示したのであり、またその議論は現世志向的ではあるが、それは現存する社会的通念を至上とするという意味での世俗的とは異なる。さらに彼は、若き日々をのぞけば特定の信仰をもつことはなかったと思われるが、宗教にも認められる超越的なものへの感覚をおそらく生涯保持しつづけていた。

また彼はたしかに理想論を語ったともいえるが、その議論は同時に現実主義的なものであった。理想と現実は対立概念であるが、ロールズは両者を単純にその状態にとどめることはしない。現実によって媒介されない理想が現状逃避であるとすれば、理想によって媒介されない現実は現状追認にすぎない。政治哲学者としての彼が構想するのは、いわばリアリティを宿した理念にほかならない。こうした理念は翻って現実政治にも影響を及ぼす。無論その影響は直接的なものではないとしても、長期にわたる公共的政治文化や道徳心理学上の涵養がなければ、政治社会は時代を越えて安定的であることはできないのである。

こうした営みは一見迂遠なものと思われるかもしれない。いや、実際に迂遠なものであるのだろう。しかしだからといって、それが重要ではないことにはならない。そしてロールズは政治哲学者としてかかる理念を構想することに生涯を捧げたのである。「実行可能なことの限界をどのように明らかにするのか、そして、私たちの実世界をとりまく諸条件は実際どのようなものなのか――こうした問題があるということは私も承知している。ここで難しいのは、可能なるもの（the possible）の限界は現実的なるもの（the actual）によっては与えられないということだ。なぜなら、私たちは政治的・社会的諸制度やその他多くの事柄を、多かれ少なかれ変えることができるからである。それゆえ、私たちは推量と憶測をたよりとして、たとえ現在は無理であっても、より幸運な諸条件に恵まれた未来のいつの日にか、思い描かれた実世界が実現可能となり現実に存在することになるかもしれないということを、可能な限り論証しなければならない（arguing as best we can）のである」（LP p.12＝一六頁）。

この「可能な限り論証しなければならない」という表現は伊達ではない。ロールズにとって、正義論の追求は、学知のかたちをとった祈りですらあったように思われる。それはまさしく、神の観念に依らずして救済可能性を提示したひとつのヴィジョン、すなわち神なき神義論（theodicy without God）、あるいは〈差異の神義論〉としての正義論にほかならなかった。それはすでに今日の学問世界ならびに現実政治に決して小さくはない影響を与えるものとなっている。

そして、ロールズは個人としても、その生涯にわたる試みをつうじて、神による救済（恩寵）ではなしに、理性による救済（和解）を彼の時代と成し遂げえたように思われる。このような文脈においてみたとき、『公正としての正義　再説』第一章の末尾を飾る以下の文章は、ひとつの到達点を表すものと思われる。おそらくそれはロールズの政治哲学の中心に位置するものでもある。この引用をもって本書の探求を閉じることにしたい。

「〈公正としての正義〉の秩序だった社会が、私たちの自然本性やその要求に従って実際に可能になるということを示したい。このような努力は、和解としての政治哲学の領分である。というのは、実世界の諸条件が少なくともこのような可能性を考慮に入れるだろうということを理解することは、私たちの世界観自体や世界に対する態度に影響を及ぼすからである。もはや、世界を希望がないまでに敵対的なもの、偏見と愚かさに扇動されて、支配への意志と抑圧的な残酷さが必然的にはびこる社会とみる必要はない。腐敗した社会におかれている場合、こうしたことは少しも私たちの喪失感を和らげないかもしれない。しかし、世界がそれ自体、政治的正義とその善に冷淡であるわけではないということを、熟考してもよかろう。私たちの実世界は違ったものであったかもしれず、他の時と場所にいる人びとには、希望（hope）は存在するのだから」[38]（R: pp.37-38= 六五頁）。

注

（1）この長文の注の最後では、ポッゲの議論について、それは〈公正としての正義〉という構想の普遍性を自分とは異なった仕方で支持するものとなるだろうと述べられている（CP 1989: p.493 n.46）。

（2）さらにこの『万民の法』においては、他のロールズの著作と比較して、歴史書や神学・宗教書への多数の参照が認められる。そのため本作には、理論家ロールズの著作としては珍しいことに、一種の「史書」的な趣きさえ感じられる。

（3）それゆえ、この三段階の原初状態論はリニアなステップを踏むものではない。

（4）〈万民の法〉のリスト化された命題はいわば公理ではなく定理のレベルに属するものであって、その性質はリベラルなものであるが、リベラル以外の構想によっても支持されうる可能性は積極的に認められる（CP 1993: pp.560-561 n.54= 二七一―二七二頁、注54）。

（5）リベラルな人びとは、その逆に、リベラルな構想（この場合は〈万民の法〉）が品位ある人びとの生を損なうものではないことを示しうるなら充分である。

（6）ここから示唆されることとして、公共的理性論は〈万民の法〉と対にして読まれる必要がある。すなわち、その議論の構造を、国内社会における、①リベラルなものに関する理想理論、②品位あるものに関する理想理論、③非理想理論という三層からなるものとして捉える必要がある。特に重要なのは、②があくまでも理想理論として立てられていることである。宗教に代表される品位ある人びとや価値は、いつかリベラルなそれに取って代わられるべき移行期の範疇に属するものではなく、それ自体として、正義に適ったものとして承認を受けるべきものにほかならない。

もっとも、一国社会における憲法と〈万民の法〉ではその起草・受諾のプロセスにおける考慮事項には隔たりがあり、それに応じて正当化の要求度も異なったものとなるだろう。同一の基本法（憲法）の共同起草者には、事実的・規範的いずれのレヴェルにおいても、より強い互恵性が妥当する。もちろん〈万民の法〉も一種の基本法ではあるが、それは現今の政治における基底的地位である国家市民として第一義的に関わるものではない。

（7）道理的／非道理的という区分は二値論理的なものではなく、このように幾分かの柔軟性を持ち合わせている。ロールズが明確に定義を与えているわけではないが、彼の理論には次のような価値評価の区分が伏在しているように思われる。① evil (to be removed) ／② unreasonable (morally impermissible) ／③ not fully reasonable, yet decent (to be tolerated) ／④ reasonable (morally permissible) ／⑤ supererogate (too morally to require)。これは私によるラフな整理であるが、数字が小さいほど不正の度合いが高く、大きくなるにつれて正しさの度合いが増してゆく。寛容論においては②と③の区別が重要となる。同じく実践的には難問だが、人道的介入においては①と②の区分が死活的である。

（8）細かくいえば、生来的な能力や資質が偶然のものであるとは、単純な生まれつきの生物学上の相違にとどまらず、いかなる能力・資質が社会的評価の対象とされるのかも時代と地域によって異なることをも意味する。いわばそれは二重の偶然性によって左右されるものである。

（9）理想的にいえば、格差原理の成立が意味するのは、〈現存の不平等（格差）こそが（平等の観点からみた）最善の社会を構成している〉という一見逆説的に響く社会的メッセージにほかならない（Swift 2006: p.114＝一六〇—一六一頁）。

（10）近年、主にフランス近現代の社会（思想）史に照準しつつ、友愛と分節化された連帯のもつ意義を辿る労作も公刊されるようになってきている。そうした研究によれば、人びとが等しくネガティヴな偶然事に曝されているとの前提の上で、それに社会集団のレベルで対処しようとする発想（リスクの社会化）こそが、社会保険の制度化等を導いた連帯の精神にほかならない。ここには無知のヴェールにも通じる未知性・ランダム性の活用が認められるが、まさしくロールズもその流れのなかに位置づけうるとされる（重田 2010: 二四六頁）。

（11）それゆえ、先述の理想的家族関係とのアナロジーにはミスリーディングな部分がある。

（12）この双方向的な〈理に適っていること〉が『ニコマコス倫理学』第八巻二章における友愛の議論（友であるためには、互いに対して好意を抱き、かつ、互いの善を願い、しかもそうしたことが互いに気づかれていなければならない）を想起させるものであることは、付言しておく価値がある（アリストテレス 2002: 1155b-1156a）。ただし、善を基底的価値として友愛や政治を語りえたアリストテレスとは異なり、ロールズはこうした議論を正の優先性のもとに構成せねばならなかった。だが、社会の基本構造への焦点化や重なり合うコンセンサスの考案によって、アリストテレス的な友愛の一端は多元主義の下でも可能となる。

(13)『政治的リベラリズム』や『道徳哲学史講義』におけるような歴史的叙述としてではないが、『正義論』においても政教分離や寛容の精神は和解の観点から捉えられている（TJ: p.221/rev.194＝三〇〇頁）。

(14) 逆にいえば、公共的理性を受け容れることのない包括的教説は、理に適った多元主義の事実ならびにそれに拠る今日の世界と和解することができない（LP: p.125＝一八三頁）。

(15) この分析枠組ならびに用語法については、主として半澤 2003 に負う。

(16) この「境界」を形成するものとしては以下のようなものが想定されている。個人のレベルでは、かつての身分や財産、現在における出生またはその擬制。国家のレベルでは、歴史的偶然によって設定された領土または国境、そして広い意味での血縁関係や言語である（半澤 2003: 一二八―一二九頁）。

(17)〈非政治〉の領域に属するアソシエーションは様々にあるが、特権的な中間団体に歴史的起源をもつ教会や大学がその代表例としてあげられよう。もちろん今日においては教会と大学はもはやかつてのような特権性を有していない――その意味で〈政治〉の領域にも組み込まれている――が、両者は依然として信仰や学知という普遍性を媒介としたひとつの関係性を志向するものである。それゆえ、両者は政治権力が悪しき方向にすすむ場合、それに対抗しうるポテンシャルを依然として秘めた代表的団体でありうる。逆にいえば、両者が時の権力に容易に迎合する場合、政治は容易に平板化し腐敗する。これもまた歴史が物語るところであろう。

(18) なお、友愛ないし友情はコミュニタリアニズムの鍵概念でもある。代表的コミュニタリアンは概して政治的友愛と個別的友愛の区別を批判する（あるいは後者の基底性を説く）が、彼らのうち、自身の宗教的信仰を前面にだすマッキンタイアやテイラーには〈非政治〉と〈政治〉との緊張の意識を時に看取しうるのにたいして、より世俗的な善の構想を基盤とするサンデルにおいてはこの緊張は後景に引く。そのいずれが妥当な立場であるかを一概に述べることはできないが、サンデル的な友情はもっぱら〈政治〉への対抗原理ではなく補完原理として位置づけられることになるだろう（半澤 2003: 一八七―一八八頁）。そこに彼の正義論の魅力とともに難点があるように思われる。

(19) もちろんローティ自身はそこまで単純な主張はしていない。たとえば彼は、理性的存在者をはじめとする抽象的理念が、適切に用いられるならば、曖昧だが人びとを鼓舞する虚焦点（focus imaginarius）として政治的・文化的変化をなおも拓いてゆく可能性を認めている（Rorty 1989: p.195= 四〇六頁）。

(20) 彼我の政治文化や歴史的文脈の違いに意識的でない単純なアイロニズムの称揚は、端的にいって、政治的配慮を欠く態度である。アイロニズムと政治的ロマン主義の距離は必ずしも遠くない。超越的理念へのコミットメントの程度が弱い場所においてはその危険性は増幅する。

(21)『特性のない男』ならびに可能性感覚についての叙述は（大川 2003）に負う。本作はドイツ文学研究をベースとしつつも多彩な論点を含むものである。その中には、アウグスティヌスやライプニッツの神義論、多元主義論、可能世界論、ユートピア論といった本書とも関連の深い論点も含まれており、それらの点でも合わせて示唆を受けた。

(22) 無知のヴェールが喚起する〈自分や世界が他のようにもありえた（ありうる）こと〉というイメージは、人びとが実際に想像しうる偶然性の感覚に左右される。今日の社会においては、私たちは多種多様な自己イメージを使い分けることにより他者との豊かな関係を享受しうるが、しかし他方では、その都度毎に役割演技を強いられているともいえる。よかれ悪しかれ、他者の干渉や絶え間ない要求は、電子テクノロジーの発展も相まってかつてない水準に達している。しばしば指摘されるように、とりわけそうした空間においては関心の多元化ではなくむしろ局所化、ひいては偶然性の感覚の消失が生じる傾向が多分にある。おそらく問題の一端は、可能性感覚に媒介されることのない現実感覚に人びとが囚われがちなところにあると思われる。充分な反省を経ないままに既存のアイデンティティが是認される。あるいは社会的流動性の上昇がもたらす不安から目を逸らすようにして、往々にして粗野な価値観や物語が肯定される。そうだとすれば、無関心性の原因の一部は、しばしばいわれるようにプライバシー化の進展というよりも、むしろ、可能性感覚と結びつく思索上でのプライバシー化が充分になされていないことに求められるかもしれない。してみれば、プライバシーの方向へと抽象化を徹底させることで、それは可能性感覚を介して、公共的関心へと接続しうるものとなりうるのではないか。これはまた無知のヴェールが捉えようとしたカント的洞察の一端であると思われる。

(23) ここでいわれる「理性的信仰」の詳しい内実については次節でとりあげる。

(24) 実際、公共的理性の観念はまさにロールズ流の「政治的理性批判」として考えることができる。なお、前章でみた「公共的理性の但書」の論法はこうした理念への信があってはじめて可能となるように思われる【5－4－2】。なぜならば、未来における超越（論）的な理念の実現可能性の想定こそ、未来完了形時制の発話を可能とする前提だからである。逆にいえば、そうした展望を欠く場合、時に市民的不服従のかたちをすらとる政治的行動も、しばしばそれ自体としては現状に対する一時的・間歇的な不満の爆発を越えるものではなくなってしまう。政治的活動がひとつの継続的なプロジェクト足りうるためには、それは、投企の対象である来たるべき世界、未だ実現されざる理念のヴィジョンによって、不断に媒介されることを必要とする。

（25）これは、自律的個人という理念的フィクションのプロジェクトを掲げた丸山眞男が、とりわけ後半生の研究において念頭においていたテーマでもある（丸山 1998: 二六六—二六七頁）。ロールズと丸山の理論には直接の接点はないが、ともすると単純な近代主義者や個人主義者と括られがちな両者が、揃って超越的理念への被縛性・媒介性を意識していたことは注目されてよい。なお、丸山におけるこのテーマ、あるいはもっと一般に「理念への信」という論点については（遠山 2010）から示唆をえた。

（26）reasonable faith の訳語としては「理に適った信仰」や「道理的信仰」も考えられる。ただし、合理的（rational）に対置される「理に適った（道理的）」は、他者の立場への配慮、あるいは相互受容可能性といったコミュニカティヴな要素を主軸とする評価言明である。ただいま考察している文脈では、そうではなく、理念や理性への態度が主題であるため「理性的信仰」の方が適切だと考える次第である。

（27）カントの最高善観念のうちには、来世志向のものと現世志向の二つの見方が平行して見られることへの指摘として、宇都宮 1995: 二九—三〇、四〇—四九頁。なお、『純粋理性批判』にて説かれる神と不死を前提とした叡智界は必然的に彼岸的性格をもつものとなるが、カント自身がライプニッツに倣いつつこの来世を「自然の王国」に対する「恩寵の王国」とよんでいる。〈差異の神義論〉からすると当然これは受け入れられない考えとなる。

（28）この主張は、『万民の法』冒頭で説かれる、ルソーに依拠した、人間をあるがままの姿で（men as they are）、法をありうべき姿で（laws as they might be）とりあげる、現実主義的ユートピアの構想の後ろ盾となるものだと思われる（LP: p.7＝八—九頁）。

（29）コーエンは、自分とロールズの正義の考えについての違いを示すものとして、まさにこの文章に触れている（Cohen 2008: p.180）。

（30）理に適った好条件（reasonably favorable conditions）とは、政治的意志が存在すれば立憲体制が可能となる条件のことである（R: p.101＝一七九頁）。

（31）以下で用いられる政治観についての二分法は、その細部に違いはあれ少なからぬ文献で踏襲されているように思われるが、とりわけ藤原 1985 から示唆を得た。

（32）もちろん権力関係自体が多義的な解釈をはらむものであり、今日においては、権力自体をより精妙かつ可塑的な関係性において捉える洗練された解釈がむしろ主流となって久しい。だが、ここでは立論上のコントラストのためにも、あえて素朴な剥き出しの権力関係のことを念頭におく。

（33）もちろんこのことは、〈権力としての政治観〉がそれ自体として価値をもたないことを意味しない。この立場に与する思想家の多くは非理想的な状態において思考形成をとげ、責任をもって（あるいは韜晦しつつ）時事的にコミットせざるをえない状況にあった。彼らは権力政治の把握ならびに自覚をつうじて喫緊の課題に応じたのである。ただし、いわゆる危機の時代と相対的に平和な時代とにおいては、自ずから理論家に要求される事柄も異なってこよう。そして、危機を経験しつつも平和の恩恵をも長く被ったロールズは、希望への途を語ることを選んだのだと考えられる。藤原保信の表現を借りて述べるなら、それは、「一方における没政治的意識の蔓延、他方における現実の政治の利害と権力への頽落を克服するひとつの道」としての「言葉のよき意味での現実を媒介した政治的アイディアリズムの復権」といえるかもしれない（藤原 1985: 一二二頁）。ロールズを部分的には導きとしつつも、コミュニタリアンの立場を標榜した藤原はむしろその鋭い批判者でもあった。しかしながら、両者はその根底の政治哲学観――〈協働としての政治観〉――において多くの相通じる側面をもっていたように思われる。

（34）リベラル・デモクラシー諸国においては、完全なものでないとしても、少なくとも必要な水準以上で政治的諸価値を尊重する政治の実践がすでにひとつの伝統として確立している。成熟した政治文化を有する社会においては、政治的リベラリズムは現実的なものである。そうだとするならば、リベラル・デモクラシーが時に高い代償を払いながら存続してきたその事実性こそ、政治的実践の基点とされるべきである。自由な政体ならびにそれを構成するリベラルな憲法典が蹂躙されそうになった場合、断固としてそれは退けられねばならない。

（35）ただし、司法審査などを通じて重要な役割が期待されるからといって、最高裁が立憲デモクラシーにおいて最上位の地位を占めるわけではない。主権者はあくまでも人民であり、憲法とは「他の政府部門を通じ憲法に則して行為する人民が……最高裁にそうだと述べることを認めさせる」ものとされる（PL: 237）。フリーマンはこの考えがリンカーンの憲法観に通じることを示唆している（Freeman 2007a: pp.209-210）。
（36）古代ギリシアの弁証法と反省的均衡を比較検討した論考として、稲村 2013。
（37）人びとのドクサに定位しつつそれを分節化してゆく反省的均衡という営みも、基本的にアリストテレス的な正当化といってよい。ロールズの思考法がアリストテレスのいうエンドクサを受け継いでいると言われる所以である（岩田 1994: 二三二頁）。公共的討議の前提としてのコンセンサスは、実際、エンドクサをロールズ流にいい換えたものだと思われる【5－3－1】。コンセンサス＝エンドクサは、人びとによる是認に依るものであり、その限りで経験主義的・保守主義的な性質を帯びる。しかしそれは、より普遍的な立場に開かれていることを否定するものではない。
（38）『再説』は基本的に八〇年代後半に書かれたテクストであるが、この文章は晩年に加筆された可能性があると思われる。もちろん、仮に晩年に書かれたものでなかったとしても、ここでの主張は重要かつ示唆的であると私は考える。

◆参考文献表

ロールズのテキストを参照するにあたり、本書では以下の略号を用いた。『正義論』の参照にあたっては、original edition の頁数のあとにスラッシュを介して revised edition の頁数を併記した。また、論文集 *Collected Papers* の参照にあたっては、略号 CP のあとに当該の論文の初出年度を記してある。なお、既存の翻訳を参照するにあたり、一次文献、二次文献を問わず、部分的に変更を加えたものがあることをお断りしておきたい。

【一次文献】

TJ: *A Theory of Justice*, Harvard University Press, 1971.

A Theory of Justice: Revised Edition, Harvard University Press, 1999（川本隆史・福間聡・神島裕子訳『正義論：改訂版』紀伊國屋書店、二〇一〇年）.

PL: *Political Liberalism: Expanded Edition*, Columbia University Press, 1996.

LP: *The Law of Peoples: with "The Idea of Public Reason Revisited,"* Harvard University Press, 1999（中山竜一訳『万民の法』岩波書店、二〇〇六年）.

CP: *Collected Papers*, Harvard University Press, 1999.

——（1951）"Outline of a Decision Procedure for Ethics," *Philosophical Review* 60.

——（1955）"Two Concepts of Rules," *Philosophical Review* 64.

——（1958）"Justice as Fairness," *Philosophical Review* 67.

——（1963a）"Constitutional Liberty and the Concept of Justice," in C. J. Friedrich and John Chapman (eds.), *Nomos* VI: *Justice*,

Atherton Press.

——— (1963b) "The Sense of Justice," *Philosophical Review* 72.

——— (1968) "Distributive Justice: Some Addenda," *Natural Law Forum* 13.

——— (1969) "The Justification of Civil Disobedience," in H. A. Bedau (ed.), *Civil Disobedience*, Pegasus (Rawls〔1951-1969〕田中成明編訳『公正としての正義』木鐸社、一九七九年).

——— (1971) "Justice as Reciprocity," in Samuel Gorowitz (ed.), *John Stuart Mill: Utilitarianism, with Critical Essays*, Bobbs-Merrill, 1971.

——— (1975a) "A Kantian Conception of Equality," *Cambridge Review* 96 (藤原保信訳「秩序だった社会」『危機の時代の哲学』岩波書店、一九八一年).

——— (1975b) "The Independence of Moral Theory," *Proceedings and Addresses of the American Philosophical Association* 48.

——— (1980) "Kantian Constructivism in Moral Theory," *The Journal of Philosophy* 77.

——— (1982) "Social Unity and Primary Goods," in Amartya Sen and Bernard Williams (eds.), *Utilitarianism and Beyond*, Cambridge University Press.

——— (1985) "Justice as Fairness: Political not Metaphysical," *Philosophy and Public Affairs* 14.

——— (1987) "The Ideas of Overlapping Consensus," *Oxford Journal of Legal Studies* 7.

——— (1988) "The Priority of Right and Ideas of the Good," *Philosophy and Public Affairs* 17.

——— (1989) "The domain of the Political and Overlapping Consensus," *New York University Law Review* 64.

——— (1993) "The Law of Peoples," in Stephen Shute and Susan Hurley (eds.), *On Human Rights: The Oxford Amnesty Lectures*, Basic Books (中島吉弘・松田まゆみ訳「万民の法」『人権について：オックスフォード・アムネスティ・レクチャーズ』みすず書房、一九九八年).

——— (1995) "Fifty Years after Hiroshima," *Dissent*, Summer 1995 (川本隆史訳「原爆投下はなぜ不正なのか?」『世界』一九九六年二月号).

——— (1998) "Commonweal Interview with John Rawls," *Commonweal*, September 25, 1998.

LHMP: *Lectures on the History of Moral Philosophy*, Barbara Herman (ed.), Harvard University Press, 2000（坂部恵監訳『ロールズ哲学史講義（上・下）』みすず書房、二〇〇五年）.

R: *Justice as Fairness: A Restatement*, Ellen Kelly (ed.), Harvard University Press, 2001（田中成明・亀本洋・平井亮輔訳『公正としての正義　再説』岩波書店、二〇〇四年）.

LHPP: *Lectures on the History of Political Philosophy*, Samuel Freeman (ed.), Harvard University Press, 2007（齋藤純一・佐藤正志・山岡龍一・谷澤正嗣・髙山裕二・小田川大典訳『政治哲学史講義』岩波書店、二〇一一年）.

BI: *A Brief Inquiry into the Meaning of Sin and Faith: with "On My Religion,"* Thomas Nagel (ed.), Harvard University Press, 2009.

【二次文献】

Adams, Robert Merrihew（2009）"The Theological Ethics of the Young Rawls and Its Background," in John Rawls, *A Brief Inquiry into the Meaning of Sin and Faith*, Thomas Nagel (ed.), Harvard University Press.

Audard, Catherine（2007）*John Rawls*, McGill-Queen's University Press.

Bailey, Tom and Gentile, Valentina (eds.)（2015）*Rawls and Religion*, Columbia University Press.

Barry, Brian（1995）*Justice as Impartiality*, Oxford University Press.

Bernstein, Richard（2002）*Radical Evil: A Philosophical Interrogation*, Polity（阿部ふく子・後藤正英・齋藤直樹・菅原潤・田口茂訳『根源悪の系譜：カントからアーレントまで』法政大学出版局、二〇一三年）.

Bohman, James（1997）*Public Deliberation: Pluralism, Complexity and Democracy*, MIT Press.

Brighouse, Harry and Swift, Adam（2006）"Equality, Priority, and Positional Goods," *Ethics* 116.

Brink, David（1989）*Moral Realism and the Foundations of Ethics*, Cambridge University Press.

Brooks, Thom and Freyenhagen, Fabisn (eds.)（2005）*The Legacy of John Rawls*, Continuum.

Brooks, Thom and Nussbaum, Martha C. (eds.)（2015）*Rawls's Political Liberalism*, Columbia University Press.

Brown, Wendy（2006）*Regulating Aversion: Tolerance in the Age of Identity and Empire*, Princeton University Press（向山恭一訳『寛容の帝国：現代リベラリズム批判』法政大学出版局、二〇一〇年）.

Cohen, G. A.（2000）*If you're an Egalitarian, How Come you're So Rich?*, Harvard University Press（渡辺雅男・佐山圭司訳『あなたが平等主義者なら、どうしてそんなにお金持ちなのですか』こぶし書房、二〇〇六年）.

———（2008）*Rescuing Justice and Equality*, Harvard University Press.

———（2011）*On the Currency of Egalitarian Justice, and Other Essays in Political Philosophy*, Princeton University Press.

Cohen, Joshua（2001）"Taking People as They Are?," *Philosophy & Public Affairs* 30.

———（2009）*Philosophy, Politics, Democracy*, Harvard University Press.

———（2010）*Rousseau: A Free Community of Equals*, Oxford University Press.

Daniels, Norman (ed.)（1975）*Reading Rawls: Critical Studies on Rawls' 'A Theory of Justice'*, Stanford University Press.

Davion, Victoria and Wolf, Clark (eds.)（2000）*The Idea of a Political Liberalism: Essays on Rawls*, Rowman and Littlefield.

Dombrowski, Daniel A.（2001）*Rawls and Religion: The Case for Political Liberalism*, State University of New York Press.

Dreben, Burton（2003）"On Rawls and Political Liberalism," in Samuel Freeman (ed.), *The Cambridge Companion to Rawls*, Cambridge University Press.

Dworkin, Ronald（2000）*Sovereign Virtue: The Theory and Practice of Equality*, Harvard University Press（小林公・大江洋・高橋秀治・高橋文彦訳『平等とは何か』木鐸社、二〇〇二年）.

Estlund, David（2011）"Human Nature and the Limits（If Any）of Political Philosophy," *Philosophy & Public Affairs* 39.

Finnis, John（1980）*Natural Law and Natural Rights*, Oxford University Press.

Frazer, Michael L.（2007）"John Rawls: Between Two Enlightenments," *Political Theory* 35.

Freeman, Samuel（2007a）*Justice and the Social Contract: On Rawlsian Political Philosophy*, Oxford University Press.

———（2007b）*Rawls*, Routledge.

———（2013）"The Basic Structure of Society as the Primary Subject of Justice," in Jon Mandle and David A. Reidy (eds.), *A Companion to Rawls*, Wiley-Blackwell.

Freeman, Samue (ed.)（2003）*The Cambridge Companion to Rawls*, Cambridge University Press.

Gaus, Gerald（2011）*The Order of Public Reason: A Theory of Freedom and Morality in a Diverse and Bounded World*, Cambridge University Press.

Graham, Paul (2007) *Rawls*, Oneworld.

Gray, John (1996) *Isaiah Berlin*, Princeton University Press (河合秀和訳『バーリンの政治哲学入門』岩波書店、二〇〇九年).

Gutmann, Amy and Thompson, Dennis (2004) *Why Deliberative Democracy?*, Princeton University Press.

Habermas, Jürgen (1996) *Die Einbeziehung des Anderen: Studien zur politischen Theorie*, Suhrkamp Verlag (高野昌行訳『他者の受容：多文化社会の政治理論に関する研究』法政大学出版局、二〇〇四年).

——— (2005) *Zwischen Naturalismus und Religion*, Suhrkamp Verlag (庄司信・日暮雅夫・池田成一・福山隆夫訳『自然主義と宗教の間：哲学論集』法政大学出版局、二〇一四年).

——— (2010) "The 'Good Life'—A 'Detestable Phrase': The Significance of the Young Rawls's Religious Ethics for His Political Theory," (translated by Cronin, Ciaran) *European Journal of Philosophy* 18.

Hampton, Jean (1989) "Should Political Philosophy Be Done without Metaphysics?," *Ethics* 99.

Hardimon, Michael (1994) *Hegel's Social Philosophy: The Project of Reconciliation*, Cambridge University Press.

Hart, H. L. A. (2012) *The Concept of Law, Third Edition*, Oxford University Press (長谷部恭男訳『法の概念　第三版』ちくま学芸文庫、二〇一四年).

Hobbes, Thomas (1991) *Leviathan*, R. Tuck (ed.), Cambridge University Press (水田洋訳『リヴァイアサン』岩波書店、一九九二年).

Kamm, F. M. (2007) *Intricate Ethics Rights, Responsibilities, and Permissible Harm*, Oxford University Press.

Kaufman, Alexander (1999) *Welfare in the Kantian State*, Oxford University Press.

Kelly, Erin I. (2013) "Inequality, Difference, and Prospects for Democracy," in Jon Mandle and David A. Reidy (eds.), *A Companion to Rawls*, Wiley-Blackwell.

Kolm, Serge-Christophe (1997) *Justice and Equity* (translated by Harold F. See), MIT Press.

Korsgaard, Christine (1996) *Creating the Kingdom of Ends*, Cambridge University Press.

Krause, Sharon R. (2008) *Civil Passions: Moral Sentiment and Democratic Deliberation*, Princeton University Press.

Kukathas, Chandran (ed.) (2002) *John Rawls: Critical Assessments of Leading Political Philosophers* (*4 vols.*), Routledge.

Kukathas, Chandran and Pettit, Philippe (1990) *Rawls: A Theory of Justice and its Critics*, Stanford University Press (山田八千子・

嶋津格訳『ロールズ：『正義論』とその批判者たち』勁草書房、一九九六年）.

Kymlicka, Will（2002）*Contemporary Political Philosophy: An Introduction, second edition*, Oxford University Press（千葉眞・岡﨑晴輝ほか訳『新版 現代政治理論』日本経済評論社、二〇〇五年）.

Laborde, Cécile（2013）"Political Liberalism and Religion: On Separation and Establishment," *The Journal of Political Philosophy* 21.

Laden, Anthony Simon（2001）*Reasonably Radical: Deliberative Liberalism and the Politics of Identity*, Cornel University.

———（2003）"The House That Jack Built: Thirty Years of Reading Rawls," *Ethics* 113.

———（2006）"Republican Moments in Political Liberalism," *Revue Internatinale de Philosophie* 237.

Larmore, Charles（1987）*Patterns of Moral Complexity*, Cambridge University Press.

———（1996）*The Morals of Modernity*, Cambridge University Press.

———（2009）*The Autonomy of Modernity*, Cambridge University Press.

———（2013）"What is Political Philosophy?," *Journal of Moral Philosophy* 10.

MacIntyre, Alasdair（1984）*After Virtue: A Study in Moral Theory*, University of Notre Dame Press, 2nd ed.（篠崎榮訳『美徳なき時代』みすず書房、一九九三年）.

Maffettone, Sebastiano（2010）*Rawls: An Introduction*, Polity.

Mandle, Jon（2009）*Rawls's A Theory of Justice: An Introduction*, Cambridge University Press.

Mandle, Jon and Reidy, David A. (eds.)（2013）*A Companion to Rawls*, Wiley-Blackwell.

——— (eds.)（2014）*The Cambridge Rawls Lexicon*, Cambridge University Press.

McKinnon, Catriona（2002）*Liberalism and the Defence of Political Constructivism*, Palgrave Macmillan.

Michelman, Frank I.（2003）"Rawls on Constitutionalism and Constitutional Law," in Samuel Freeman (ed.), *The Cambridge Companion to Rawls*, Cambridge University Press.

Miller, David（1997）*On Nationality*, Oxford University Press（富沢克ほか訳『ナショナリティについて』風行社、二〇〇六年）.

Moon, Donald（2014）*John Rawls: Liberalism and the Challenges of Late Modernity*, Rowman & Littlefield.

Mulhall, Stephen and Swift, Adam（1996）*Liberals and Communitarians: second edition*, Blackwell（谷澤正嗣・飯島昇藏ほか訳『リ

ベラル・コミュニタリアン論争』勁草書房、二〇〇七年）.
Nagel, Thomas（1975）“Rawls on Justice,” in Norman Daniels (ed.), *Reading Rawls: Critical Studies on Rawls' 'A Theory of Justice'*, Stanford University Press.
———（1986）*The View from Nowhere*, Oxford University Press（中村昇・山田雅大ほか訳『どこでもないところからの眺め』春秋社、二〇〇九年）.
———（1987）“Moral Conflict and Political Legitimacy,” *Philosophy and Public Affairs* 27.
———（1991）*Equality and Partiality*, Oxford University Press.
———（2002）*Concealment and Exposure*, Oxford University Press.
———（2010）*Secular Philosophy and the Religious Temperament: Essays 2002-2008*, Oxford University Press.
Neiman, Susan（2004）*Evil in Modern Thought: An Alternative History of Philosophy*, Princeton University Press.
Neuhouser, Frederick（2008）*Rousseau's Theodicy of Self-Love: Evil, Rationality, and the Drive for Recognition*, Oxford University Press.
———（2013）“Rousseau's Critique of Economic Inequality,” *Philosophy & Public Affairs* 41.
Nussbsum, Martha C.（2008）*Liberty of Conscience: In Defense of America's Tradition of Religious Equality*, Basic Books（河野哲也監訳『良心の自由：アメリカの宗教的平等の伝統』慶應義塾大学出版会、二〇一一年）.
———（2010）“Perfectionist Liberalism and Political Liberalism,” *Philosophy & Public Affairs* 39.
———（2011）“Rawls's Political Liberalism. A Reassessment,” *Ratio Juris* 24.
———（2013）*Political Emotions: Why Love Matters for Justice*, Harvard University Press.
Oakeshott, Michael（1975）*On Human Conduct*, Oxford University Press（野田裕久訳『市民状態とは何か』木鐸社、一九九三年）.
Okin, Susan Moller（1989）*Justice, Gender, and the Family*, Basic Books（山根純佳・内藤準・久保田裕之訳『正義・ジェンダー・家族』岩波書店、二〇一三年）.
O'Neill, Martin and Williamson, Thad (eds.) (2012) *Property-Owning Democracy: Rawls and Beyond*, Wiley-Blackwell.
O'Neill, Onora（2003）“Constructivism in Rawls and Kant,” in Samuel Freeman (ed.), *The Cambridge Companion to Rawls*, Cambridge University Press.

Patten, Alan（1999）*Hegel's Idea of Freedom*, Oxford University Press.

Pettit, Philip（1997）*Republicanism: A Theory of Freedom and Government*, Oxford University Press.

———（2004）"The common good," in Keith Dowding, Robert E. Goodin and Carole Pateman (eds.), *Justice and Democracy: Essays for Brian Barry*, Cambridge University Press.

Pogge, Thomas（2007）*John Rawls: His Life and Theory of Justice*（translated by Kosch, Michelle）, Oxford University Press.

Quong, Jonathan（2007）"Contractualism, reciprocity, and egalitarian justice," *Politics, Philosophy & Economics* 6.

———（2011）*Liberalism without Perfection*, Oxford University Press.

Raz, Joseph（1986）*The Morality of Freedom*, Oxford University Press.

———（1994）*Ethics in The Public Domain: Essays in the Morality of Law and Politics*, Oxford University Press（森際康友編訳『自由と権利：政治哲学論集』勁草書房、一九九六年）.

Reidy, David（2010）"Rawls's Religion and Justice as Fairness," *History of Political Thought* 31.

Richardson, Henry and Weithman, Paul (eds.)（1999）*The Philosophy of Rawls: A Collection of Essays*（*5 vols.*）, Garland.

Rorty, Richard.（1989）*Contingency, Irony, and Solidarity*, Cambridge University Press（齋藤純一・山岡龍一・大川正彦訳『偶然性・アイロニー・連帯』岩波書店、二〇〇〇年）.

———（1991）"The Priority of Democracy to Philosophy," in his *Objectivity, Relativism, and Truth: Philosophical Papers 1*, Cambridge University Press（富田恭彦訳『連帯と自由の哲学：二元論の幻想を超えて』岩波書店、一九九九年）.

Sandel, Michael J.（1982）*Liberalism and the Limits of Justice*, Cambridge University Press（菊池理夫訳『リベラリズムと正義の限界』勁草書房、二〇〇九年）.

———（1996）*Democracy's Discontent: America in Search of a Public Philosophy*, Harvard University Press（金原恭子・小林正弥監訳『民主政の不満（上・下）』勁草書房、二〇一〇—二〇一一年）.

Scanlon, T. M.（1998）*What We Owe to Each Other*, Harvard University Press.

———（2003）*The Difficulty of Tolerance*, Cambridge University Press.

Scheffler, Samuel（2001）*Boundaries and Allegiances: Problems of Justice and Responsibility in Liberal Thought*, Oxford University Press.

——— (2010) *Equality and Tradition: Questions of Value in Moral and Political Theory*, Oxford University Press.

Schneewind, Jerome B. (1998) *The Invention of Autonomy: A History of Modern Moral Philosophy*, Cambridge University Press（田中秀夫監訳、逸見修二訳『自律の創成：近代道徳哲学史』法政大学出版局、二〇一一年）.

Sen, Amartya (2009) *The Idea of Justice*, Harvard University Press（池本幸生訳『正義のアイデア』明石書店、二〇一一年）.

Shklar, Judith N. (1990) *The Faces of Injustice*, Yale University Press.

Simmons, A. John (2010) "Ideal and Nonideal Theory," *Philosophy & Public Affairs* 38.

Strauss, Leo (1953) *Natural Right and History*, The University of Chicago Press（塚崎智・石崎嘉彦訳『自然権と歴史』ちくま学芸文庫、二〇一三年）.

Swift, Adam (2006) *Political Philosophy: A Biginners' Guide for Students and Politicians, 2nd Edition*, Polity（有賀誠・武藤功訳『政治哲学への招待』風行社、二〇一一年）.

Swift, Adam and Stemplowska, Zofia (2013) "Rawls on Ideal and Nonideal Theory," in Jon Mandle and David A. Reidy (eds.), *A Companion to Rawls*, Wiley-Blackwell.

Taylor, Robert (2011) *Reconstructing Rawls: The Kantian Foundations of Justice as Fairness*, Pennsylvania State University Press.

Thomas, Alan (2006) *Value and Context: The Nature of Moral and Political Knowledge*, Oxford University Press.

Tuck, Richard (1991) *Philosophy and Government: 1572-1651*, Cambridge University Press.

Wall, Steven (2006) "Rawls and the Status of Political Liberty," *Pacific Philosophical Quarterly* 87.

Weithman, Paul J. (2002) *Religion and the Obligations of Citizenship*, Cambridge University Press.

——— (2010) *Why Political Liberalism?: On Rawls's Political Turn*, Oxford University Press.

——— (2011) "John Rawls and the Task of Political Philosophy," in Catherine H. Zuckert (ed.), *Political Philosophy in the Twentieth Century: Authors and Arguments*, Cambridge University Press.

——— (2013) "Does Justice as Fairness Have a Religious Aspect?," in Jon Mandle and David A. Reidy (eds.), *A Companion to Rawls*, Wiley-Blackwell.

——— (2015) "Legitimacy and the Project of Political Legitimacy," in Thom Brooks and Martha C. Nussbaum (eds.), *Rawls's Political Liberalism*, Columbia University Press.

——（2016）*Rawls, Political Liberalism and Reasonable Faith*, Cambridge University Press.
Williams, Bernard（1985）*Ethics and the Limits of Philosophy*, Routledge（森際康友・下川潔訳『生き方について哲学は何が言えるか』産業図書、一九九三年）.
——（2005）*In the Beginning Was the Deed: Realism and Moralism in Political Argument*, Princeton University Press.
Wood, Allen W.（2008）*Kantian Ethics*, Cambridge University Press.
Young, Shaun P.（ed.）（2009）*Reflections on Rawls: An Assessment of his Legacy*, Ashgate.

愛敬浩二（2012）『立憲主義の復権と憲法理論』日本評論社。

アウグスティヌス（1978）山田晶訳『告白』（世界の名著第一六巻所収）中央公論社。

蟻川恒正（1994）『憲法的思惟』創文社。

アリストテレス（2002）朴一功訳『ニコマコス倫理学』京都大学学術出版会。

安藤馨（2007）『統治と功利：功利主義リベラリズムの擁護』勁草書房。

飯島昇藏（1992）「ロールズの善の観念：『正義の理論』を中心にして」『早稲田政治経済学雑誌』第三〇九・三一〇号。

石川健治（2009）「インディフェレンツ：〈私〉の憲法学」『比較法学』第四二巻。

——（2010）「〈非政治〉と情念」『思想』第一〇三三号、岩波書店。

市野川容孝（2006）『社会』岩波書店。

伊藤恭彦（2002）『多元的世界の政治哲学：ジョン・ロールズと政治哲学の現代的復権』有斐閣。

稲村一隆（2013）「自由主義と弁証法：ジョン・ロールズの反照的均衡について」『思想』第一〇七二号。

井上彰（2008）「厚生の平等：「何の平等か」をめぐって」『思想』第一〇一二号、岩波書店。

——（2014）「ロールズ：「正義とはいかなるものか」をめぐって」齋藤純一編『岩波講座　政治哲学　第五巻：理性の両義性』岩波書店。

井上達夫（1986）『共生の作法：会話としての正義』創文社。

——（1999）『他者への自由：公共性の哲学としてのリベラリズム』創文社。

岩田靖夫（1994）『倫理の復権：ロールズ・ソクラテス・レヴィナス』岩波書店。

ウィトゲンシュタイン、ルートヴィヒ（1976）藤本隆志訳『哲学探究』（ウィトゲンシュタイン全集第八巻）大修館書店。

上野修（2006）『スピノザ：「無神論者」は宗教を肯定できるか』ＮＨＫ出版。

魚躬正明（2014）「ジョン・ロールズにおける「公共的政治文化」：ワイマール共和国の歴史的教訓から」『成蹊大学法学政治学研究』第四〇号。

宇都宮芳明（1995）「カントの宗教論」『北海道大學文學部紀要』第四三号第三巻。

大川勇（2003）『可能性感覚：中欧におけるもうひとつの精神史』松籟社。

大澤津（2011）「分配の原理と分配の制度：ロールズの財産所有制民主主義をめぐって」『政治思想研究』第一一号。

太田義器・谷澤正嗣編（2007）『悪と正義の政治理論』ナカニシヤ出版。

大森秀臣（2006）『共和主義の法理論：公私分離から審議的デモクラシーへ』勁草書房。

小田川大典（2012）「後期ロールズとジョン・ステュアート・ミル：共和主義的転回との関連において」『政治思想研究』第一二号。

大日方信春（2001）『ロールズの憲法哲学』有信堂。

――（2007）「政治的リベラリズムにおける「立憲的精髄」は「暫定協定」を超えうるか」井上達夫編『岩波講座　憲法1：立憲主義の哲学的問題地平』岩波書店。

重田園江（2010）『連帯の哲学Ⅰ：フランス社会連帯主義』勁草書房。

――（2013）『社会契約論：ホッブズ、ヒューム、ルソー、ロールズ』ちくま新書。

カッシーラー、エルンスト（1974）生松敬三訳『ジャン＝ジャック・ルソー問題』みすず書房。

神島裕子（2015）『ポスト・ロールズの正義論：ポッゲ・セン・ヌスバウム』ミネルヴァ書房。

亀本洋（2012）『格差原理』成文堂。

――（2015）『ロールズとデザート』成文堂。

川崎修編（2014）『岩波講座　政治哲学　第六巻：政治哲学と現代』岩波書店。

川本隆史（1995）『現代倫理学の冒険：社会理論のネットワーキングへ』創文社。

――（1997）『ロールズ：正義の原理』講談社。

カント、イマニュエル（2000）平田俊博訳『人倫の形而上学の基礎づけ』（カント全集第七巻所収）岩波書店。

キェルケゴール、ゼーレン（2002）大谷長・藤木正三訳『種々の精神での建徳的講話』（原典訳記念版キェルケゴール著作全集第九巻）創言社。

木部尚志（2011）「信仰の論理と公共的理性の相克：ロールズの公共的理性論の批判的考察」『早稲田政治経済学雑誌』第三八一・三八二号。

金慧（2010）「みずからを尊重すること：カントとロールズにおける自己尊重と自己評価」『思想』第一〇三三号、岩波書店。

後藤玲子（2002）『正義の経済哲学：ロールズとセン』東洋経済新報社。

齋藤純一（2000）『公共性』岩波書店。

――（2005）『自由』岩波書店。

――（2008）『政治と複数性：民主的な公共性にむけて』岩波書店。

塩野谷祐一（1984）『価値理念の構造：効用対権利』東洋経済新報社。

――（2002）『経済と倫理：福祉国家の哲学』東京大学出版会。

盛山和夫（2006）『リベラリズムとは何か：ロールズと正義の原理』勁草書房。

田中将人（2010a）「ジョン・ロールズの社会観（1）：現実主義的ユートピアの生成」『早稲田政治公法研究』第九三号。

――（2010b）「ジョン・ロールズの社会観（2）：政治的リベラリズムの移行期におけるカント的・ホッブズ的契機の結合」『早稲田政治公法研究』第九四号。

遠山敦（2010）『丸山眞男：理念への信』講談社。

土橋貴（2002）「ルソー以前とルソー以後：近代政治思想における自由・平等観の意味と意義」『中央学院法学論叢』第一五巻。

中金聡（1995）『オークショットの政治哲学』早稲田大学出版部。

仲正昌樹（2013）『いまこそロールズに学べ：「正義」とはなにか？』春秋社。

中山竜一（2000）『二十世紀の法思想』岩波書店。

野家啓一（2008）『パラダイムとは何か：クーンの科学史革命』講談社学術文庫。

長谷部恭男（2000）『比較不能な価値の迷路：リベラル・デモクラシーの憲法理論』東京大学出版会。

ハート、H・L・A（1987）小林公・森村進訳『権利・功利・自由』木鐸社。

濱真一郎（2008）『バーリンの自由論：多元論的リベラリズムの系譜』勁草書房。

原田健二朗（2013）「ロールズの政治的リベラリズムと宗教：公共的理性と宗教的な包括的教説との関係」『政治思想研究』第一三

号。

バリー、ブライアン（1985）「公益」アンソニー・クイントン編、森本哲夫訳『政治哲学』昭和堂。

バーリン、アイザィア（2000）小川晃一・福田歓一・小池銈・生松敬三訳『自由論』みすず書房。

半澤孝麿（2003）『ヨーロッパ思想史における〈政治〉の位相』岩波書店。

福間聡（2007）『ロールズのカント的構成主義：理由の倫理学』勁草書房。

――（2014）『「格差の時代」の労働論：ジョン・ロールズ『正義論』を読み直す』現代書館。

藤原保信（1985）『政治理論のパラダイム転換：世界観と政治』岩波書店。

ヘーゲル、G・W・F（2000-2001）上妻精・山田忠彰・佐藤康邦訳『法の哲学　上・下』（ヘーゲル全集9a・9b）岩波書店。

堀巌雄（2007）『ロールズ：誤解された政治哲学：公共の理性をめざして』春風社。

松嶋敦茂（2005）『功利主義は生き残るか：経済倫理学の構築に向けて』勁草書房。

松元雅和（2015）『応用政治哲学：方法論の探究』風行社。

丸山眞男（1998）『丸山眞男講義録　第四冊（日本政治思想史1964）』東京大学出版会。

宮本雅也（2015）「分配的正義における功績概念の位置づけ：ロールズにおける功績の限定戦略の擁護」『政治思想研究』第一五号。

ミル、ジョン・スチュアート（2012）斉藤悦則訳『自由論』光文社。

ムージル、ロバート（1992）加藤二郎訳『特性のない男1』（ムージル著作集第一巻）松籟社。

谷澤正嗣（1995）「ジョン・ロールズの重合的コンセンサスの観念：政治的理性批判の可能性」『早稲田政治経済学雑誌』第三二四号。

――（2000）「ジョン・ロールズ『政治的リベラリズム』をめぐる批判：安定性の追求とそのコスト」『早稲田政治経済雑誌』第三四一号。

山岡龍一（2014）「自由論の展開：リベラルな政治の構想のなかで」川崎修編『岩波講座　政治哲学　第六巻：政治哲学と現代』岩波書店。

ルソー、ジャン＝ジャック（1986）作田啓一訳『社会契約論』（ルソー選集第七巻所収）白水社。

――（2008）中山元訳『人間不平等起源論』光文社。

ロック、ジョン（2010）加藤節訳『完訳 統治二論』岩波文庫。

渡辺幹雄（1996）『ロールズ正義論の行方』春秋社。

――（2000）『ロールズ正義論の行方〈増補新装版〉』春秋社。

――（2001）『ロールズ正義論再説：その問題と変遷の各論的考察』春秋社。

――（2007a）『ロールズ正義論とその周辺：コミュニタリアニズム、共和主義、ポストモダニズム』春秋社。

――（2007b）「ジョン・ロールズ『政治哲学史講義』（二〇〇七年）注解（一）：ホッブズ講義」『山口経済学雑誌』第五六巻。

――（2012）『リチャード・ローティ＝ポストモダンの魔術師』講談社学術文庫。

あとがき

本書は、二〇一五年三月に早稲田大学政治学研究科に提出された博士論文「ジョン・ロールズの政治社会像の生成と発展」に、分量を幾分圧縮した上で、加筆修正を施したものである。本書は多くの方々からの助力があって成立しえた、広い意味での社会的協働の産物であるが、とりわけ論文の審査もつとめていただいた三人の先生方に、まずもって感謝の念を伝えておきたい。

齋藤純一先生には、私が学部四年生の時に早稲田に赴任してこられて以来、一貫してお世話になり、多くのことを学ばさせていただいた。とりわけ十年余に渡って先生の演習に出席できたのは幸運というほかはない。演習の場において、先生は政治理論というものが何であるかを、あるいは政治的に考えるということがいかなることかを、遂行的に示して下さった。先生の著作に通じた方なら、本書のいたるところにその影響を見出されるかもしれない。もっとも、先生の思考に学びつつもそれをいかに私固有の観点から捉え返していけるかというのは、これからの大きな課題である。今後の研究をもって少しでもその学恩に報いることができれば、と思う。

私がそもそもロールズへの関心を呼び起こされたのは川本隆史先生の研究を通じてであった。とある古本屋で先生の『ロールズ』を購入したことが昨日のことのように思い出される。また、『正義論』の翻訳検討会へ参加できたことは、非常に得難い体験であった。適当な訳が議論を経てなお見つからない場合、幾許かの静寂が場に訪れることになるが、そのような折、先生は絶妙な訳語をしばしば導きだされた。それは疑いなく先生の長年に渡る研究成果と人生経験との賜物であって、そうして紡がれる言葉を耳にする度に「時熟」ということを思わずにはいられなかった。本書は未熟なものであるにせよ、兎にも角にも、こうして書物というかたちをとって本好きの先生に読んでいただけるだろうことは、何とも悦ばしいことである。

谷澤正嗣先生は講義や演習でロールズに関連する研究を度々扱って下さった。『政治的リベラリズム』を『正義論』に劣らず重要なものと見做す私のロールズ解釈は、間違いなく先生からの影響によるものである。また先生には、まだ着想の域を出ないアイデアをひとまず口にしてみてそれを煮詰めてもらうという、何とも厄介な仕事を何度も引き受けていただいた。本書に何か興味深い論述があるとすれば（そうであることを願いたいが）、それはきっと先生のおかげである——無論、誤りの責任は私にあるとしても。本書によって先生から受けた恩恵に少しばかりでも報い、互恵性を満たせるならば幸いである。

早稲田大学政治経済学術院の先生方、とくに飯島昇藏先生、川岸令和先生、佐藤正志先生には、講義や演習、そして各種の研究会を通じて、多くの学問的刺激を提供していただいた。私が規範的政治理論を専門としながらも、政治哲学、憲法理論、政治思想史への関心を抱き続けることができたのは先生方のおかげであり、その成果は本書にも反映されているはずである。また、放送大学の山岡龍一先生には、お会いする度にその巧みな話術を楽しませていただくと同時に、有益なアドバイスを頂戴した。記して感謝したい。

早稲田大学政治学研究科を共に過ごした多くの先輩や後輩の皆様にも感謝したい。今思えば、数多くの多様な関心を持つ者が身近にいる大学院の環境は、非常に貴重で恵まれたものであった。そのなかでも、学年が近くたくさんの時間や話題を共有した、上原賢司、金慧、斉藤尚、田畑真一、千野貴裕の各氏にあらためて一言。「どうもありがとう」。彼らと過ごした多くの有意義な（あるいは無為の）時間がなければ、この本が書かれることはなかっただろう。

本書は早稲田大学現代政治経済研究所の若手研究者出版助成を受けて公刊される。草稿を読んでコメントを下さった、石山将仁、犬飼渉、大庭大、押谷健、辻悠佑、宮本雅也の各氏に感謝したい。そして何より、本を作るにあたっては風行社の犬塚満さんに大変お世話になった。犬塚さんは、著者の作業をやさしく励ましてくださると同時に、実に丁寧な仕事をしてくださった。初の著書を風行社から公刊できて嬉しく思う。

最後に、本書を父範雄と母洋子に捧げたい。

二〇一七年　元日

田中将人

◆事項索引◆

《ア行》

《カ行》

《サ行》

《タ行》

《ナ行》

《ハ行》

《マ行》

《ヤ行》

《ラ行》

《ワ行》

◆人名索引◆

《タ行》

《ナ行》

《ハ行》

《マ行》

《ラ行》

《ワ行》

【著者略歴】
田中将人（たなか　まさと）

1982年　広島県生まれ。
2005年　早稲田大学政治経済学部政治学科卒。
2013年　早稲田大学政治学研究科博士課程単位取得退学。
2011－14年　早稲田大学政治経済学術院助手。
2015年　博士（政治学）。
現在、高崎経済大学・拓殖大学・早稲田大学非常勤講師。政治理論・思想史専攻。

ロールズの政治哲学——差異の神義論＝正義論

2017年3月10日　初版第1刷発行

著　者　田　中　将　人
発行者　犬　塚　　満
発行所　株式会社 風　行　社
〒101-0052 東京都千代田区神田小川町3－26－20
Tel. & Fax. 03-6672-4001
振替 00190-1-537252
印刷・製本　中央精版印刷株式会社
装丁　安藤剛史

ISBN978-4-86258-106-8